JN273861

自律的組織の経営システム
——日本的経営の叡智

廣本 敏郎 編著

河田　信　　　西村　優子
藤田　能孝　　鳥居　宏史
尾畑　裕　　　横田　絵理
木村　彰吾　　中川　優
挽　文子　　　澤邉　紀生
伊藤　克容　　諸藤　裕美
片岡　洋人　　藤野　雅史

東京 森山書店 発行

序　文

　本書の基となった研究は，1980年代後半から1990年代にかけて日本的管理会計なるものが世界から注目されたことがきっかけとなっている。その後の日本経済の不振もあって，日本的経営や日本的管理会計に対する欧米諸国の関心は失せてしまった感があるが，日本的経営システムには現代のような多様で不確実な世界において必要とされる叡智が組み込まれている。

　伝統的管理会計は，20世紀における米国企業の国際競争力の向上と維持に大きな役割を果たしてきた。しかし，国際競争力の衰退が顕著となった1980年代の米国では原価計算や管理会計による財務的管理手法が激しく批判されるようになった。そのような状況の中で，管理会計研究者たちは，企業環境の激変により旧式の管理会計が役に立たなくなったという前提に立って，新しい時代に相応しい管理会計技法が求められていると主張し，ABC/ABM，BSCなど，戦略的管理会計と呼ばれる革新的技法を提唱してきた。日本的管理会計として注目されるようになった原価企画やアメーバ経営なども，目標原価計算やミニ・プロフィットセンターという観点からの研究，つまり，技法的側面に焦点を当てた研究が行われてきた。しかし，技法として見れば，日本的管理会計は単純なものである。注目すべきは，そのような技法それ自体ではなく，そのような技法を組み込んだ日本的経営システムである。

　あらためて当時を回顧するなら，原価企画など日本的管理会計が注目されたときに，欧米の企業経営者やマネジメント・コントロール・システムの研究者が注目したのは，それが市場志向のマネジメントを促進し，また，組織行動に戦略的方向性を与えているということであった。原価計算や管理会計システムの利用の仕方や機能のさせ方が米国とは異なっているという点が注目されたのである。

　本書は，日本会計研究学会が2005年度に設置した特別委員会「企業組織と管理会計の研究」の成果である。今後も引き続いて各メンバーから研究成果が発

表されるであろうが，特別委員会としては本書が最終刊行物となる。本委員会は，日本的管理会計は米国で誕生・確立した伝統的管理会計とは異なる経営環境，企業組織のもとで形成されてきたという事実に着目して研究を行ってきた。今あらためて思うのは，日本的管理会計は，企業経営者の意思決定のための情報システムであるというよりも，企業組織を良い方向に向けて進化させるための経営システムであるということである。

特別委員会の14名のメンバーは，上述した問題意識を共有しながら研究活動を行い，その過程で，次のように研究成果を発表してきた。

```
2006年9月    日本会計研究学会全国大会（専修大学）特別委員会中間報告
2007年4月    ヨーロッパ会計学会大会（リスボン）メンバー6名の研究報告
2007年9月    日本会計研究学会全国大会（松山大学）特別委員会最終報告
2008年2月    特別委員会シンポジウム「トヨタ生産方式と整合する管理会計」
2008年7月    同上「日本企業の原価管理システム：自律的組織の観点から」
2008年9月    同上「村田製作所の組織文化と管理会計」
2008年11月   同上「組織文化と管理会計」
2009年2月    名古屋大学国際学術シンポジウム「ものづくり経営における英知」
             （協賛）
```
『企業会計』（2005年12月）特集：「自律的組織」と管理会計
『企業会計』（2008年9月）特集：トヨタ生産システムと整合する管理会計

本書の各章は，特別委員会のメンバーによる単独および共同論文と2008年9月シンポジウムで行われた講演記録で構成されている。特別委員会メンバーはわが国管理会計研究の第一線で活躍する研究者たちであり，問題意識を共有しながらも，独自の視点を加味して興味深い議論を展開している。本書の研究は緒に就いたばかりである。本書が，日本から発信する21世紀の管理会計研究の1つの糸口になることを心から願っている。

本書は，日本会計研究学会の平成17-18年度特別委員会「企業組織と管理会計の研究」の人的資源と平成18-20年度科学研究費補助金の交付を受けた「管理会計システムと企業組織の共進化に関する理論的・実証的研究」【基盤研究

(A)，課題番号18203027】の資金で可能となった研究活動の成果である。

　研究の過程において，多数のご支援，ご協力をいただいた。一橋大学大学院商学研究科を中核拠点とした21世紀COEプログラム「知識・企業・イノベーションのダイナミクス」から経費の支給を受けて進めた研究は本プロジェクトの重要な基礎となった。研究会や一連の学術シンポジウムにおいて講師やディスカッサントを務めていただいた方々は，次のとおりである（アイウエオ順）。今井範行氏（トヨタファイナンシャルサービス），内山田竹志氏（トヨタ自動車），北居明氏（大阪府立大学），國村道雄氏（名城大学），窪田祐一氏（大阪府立大学），小林哲夫氏（神戸大学名誉教授），坂口順也氏（関西大学），鈴木竜太氏（神戸大学），田中正知氏（ものつくり大学名誉教授），谷武幸氏（桃山学院大学），中馬宏之氏（一橋大学），藤田能孝氏（村田製作所），前田陽氏（小樽商科大学），吉田栄介氏（慶應義塾大学），和田一夫氏（東京大学），渡辺岳夫氏（中央大学）および Thomas Ahrens 氏（ウォーリック大学）。また，村田製作所の皆様には2007年1月から1年間共同研究で大変お世話になった。共同研究成果報告書抜粋を本書の付録として掲載させていただくこともご快諾いただいた。ご高配に深謝申し上げる次第である。更に各メンバーが企業訪問等でお世話になった多数の方々も含めて，ご支援，ご協力を賜ったすべての方々に対し，この場を借りて，心より厚く御礼申し上げる。

　本書の刊行にあたっては、菅田直文社長、菅田直也氏はじめ森山書店の皆様に大変お世話になった。ここに記して感謝の意を表したい。

　　2009年6月吉日

　　　　　　　　執筆者を代表して　　廣　本　敏　郎

付記　ご希望の方には，特別委員会報告書『企業組織と管理会計の研究』（CD-R版）を送料等実費にてお送りいたします。本書巻末添付の振替用紙にてご送金ください（2011年7月末日まで有効）。

目　次

第1章　研究課題と分析フレームワーク
1. 組織コンテクストを重視する管理会計研究 …………………… *1*
2. 基本的フレームワーク ………………………………………… *3*
3. 歴　史　認　識 ………………………………………………… *7*
4. 日本の企業組織 ………………………………………………… *12*
5. ＭＭループ ……………………………………………………… *17*
6. ＭＭループと基本的フレームワーク ………………………… *28*
7. 結　　　び ……………………………………………………… *34*

第2章　組織の自律化におけるマネジメント・コントロールの役割
　　　　　―自己組織化の概念からの考察
1. はじめに―問題意識と研究課題 ……………………………… *39*
2. 「自律的組織」の先行研究 …………………………………… *40*
3. 組織の自律化とマネジメント・コントロール ……………… *47*
4. 内部モデルと相互参照 ………………………………………… *48*
5. ミクロ・マクロ・ループとの共通性 ………………………… *50*
6. 結　　　論 ……………………………………………………… *52*

第3章　企業間関係における企業の自律性と管理会計
1. は　じ　め　に ………………………………………………… *55*
2. 企業間関係における自律性の分析 …………………………… *55*
3. 企業間関係のマネジメント―組織文化・風土のMMループの視点から
　………………………………………………………………………… *62*
4. 企業間管理会計についての考察―MMループの視点から …… *64*

5．ま と め ……………………………………………………… 66

第4章　研究開発組織とマネジメント・コントロール・システム
   1．本章の目的 …………………………………………………… 67
   2．研究開発機能の展開 ………………………………………… 67
   3．研究開発戦略と組織デザイン ……………………………… 72
   4．研究開発戦略に対するマネジメント・コントロール・システム … 75
   5．結びにかえて ………………………………………………… 80

第5章　フランチャイズ組織のマネジメント・コントロール
   1．は じ め に ………………………………………………… 83
   2．フランチャイズの定義 ……………………………………… 84
   3．アメリカにおけるフランチャイズの発展過程 …………… 85
   4．フランチャイズ組織の現代的課題 ………………………… 89
   5．日本的フランチャイズ ……………………………………… 92
   6．結びにかえて ………………………………………………… 93

第6章　ミクロ・マクロ・ループと利益ポテンシャル
   ―トヨタ的な場のマネジメントとその評価
   1．は じ め に ………………………………………………… 95
   2．「場のマネジメント」の概念装置 …………………………… 97
   3．「利益ポテンシャル」概念の提唱 ………………………… 105
   4．お わ り に ………………………………………………… 114

第7章　自律的行動のための原価企画システム
   1．は じ め に ………………………………………………… 117
   2．原価企画における自律的行動の有用性 …………………… 117
   3．既 存 研 究 ………………………………………………… 120

4．研　究　方　法 ……………………………………………… *123*
　5．トヨタの事例 ………………………………………………… *124*
　6．まとめと今後の課題 ………………………………………… *131*

第8章　自律的組織における予算管理システム
　1．組織前提と管理会計ツールとの関係 ……………………… *133*
　2．双方向の規定関係 …………………………………………… *135*
　3．日本企業への予算管理システムの本格導入時期 ………… *137*
　4．経営システムとしての稟議制度の影響 …………………… *138*
　5．日本企業における予算管理システムの運用上の特徴 …… *142*
　6．結びにかえて―情報志向の予算管理システム …………… *146*

第9章　自律的組織の情報システム
　1．自律的組織における情報システムの意義 ………………… *149*
　2．自律的組織に要求される情報システムの役割 …………… *150*
　3．情報システムのMMループ（ミクロ・マクロ・ループ）…… *152*
　4．責任を問われる業績と参考情報としての業績 …………… *154*
　5．振替価格をめぐる合意形成 ………………………………… *156*
　6．多層的MMループを構築する手段としての
　　　オブジェクト指向原価・収益計算 ……………………… *158*
　7．ま　と　め …………………………………………………… *160*

第10章　組織文化と管理会計の相互作用
　　　　　―村田製作所グループの事例研究
　1．は　じ　め　に ……………………………………………… *163*
　2．研　究　方　法 ……………………………………………… *165*
　3．既存の組織風土と管理会計の相互作用 …………………… *170*
　4．組織風土改革と管理会計の相互作用 ……………………… *176*

5．ま　と　め ……………………………………………………… *182*

第11章　経営哲学のもとでのマネジメント・コントロール・システムの再設計

　1．は　じ　め　に ………………………………………………… *185*
　2．MCSの枠組みと経営哲学 …………………………………… *186*
　3．リサーチ・デザイン …………………………………………… *188*
　4．社是とMCS …………………………………………………… *190*
　5．社是の実践にともなう副作用 ………………………………… *195*
　6．MCSの再設計 ………………………………………………… *200*
　7．事例からのインプリケーションとまとめ …………………… *207*

第12章　組織文化と管理会計システム
　　　　　――（株）村田製作所におけるサーベイ・データを中心に

　1．は　じ　め　に ………………………………………………… *211*
　2．先行研究の考察 ………………………………………………… *211*
　3．仮　説　の　設　定 …………………………………………… *217*
　4．仮　説　の　検　証 …………………………………………… *218*
　5．結　果　の　考　察 …………………………………………… *232*
　6．まとめと課題 …………………………………………………… *233*

第13章　村田製作所のマトリックス組織と管理会計

　1．3次元マトリックス組織と連結経営 ………………………… *235*
　2．市場や顧客をめぐる環境変化 ………………………………… *239*
　3．組　織　風　土　改　革 ……………………………………… *243*
　4．管　理　会　計　改　革 ……………………………………… *245*
　5．講演後の質疑応答より ………………………………………… *247*

第14章　結びにかえて――外国文献にみる自律的組織の検討
1．は じ め に ………………………………………………… *253*
2．自律的組織の検討――組織パターンと経営環境 …………… *254*
3．戦略とMCSの視点からみた検討 ………………………… *257*
4．自律的組織に必要なミクロ・マクロ・ループ ……………… *264*
5．お わ り に ………………………………………………… *267*

㈱村田製作所・日本会計研究学会特別委員会共同研究報告書
「組織風土と管理会計の相互作用」（抜粋） …………………… *269*

参 考 文 献 ……………………………………………………… *341*

第1章　研究課題と分析フレームワーク

1．組織コンテクストを重視する管理会計研究

　管理会計研究は，従来，目的適合性（relevance）を理論構築の推進力として展開されてきた。それは相対的真実原価アプローチと呼ばれ，原価計算の発展を基礎とする管理会計研究の方法である。良い管理会計は目的適合的なものであると仮定され，経営管理目的に適切なツール（技法）の研究が行われてきた。伝統的な管理会計研究者は，目的を分類し，各目的に適切な技法を研究・教育することに専念してきた。それを適切に利用して経営の場で有効に機能させるのは，実務の問題とされてきたのである。

図1-1　相対的真実原価アプローチに基づく管理会計研究

経営管理目的　→　管理会計（技法）

　しかし，その結果，研究・教育の世界でも，また実務の世界でも，問題が繰り返されてきた。多くの研究者が経営の現場よりも隣接諸科学に目を向けて技法の精緻化・洗練化を図り，「理論と実務の乖離」と呼ばれる状況を作り出してきた（廣本1993，第7章）。そのような教育を受けたコントローラーは，現場で日々の経営問題の解決に取り組む人々との間でさまざまなコンフリクトを

図 1-2　組織コンテクストを重視する管理会計研究

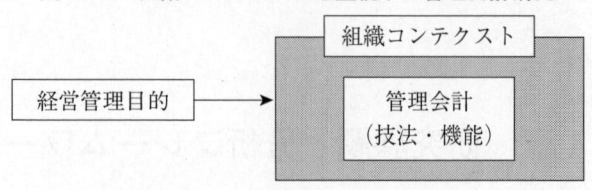

```
                        ┌─────────────────────┐
                        │   組織コンテクスト      │
                        │  ┌───────────────┐  │
   経営管理目的  ──────→ │  │    管理会計    │  │
                        │  │  （技法・機能） │  │
                        │  └───────────────┘  │
                        └─────────────────────┘
```

起こしてきた。1980年代には，原価計算は生産性の敵とまで言われるようになった。

　組織コンテクストを重視する管理会計研究では，良い管理会計システムは，それが利用される組織コンテクストにおいて適切に機能するシステムである。本研究は，管理会計の原点に立ち戻り[i]，組織コンテクストを重視する管理会計研究を行うものである。

　本研究は，日本的管理会計が生み出された日本企業の組織コンテクストに焦点を当て，それらがトータル・システムの中でいかに利用されているのか，どのような機能を果たしているのかを解明しようとするものである。日本企業の管理会計というだけで対象とするのではなく，大きな歴史観を持って，米国製造企業の衰退という時代背景のもとで欧米で注目された日本的経営，つまり，日本的管理会計を必要とした日本企業の組織コンテクストを確認し，その組織コンテクストにおいて管理会計が果たしている役割・機能を解明することを目的としている。

　本章の目的は，本研究の課題と分析フレームワークを提示することである。セクション2で本研究の基本的フレームワークを説明し，セクション3で本研究の基礎にある歴史認識を明らかにする。セクション4とセクション5で，本研究の基礎概念となる自律的組織とMMループ（micro-macro loop）について説明する。セクション6では，基本的フレームワークにMMループを組み込んで，伝統的階層組織の下での経営システムと対比させて自律的組織の下での経営システムについて若干の考察を行い，セクション7で結論する。

2．基本的フレームワーク

本研究の基本的フレームワークは，次の通りである。

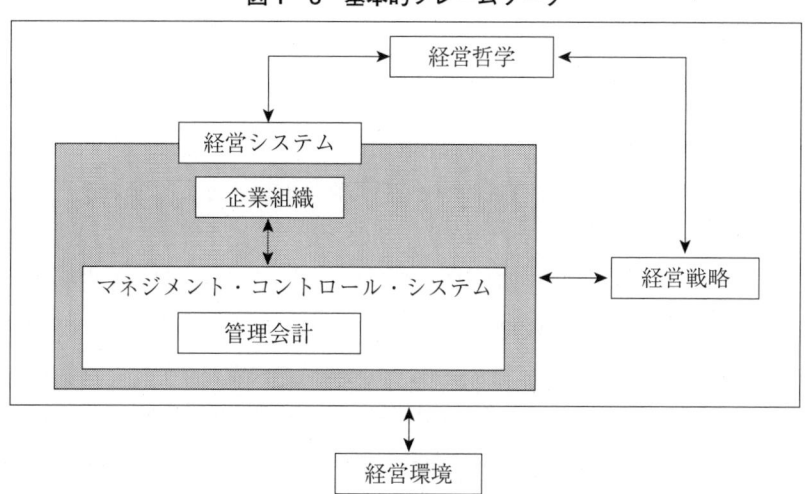

図1-3　基本的フレームワーク

```
          ┌──────────→ 経営哲学 ←──────────┐
          │                                  │
    ┌─────┴──────┐                           │
    │ 経営システム │                           │
    │ ┌────────┐ │                           │
    │ │ 企業組織 │ │                           │
    │ └───┬────┘ │                           │
    │     ↕      │                          │
    │ ┌────────────────────┐   ┌─────────┐  │
    │ │マネジメント・コントロール・システム│↔│ 経営戦略 │←─┘
    │ │ ┌────────┐         │   └─────────┘
    │ │ │ 管理会計 │         │
    │ │ └────────┘         │
    │ └────────────────────┘
    └──────────┬─────────────┘
               ↕
          ┌─────────┐
          │ 経営環境 │
          └─────────┘
```

　企業の組織コンテクストを決める土台となるのは，経営環境である。経営環境には，当該企業が存在する国や地域の政治，経済，社会，文化・風土などの一般環境，事業活動に直接に影響を及ぼす市場や技術のタスク環境などが含まれる。管理会計研究においては，従来からナショナル・カルチャーの影響が論じられてきたし，業界による相違も認識されてきた。第2次大戦後，わが国はアメリカからさまざまな経営手法を導入したが，その際，日米の経営環境の違いを指摘する声は少なくなかった。例えば原価管理目的に標準原価計算が適切であるとする主張に対し，日米では景気安定度も企業規模も異なること，また，わが国では個別少量生産形態が多いこと，工業標準化の程度も低く，原材料の品質規格も十分に安定していないことなどが指摘された（挽 2007, 11-16）。

しかし，同じ経営環境にあっても，業績の高い企業もあれば低い企業もある。本研究は，業績の高い企業は優れた経営システムを持っているという前提に立っている。経営システムは，企業組織とマネジメント・コントロール・システム（以下，MCS）の両者を含む。経営システムは，経営哲学（理念，信条，価値観）および経営戦略と密接な関係を有している。本研究は，日本企業の経営システムが現代の経営システムのモデルになるという仮説のもとに，日本企業で重視されてきた経営哲学を基本的フレームワークに含めている。

　従来の経営システムの研究では，経営戦略，企業組織，MCSの3つの変数を考慮するのが通常であった。例えば，伊丹（1986, 7）でも，経営では「何を組織の活動内容とするか（戦略の決定）」「誰にどのようにさせるか（組織の決定）」「いかに望ましい方向に導くか（MCSの決定）」の3つの決定が必要であると論じられる。戦略の決定とは，企業が行う事業活動に関する基本方針を決定することである。組織の決定とは，その事業活動をどのような分担関係に基づいて行なうかを決めることであり，組織構造の決定だけでなく人事も含まれる。組織構造とは公式組織（formal organization），役割構造（structure of roles）を意味する。「組織化（organizing）には，企業およびその構成部分の目標を達成するために必要な業務活動の決定をし，それによる役割の意図的な構造設定，これらの業務活動のグループ化，管理者に対するこれらのグループ化された仕事の割当，仕事を達成するための権限の委譲，組織構造内における権限および情報関係の水平的・垂直的関係に係る調整のための条項といったものが含まれる。」（大坪訳 1979, 139）

　戦略を決定し，更に，組織構造を決定し，人事を行えば，企業組織は動くかと言えば，実は動かない。動くことは動くが，期待通りには動かない。そこで，MCSが必要とされる。この事実を我々は歴史を通じて知っている。アメリカで企業予算制度が登場したのは，職能別組織の管理者たちが，製造部門は製造のことだけ，販売部門は販売のことだけという風に，相互依存関係を無視し，いかにも非協力的に仕事をしたからであった。そのような協力の欠如は意図的なものではなく，活動の調整に必要な情報が欠如しているためであった。

そこで，そのような状況を是正すべく予算管理システムが導入されたのである（廣本 1993, 54-62）。

本研究では，経営戦略，企業組織（企業間組織，組織文化・風土を含む），MCS の 3 つの変数に加えて，経営哲学を追加する。経営哲学と経営戦略は，いずれも組織の活動に関する基本的方針を示したもので，しかも多義的であるため，両者の線引きは必ずしも明確でない。両者の関係について少し触れておく必要があるだろう。例えば Mintzberg（1987a, 67）は戦略が「将来のプランでも過去からのパターンでもある（both plans for the future and patterns from the past)」と指摘して，戦略経営に対する草の根アプローチ（a grass-roots approach to strategic management）や一般的ガイドラインを与える包括戦略（the umbrella strategy）を論じ，Simons（2000）も，Mintzberg（1987b）に依拠して「われわれは，パースペクティブとしての戦略，ポジションとしての戦略，プランとしての戦略，行動パターンとしての戦略という 4 つの異なる角度から戦略を分析する」（Simons 2000, 27）と論じている。パースペクティブとしての戦略はミッションを意味し，「企業が存在する一般的目的，あるいは理由（the broad purpose, or reason)」（Simons 2000, 28）を示す。その限りでは，経営哲学と違いはない。このように拡張された戦略概念は従来なかったものである。Simons（1995b）は，Anthony 教授を含む伝統的な管理会計研究者のMCS モデルを階層モデル（the hierarchical model）と呼び，次のように論じている。

 戦略プロセスの階層観には，いくつかの暗黙の仮定がある。すなわち，戦略は計画的で意図的なもの；戦略は実行に先立って詳述されるもの；戦略形成は実行とは別のもの；戦略策定はトップ・マネジメントが行うもの；そして，戦略はプランであるといった仮定である。(Simons 1995b, 27)

経営戦略の概念が拡大し，経営哲学と重なり合う部分も生じているが，経営哲学には，企業は社会の公器であるとか，自然の摂理，社会の理法といった考え方も含まれ[ii]，事業の範囲，活動内容，展開方法など，事業それ自体に焦点

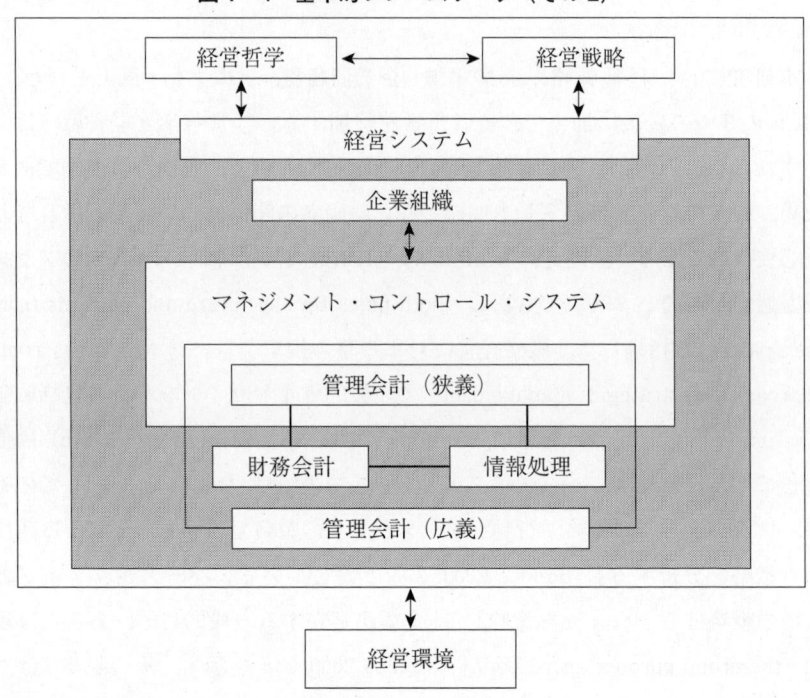

図1-4 基本的フレームワーク（その2）

```
           経営哲学 ←→ 経営戦略
              ↓↑        ↓↑
        ┌─────────────────────────┐
        │       経営システム        │
        │  ┌───────────────────┐  │
        │  │     企業組織       │  │
        │  │        ↕          │  │
        │  │ マネジメント・コントロール・システム │
        │  │  ┌─────────────┐  │  │
        │  │  │ 管理会計（狭義） │  │
        │  │  ├──────┬──────┤  │  │
        │  │  │ 財務会計│ 情報処理│  │
        │  │  └─────────────┘  │  │
        │  │   管理会計（広義）   │  │
        │  └───────────────────┘  │
        └─────────────────────────┘
                   ↕
              経営環境
```

を当てる経営戦略とは本質的に異なる意義を持っている。

ところで，図1-3のフレームワークは，管理会計研究の伝統の影響を受けて，財務会計と対比される管理会計を想定している。管理会計研究は，従来，財務会計の観点からは排除される管理機能に焦点を当ててきた。しかし，その結果，逆に簿記会計が本来有している管理機能を視野の外に置いてきた。図1-4は，そのような観点から修正したフレームワークである。図1-4では，Anthony（1965）のフレームワークに従って財務会計と情報処理（内部統制を含む）を追加している。

3. 歴史認識

3-1 管理会計生成の歴史的背景

　管理会計が生成した歴史的背景を理解するために，まず何よりも，Johnson and Kaplan (1987)（邦訳『レレバンス・ロスト』）および Chandler (1977)（邦訳『経営者の時代』）にある，次の記述に注意する必要がある。

　　管理会計が米国で最初に現れたのは，企業が経済的交換を外部市場に依存することに代わって，企業内部で行い始めたときであった。（鳥居訳 1992, 17）

　　本書で提示するテーマは，経済活動の調整と資源の配分にあたって，近代企業が市場メカニズムにとって代わったという点にある。経済の多くの部門において，マネジメントという"目に見える手"が，かつてアダム・スミスが市場を支配する諸力の"見えざる手"と呼んだものにとって代わった。（鳥羽・小林訳 1979, 4）

　工場制度と大規模統合企業の登場を背景に生成した管理会計は，どのような役割期待を持って登場したのか。米国における近代工業（機械制大工業）と大規模統合企業の歴史を図式化すれば，図1-5のようになる（日本会計研究学会特別委員会 2007, 25-41）。図中にある「管理の集権化」について，Chandler (1977) は次のように論じている。

　　企業合同運動後の調整期の歴史が示しているように，これらの合同は，大量生産と大量流通とを統合しえた産業において行われた場合にのみ，また合同の組織者が，生産と流通の両過程にわたる効果的な管理的指揮と調整の確保に必要な階層制管理組織を創出しえた場合にのみ，成功を収めたのである。（鳥羽・小林訳 1979, 500）

　上記のような歴史的背景の下に，管理会計は，米国において大規模階層組織と安定したタスク環境を前提に，標準化されたプロセスの有効かつ効率的な運営を支援・促進する MCS として形成されてきた[iii]。そして，その後，管理会

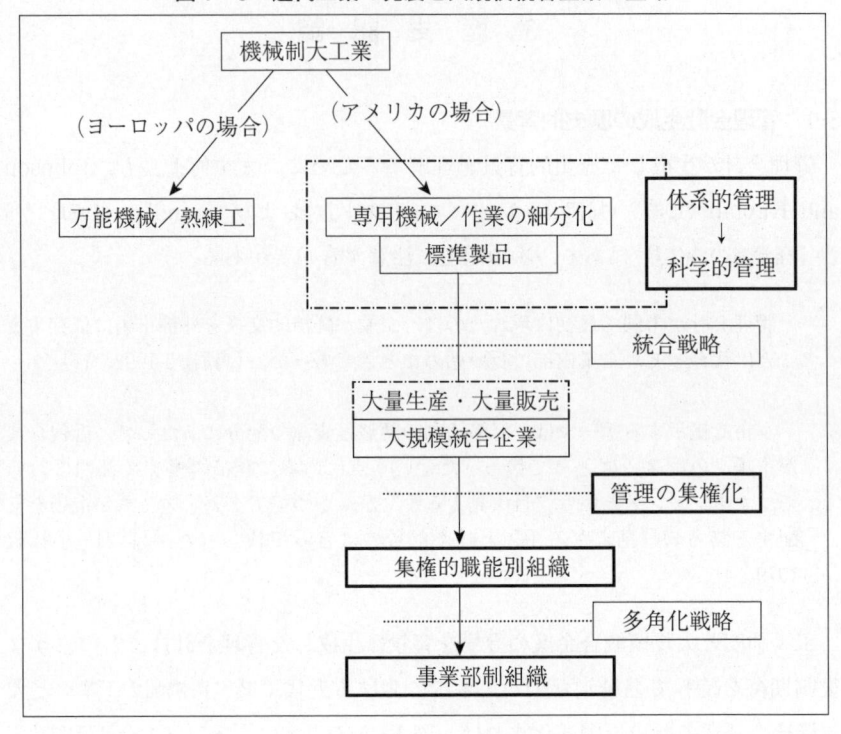

図1-5 近代工業の発展と大規模統合企業の登場

```
                    機械制大工業
                   /           \
          (ヨーロッパの場合)    (アメリカの場合)
              ↓                    ↓
        万能機械／熟練工      専用機械／作業の細分化    体系的管理
                              標準製品                    ↓
                                                      科学的管理
                                    ↓
                                統合戦略
                                    ↓
                            大量生産・大量販売
                            大規模統合企業
                                    ↓
                                管理の集権化
                                    ↓
                            集権的職能別組織
                                    ↓
                                多角化戦略
                                    ↓
                            事業部制組織
```

計の研究および教育は，原価計算の飛躍的な発展を背景に大きな進歩を見せてきた。しかし，管理会計システムの中核に位置する MCS の目的，役割期待に関する認識は，生成以来今日まで変わらずに来たのである。この事実に気づけば，『レレバンス・ロスト』にある次の指摘は驚くに当たらない。

　実質的に1925年までに，今日利用されている全ての管理会計実務は開発されてしまった。すなわち，労務費，材料費，製造間接費の原価諸勘定とか，現金，損益，資本に対する予算とか，変動予算，販売予測，標準原価，差異分析，振替価格，そして事業部の業績測定尺度である。これらの実務は，当時ますます複雑で多様となった企業での情報提供と統制に対する管理者のニーズを満たすように案出された。しかし，革新の速度はこの時点で止まってしまったように思われる。

（鳥居訳 1992, 10）

　伝統的管理会計が前提としてきた大規模階層組織は，官僚制と科学的管理法を導入し，集権化と形式化が高度に進んだ組織であった。そのような組織を前提とする経営システムによって，米国の製造企業は極めて強力な国際競争力を維持してきた。

　第2次世界大戦後に日本の製造企業が実現した奇跡的といわれる高度経済成長によって，米国製造業の圧倒的地位は次第に脅かされていった。鉄鋼業においてそのような事実が認識された時，米国産業界は日本の経営システムが優れているからだとは考えず，彼らが最新技術を日本企業に提供したからだと考えた。1970年代半ばに家電で支配的地位を失った時には，日本企業がダンピングをしているからだと考えた。しかし，1980年代に入って，世界に誇った自動車業界で，さらに半導体業界で日本企業の驚異的な進出を目の当たりにすると，米国産業界は遂に，米国製造業の復権，国際競争力の回復という問題に真剣に取り組み始めたのであった。

　1980年代から1990年代の米国では，米国型の経営を見直し，日本的経営を取り込もうとする論調の研究が多数現われた。その中に，Peters and Waterman (1982)（邦訳『エクセレント・カンパニー』），Hayes and Pisano (1994)，Simons (1995a；1995b) があった。

3-2　日本的経営をベースとした経営システムの再構築

　Peters and Waterman (1982) は，多くの米国企業に見られる規則一点張りで非人間的な官僚的統制とテイラーの科学的管理法を基礎とする合理主義的な考え方を批判し，米国の超優良企業に共通して見られる，「顧客に密着する」「自主性と企業家精神」「人を通じての生産性向上」「価値観に基づく実践」など8つの基本的特質を論じた。

> 　案の定，私たちの予想通り，企業社会における達人すなわち超優良企業には，かなり一貫した共通項があることが分かりました。これらの共通項の中には，日

本の優秀な企業との共通項も数多く見出されています。…われわれアメリカの経営人は，日本企業の成功を，ともすると"日本的"独特の理由として理解し，また，だからこそアメリカがそういうことをできなくても当然，というように一つの言い訳を一生懸命見出そうとしていました。私たちの研究によれば，これほど虫のいい問題のすり替えはありません。（大前訳 1983, 3-4）。

Hayes and Pisano（1994）によれば，米国の多くの企業経営者たちは，1980年代初頭までテイラーの科学的管理法のパラダイムのもとで経営管理問題を解決してきたが，日本企業の台頭を目の当たりにして，「インフォーマルかつ水平的なコミュニケーションが行われるべき」「製品開発は職能横断的なチームで実行されるべき」「仕入先との関係は長期的かつ協力的であるべき」などといったアイデアを受け入れるようになった。

Simons（1995a）は，米国の伝統的な経営システムの限界を次のように指摘した。

> 1990年代の経営管理者が直面する基本的問題は，柔軟性，イノベーション，創造性を要求する組織をいかに適切にコントロールするかである。…エンパワメントされた従業員（empowered employees）に仕事を行う方法を再定義するよう促すとき，上層の経営管理者はいかに会社をコントロールの失敗から守るか。企業家精神を持つ部下（subordinates with an entrepreneurial flair）が企業をリスクに晒さないように，経営管理者はどのような方法を講じるのか。…機械のような官僚制（machinelike bureaucracies）のために1950年代から1960年代に展開されたコントロールの基本は，次のようである。すなわち，その時代，経営管理者は部下にいかに行なうかを命じ，異常がないように絶えず監視して仕事の出来具合をモニターすることによりコントロールしていた。…今日のようにダイナミックで，非常に競争的な市場で業務を行っている多くの組織では，経営管理者は，従業員たちに期待されている通りに仕事をさせるように，その時間と努力のすべてを費やすことができない。また，優秀な人材を雇い，インセンティブを与え，最善を期待すれば，それだけでコントロールが達成できると考えるのも現実的ではない。現代の経営管理者は，従業員がプロセスを改善し，顧客ニーズに応じる新しい方法を始めるよう鼓舞しなければならない。しかし，それはコントロールされたものでなければならない。(Simons 1995a, 80)

Simons（1995b）は，次のように述べている。

> 組織と戦略の理論における最近の進展にもかかわらず，マネジメント・コントロールの論調は1960年代まで戻る。「命令と統制（a command-and-control）」の底流には，伝統的マネジメント・コントロールに関する，トップダウンの戦略設定（top-down strategy setting），標準化と効率，プランに従った結果，ノーサプライズ，軌道の維持（keeping things on track）といったフレーズがある。
> しかし，命令と統制の技法は，創造性と従業員のイニシアチブが企業の成功に不可欠な競争環境においては，もはや十分でない。増大する競争，急速に変化する製品と市場，新しい組織形態，そして競争資産としての知識の重要性といったものが，市場志向の戦略（market-driven strategy），カスタマイゼーション，継続的改善，顧客ニーズとの一致，エンパワメントといったフレーズに反映される新しい強調を生み出した。(Simons 1995b, 3)

Simons（1995a；1995b）の数年前，Hiromoto（1988）は日本企業の管理会計システムが組織構成員のイノベーションへのコミットメントを促進していることを論じた[iv]。

> 日本の製造業者が，コスト，品質，またオンタイム納入において米国の競争者を凌駕し続けている理由について，多くのことが書かれてきた。多くの専門家が，JIT生産，TQC，そしてフレキシブルな製造技術を積極的に利用する実務を指摘している。私は，これまでほとんど注目されることがなかったけれども，ある1つの領域が日本企業の競争力に非常に貢献していると信じている。すなわち，企業の管理会計システムがトップからボトムのプロセス革新および製品革新に対するコミットメントを強化している，ということである。(Hiromoto 1988, 22)

Simons（1995a；1995b）は，Hiromoto（1988）と問題意識を共有していた。Simons（1995a；1995b）の貢献は，エンパワメントの時代におけるMCSのあり方を論じたことであり，業績測定システム（診断的統制システム）だけでなく，信念システム（beliefs systems），境界システム（boundary systems），対話型統制システム（interactive control systems）が必要になると主張した[v]。しかし，例えば信念システムは，単に信念を文書化して伝えるだけでなく組織に浸

透させ，組織文化・風土として根づかせなければならない。境界システムも組織風土の問題に関わるであろう。こうした議論が不十分であった。

> 現場の人々の周りで，「どんなことがやるべきこと，やるべきでないことと考えられているか」，「物事はどういう風に行うのが当たり前と考えられているのか」，「どの程度の努力が当然と思われている努力の水準か」，といった現場の人々の認識である。この認識が，「見えない構造」となって人々の行動を縛り，方向付けてしまう。そして，この認識が，組織風土そのものなのである。(伊丹 1984, 73)

組織風土あるいは組織文化は厄介なものと思われがちであるが，うまく利用すれば非常に有効なコントロール手段となるのである。

4．日本の企業組織

4-1 市場と組織の相互浸透──組織単位間の緩やかな連結と情報的相互作用

米国で生成・発展してきた管理会計は，市場から組織へという経済活動の大きな転換期に，大規模組織を運営するための経営システムとして誕生した。市場経済に大企業というキープレーヤーが登場した状況に関して，今井 (1983) は次のように論じている。

> 市場においては，取引者の自由な参入を前提とし，価格を媒介として財・サービスが交換されるという形で資源配分が行われる。これに対し，組織においては，組織参加者のある程度継続的な関係を前提として，そこに成り立つ何らかの権限に基づいて資源配分が行われる。産業社会の1つの根本問題であり，産業組織論が基本的に研究してこようとした課題は，この市場と組織とをいかに組み合わせて用いるかという問題である。
> …産業社会のこれまでの成果は，基本的には大量生産と大量販売とによって実現してきたということができる。そこでの組織論の課題は，従って大規模組織の利用による効率化であり，アメリカにおける大規模組織の成功とマネジメント研究はその現れである。(今井 1983, 35)

今井（1983）は，そのような米国型産業社会に対して，日本にはそれとは異なる固有の産業社会が形成されていると指摘した。

> 戦後日本の経済成長の過程においても，製造工業の中心部分にはこのアメリカ型の大量生産・大量販売の方式が導入され，経済の基本的な部分に大規模組織が確立された。しかしその場合にも…大規模組織といっても小規模組織の連合のようなケースが多く，また，大規模組織と小規模組織とは経済の至る所で組み合わされているのである。（今井 1983，35-36）

そして，「大規模組織といっても小規模組織の連合のよう」といった状態を「市場と組織の相互浸透」と表現し，その本質は組織単位間の緩やかな連結であると指摘した。

> 市場の場合であれ，組織の場合であれ，問題のポイントは分業の連結の仕方にある。そして，市場と組織の相互浸透がこの点に意味するところは，いずれの場合にも組織間の緩やかな結びつき（ルース・カップリング）が問題のカギだということである。市場で取引を行う企業と企業の間に…継続的な関係が形成されたり，権限の影響力が作用したりするのは，それらの組織間に緩やかな連関ができることを意味している。他方，企業の内部組織において…市場に準じた資源配分が行われることは，企業を構成する諸単位組織間の連結が緩やかなものであり，企業はあたかもそれらの単位組織の連合のごとくに運営されることを意味している。（今井 1983，42-43）

市場における分業は，それぞれの目標を持つ独立した経済主体間で行われ，それは価格メカニズムによって調整される。それに対し，組織における分業は，共通の目標を有する組織単位間で行われ，経営者によって意図的・計画的に調整される（廣本 2005b，19-20）。組織における分業の本質は，経営者が設計した最適バリュー・チェーンを実行することであり，組織構成員にはその実行のために設計された分業構造を前提に仕事が割り当てられ，固定的分業が行われる。市場と組織の二分法を前提とする，このような理解に対して，市場と組織の相互浸透という現象は，市場と組織のいずれにおいても分業の連結の仕方に変化をもたらしているというのである。

市場における孤立的な分業および大企業の内部における計画された分業のいずれとも異なり、それぞれが自律性をもちながらも、密接な相互依存関係にあるという分業であり、「ネットワーク分業」と呼びうるものである。（今井・金子 1988, 43）

　以上のように、本研究では市場と組織の相互浸透という現象に注目し、組織単位が緩やかに連結されたルース・カップリング型組織に注目する。そこで、企業組織というときには、浅沼（1997）に従って、企業間組織も含める。

　　　バーナード Barnard（1938）の用語法での組織—つまり二人以上の人間の意識的にコーディネートされた活動のシステム—は、一つの企業と他の企業との間のビジネス上の関係にも必然的に伴うものである…本書の研究対象は、現代の製造企業が企業の内部および他の諸企業との間に作り出す組織…すなわち企業の内部組織と企業間組織の両方を含めた意味での企業組織が本書の対象である。（浅沼 1997, 3）

　ところで、自律的な経済主体が緩やかに連結すると、そこに情報的相互作用が生じる。この点は、日本の企業組織において注目すべき重要な点である。
　加護野他（1983, 116）は、米国の企業組織と比較して、日本の企業組織は「現場の自発性と微調整的行動を許容する柔構造」であり、そこには「集団を中心として人々の直接的な相互作用を通じて、意思決定とその実行を行うプロセス中心型の組織特性」が見られると指摘した。最近の文献でも、例えば伊藤他（2008, 15）は「人と人が情報的相互作用を行うことで生み出される企業システムのダイナミックな現象が、現代の経営理論の重要な研究対象だとわれわれは考えている」と述べている。
　しかし、本研究で自律的組織と呼ぶのは、単に組織単位が緩やかに連結され、そして、情報的相互作用が生じている、というだけの組織ではない。

4-2　**自律的組織**—経営哲学を共有して、学習し進化する組織

　情報的相互作用のダイナミクスは興味深い研究テーマである。しかし、本研究が注目すべきは、そのような相互作用のダイナミクス、従ってまた、組織間

の緩やかな連結がなぜ必要とされたのか，その理由である。今井（1983, 43）は，ルース・カップリング型組織のメリットを次のように論じている。

(1) それぞれの単位組織が自律性をもち，自らの環境を細かく見て適応するので，小さな環境の変化に敏感に適応することができ，また，それが多様なルートで諸単位間に伝達されるので，全体として環境に敏感なシステムたりうる。
(2) 各単位組織は独自に主体的に環境に対応していくので，適応の仕方に異質性，独自性を確保でき，どこかに創造的な解を生みうる可能性をもっている。
(3) 固い連結の組織と比較して，単位組織間の相互負荷が軽いので，予期せざる環境の変化に対する弱性が小さい。

日本の企業組織が評価されてきた点は，各組織単位が緩やかに連結し，情報的相互作用があることによって，全体として環境に適応すべく，各組織単位が継続的に学習し，改善を行なっているという点であった。そして，システム設計の観点から注目すべきは，そのような環境適応を自律的に行う組織を作り出すために，大変な努力と工夫が必要であったということである。大野（1978）は次のように述懐している。

　…ますます図体の大きい企業体にどうしたら自律神経を取り付けられるかに思いをめぐらせるのである。
　私どもの生産現場についていえば，自律神経とは，現場の自主判断機能ということである。…人間の身体でいえば脳に相当する生産管理部や工務部などに問い合わせなくとも自らの判断でできるような現場にするということである。
　私はトヨタ自工の場合，「ジャスト・イン・タイム」の思想を生産現場に深く広く浸透させることと，「かんばん」の使い方のルールを徹底させることで自律神経が備わってきたと考える。
　…計画の小変更についてもスムーズに対応できるような，いちいち脳までいかずに反射神経で折り返して，瞬時に対応する反射神経を企業がもっていなければならないと考えている。…

企業が大きくなればなるほど反射神経をうまく設置しなければならない。ちょっとした計画を変更するのにも，大脳の命令が出なければやれない，つまり，生産管理部が伝票を切る，計画変更書を出す，そんなことをやらなければ動き出せないようでは，企業はヤケドや大怪我から免れることはできないし，大きなチャンスを逃してしまう。変更を変更と気付かせないような微調整機能を企業のうちに備える。これこそ反射神経を内蔵させることであろう。私は，「目で見る管理」をはじめ，「ジャスト・イン・タイム」や「自働化」といった，トヨタ生産方式を支える二本柱によって，この反射神経をより鍛えることができるものと確信している。（大野 1978, 83）

　日本企業は，どうしたら自律的な企業体を作り上げることができるのかという課題に取り組んできた。トヨタでは，ものづくりの思想，哲学を現場に深く広く浸透させるという重大な課題があったが，その課題を達成するためには従業員の意識改革が必要であった。そして，そのために会計フリー・アプローチが必要であった（廣本 2008b）。それに加えて，現場に直接に市場ニーズを持ち込み，また，問題の顕在化，見える化を行って，従業員が考えざるを得ない状況を作り出し，更に，従業員に問題解決の方法を教え込むことも必要であった。

　市場志向の経営システムは，日本企業が第2次大戦後，高度経済成長期の中で成長する過程で大きな役割を果たしてきた。しかし，市場志向ないし顧客志向は自律的組織が進むべき方向を指し示す唯一の考え方ではない。松下(1978)は次のように論じている。

　　経営にあたっては，単なる利害であるとか，事業の拡張とかいったことだけを考えていたのではいけない。やはり根底に正しい経営理念がなくてはならない。そして，その経営理念というものは，何が正しいかという，一つの人生観，社会観，世界観に深く根ざしたものでなくてはならないだろう。そういうところから生まれてくるものであってこそ，真に正しい経営理念たり得るのである。…さらにいえば，正しい人生観，社会観，世界観というものは，真理というか，社会の理法，自然の摂理にかなったものでなくてはならない。（松下 1978, 13）

　以上を要するに，自律的組織は，市場志向の哲学，更により深い経営哲学を

共有しながら，各単位組織が自律性をもち，自らの環境の変化に敏感に適応する組織である。各組織単位は主体的・能動的に行動するが，価値観の共有と相互信頼関係のもとで，情報的相互作用を行うことによって，全体として環境の変化に適応しながら進化していくことができるのである。

5．MMループ

5-1　MMループの一般概念

本研究は自律的組織に注目しているが，もう1つ注目するのがMMループである[vi]。MMループは何も特別な概念ではない。むしろ，経営管理の本質を言い替えたものに過ぎない。

野中（1980）は，経営管理は組織活動を達成するために必要となったと指摘している。

> 経営管理の誕生はまさに大規模組織の誕生と軌を一にしているということです。チェスター・バーナードは，「人間が個人として達成できないことを他の人々との協働に達成しようとしたときに組織が生まれる」といっています。そして異質な人々の努力を組織の効率的な目標達成に向けて調整するニーズが発生したときに，作業活動と独立した固有の管理活動が生み出されたのです。したがって，経営管理と組織は表裏一体の関係にあり，まさに組織なくして管理はないのです。（野中 1980, 11-12）

Koontz and O'Donnell（1976）も，同様に，次のように論じている。

> 一人では達成できない目標を達成するため集団を構成するようになってから，管理（managing）は個々人の努力を確実に調整する上で，必要不可欠のものとなった。社会の集団的な努力に依存する度合いが大きくなり，多くの組織化されたグループが大きくなるにつれて，経営管理者の役割は重要性を帯びてきた（大坪訳 1979, 12）

> 集団の目標を達成するために個々人の努力の調和を得るようにすることが管理の目的である…（大坪訳 1979, 142）

図1-6　MMループの基本概念図

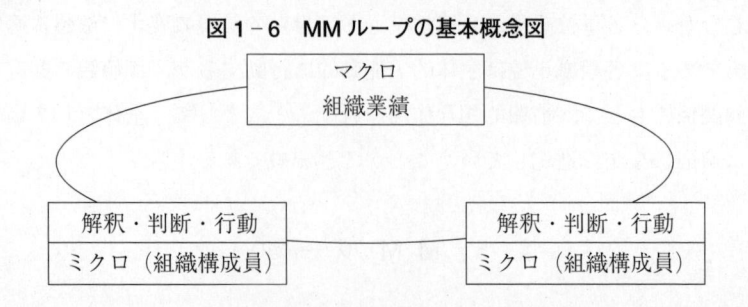

```
          マクロ
         組織業績
    ／              ＼
解釈・判断・行動    解釈・判断・行動
ミクロ（組織構成員）  ミクロ（組織構成員）
```

　MMループは，「集団の目標を達成するために個々人の努力の調和を得るようにする」という経営管理において，組織内に生じる情報の流れに注目したものである。すなわち，MMループとは，次のようなものである。

(1) 個々の組織構成員（ミクロ）と組織全体（マクロ）の間に脈絡をつける，あるいは，関係性を作り出すメカニズムである。
(2) ミクロとマクロの間に流れる情報に焦点を当てている。
(3) ミクロとマクロの間に流れる情報には多様なものが含まれるが，基本は，各構成員の行動および全体の業績に関する情報である。

　MMループの概念を用いれば，経営管理とは，適切なMMループを形成し，それが適切に回るようにすることである。そして，経営システムは，そのような経営管理プロセスを支援・促進するために存在する。これを図示したのが図1-6である。

　MMループの概念は，経営管理の本質を言い直しただけで極めてシンプルなものである。しかし，このMMループの概念を用いると，伝統的な集権的階層組織と現代の自律的組織の相違，更に，それらの組織を前提とする経営システムの相違を可視化することができる。

5-2　MMループの階層性・重層性

　MMループは，2人以上，あるいは，2つ以上の組織単位が協働するときに生じる。企業組織は，企業内組織であれ企業間組織であれ，全体として1つ

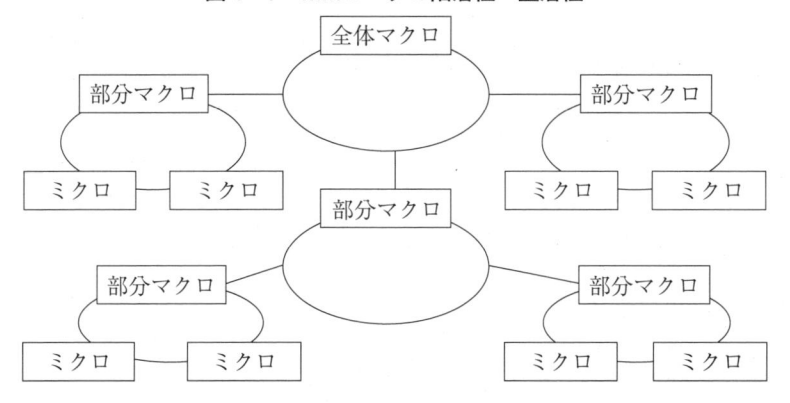

図 1-7　MM ループの階層性・重層性

の協働体であるから，そこには 1 つの MM ループが形成されている。しかし，それは企業組織には 1 つの MM ループしか存在しないということを意味するのではない。企業組織は多数の組織単位から構成されているから，実際には多数の MM ループが存在し，それらが統合されて 1 つの MM ループを形成している。さらに，取引先との協働に係る MM ループも，さまざまな企業連携に係る MM ループもある。以上を要するに，多数の MM ループが階層的ないし重層的に連結している。これを図示すれば，図 1-7 のようになる。

このような階層構造・重層構造を見ると，それらは密接に統合されており，いわば，各 MM ループは全体システムとしての機械の部品であるかのようにイメージされるかもしれない。そのようなイメージが最も当てはまるのが，集権的階層組織を持つ企業の内部組織であろう。しかし，自律的組織のイメージは，各 MM ループが緩やかに連結しており，時には分離し，時には統合するという具合に，ダイナミックなものである。

5-3　集権的階層組織の MM ループと自律的組織の MM ループ

集権的階層組織では，トップ・マネジメントが企業の最適バリュー・チェーンを設計し，その全体最適活動を協働体系によって実行する。換言すれば，組織全体の観点から最適な業績計画が作成され，その全体計画が各組織単位の業

図1-8 集権的階層組織のMMループ－固定的分業の観点から

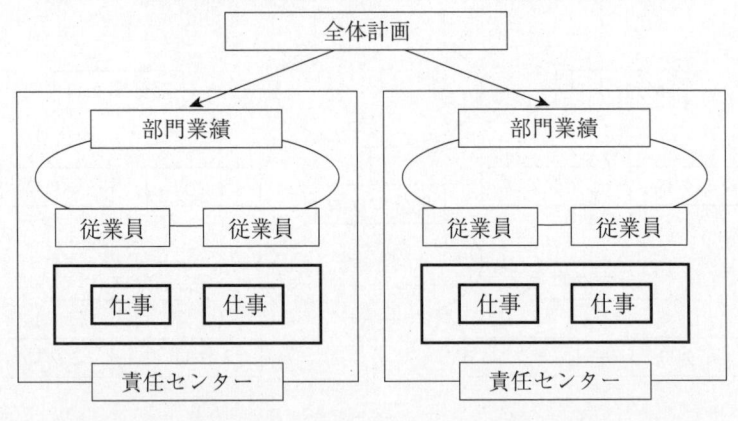

```
                    全体計画
           ┌──────────┴──────────┐
    ┌──────▼──────┐        ┌──────▼──────┐
    │  部門業績   │        │  部門業績   │
    │ 従業員─従業員│        │ 従業員─従業員│
    │  仕事  仕事 │        │  仕事  仕事 │
    │  責任センター│        │  責任センター│
    └─────────────┘        └─────────────┘
```

図1-9 集権的階層組織のMMループ－上層情報観の観点から

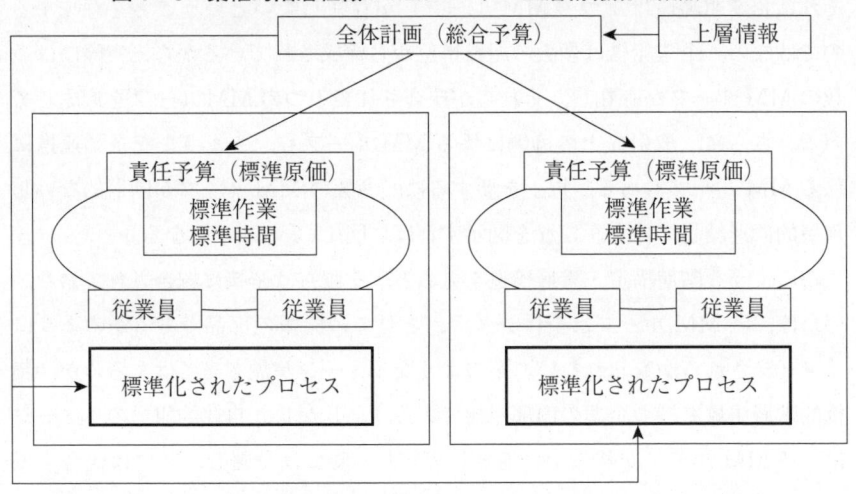

```
         全体計画（総合予算） ◄── 上層情報
      ┌──────┴──────┐
 責任予算(標準原価)  責任予算(標準原価)
   標準作業            標準作業
   標準時間            標準時間
  従業員─従業員       従業員─従業員
 標準化されたプロセス  標準化されたプロセス
```

績計画に分割される。集権的階層組織の特徴は，今井・金子 (1988, 29-30) が指摘するように，上層情報観と固定的分業観である。上層情報観の下では，従業員に期待されるのは指示に従って各自の仕事を効率的に行うことだけである。標準原価管理システムは上層情報観の下での経営システムである。固定的分業観の下では，各従業員は従業員間の相互依存関係を考える必要はない。各

第1章 研究課題と分析フレームワーク　*21*

図1-10　自律的組織のMMループ－伸縮的分業の観点から

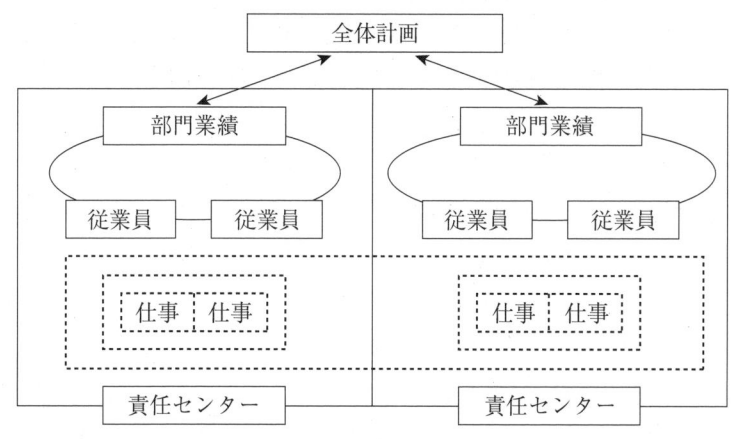

```
                    全体計画
        ┌──────────┼──────────┐
   ┌────┴────┐         ┌────┴────┐
   │ 部門業績 │         │ 部門業績 │
   │ ╱─────╲ │         │ ╱─────╲ │
   │従業員─従業員│     │従業員─従業員│
   │         │         │         │
   │ 仕事│仕事│         │ 仕事│仕事│
   │         │         │         │
   │ 責任センター │     │ 責任センター │
   └─────────┘         └─────────┘
```

図1-11　自律的組織のMMループ－現場情報観の観点から

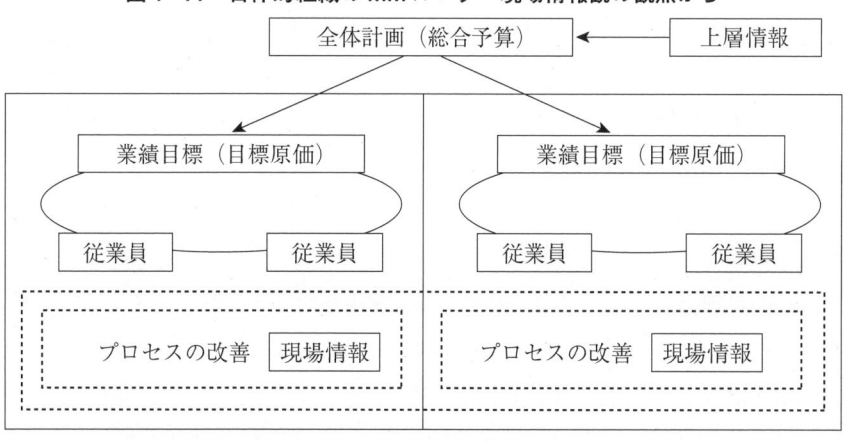

```
          全体計画（総合予算） ←── 上層情報
        ┌──────────┼──────────┐
   ┌────┴────────┐    ┌────┴────────┐
   │業績目標（目標原価）│  │業績目標（目標原価）│
   │  ╱─────╲      │    │  ╱─────╲      │
   │従業員─従業員   │    │従業員─従業員   │
   │                │    │                │
   │プロセスの改善│現場情報││プロセスの改善│現場情報│
   └────────────┘    └────────────┘
```

組織単位は，1人の経営管理者（命令者）の命令・指示のもとで，割り当てられた業務を遂行する責任を果たすことだけが求められる。MMループ間のみならず，MMループ内でも従業員は分断状態になる。ただし，それは実行過程のことである。集権的階層組織においても，計画段階および業績評価（差異分析）の段階では，経営管理者の間だけではあるが，情報的相互作用が生じ

る[vii]。

それに対して，自律的組織の特徴は伸縮的分業観と現場情報観（場面情報観）である[viii]。そこでは，組織全体の観点からの業績計画が作成されるとしても，集権的階層組織の場合とは異なって，現場は計画に基づいて命令・指示された仕事を行うことだけを期待されているのではない。計画は現場情報を反映させながら具体化されることが期待されている。各従業員は，組織全体の業績を達成するために，現場情報に基づいて，互いに知恵を出し合い，助け合いながら，より有効かつ効率的に作業を実施し，全体としてより良い業績を達成する。図1-10で各従業員および組織単位の仕事を破線で示しているのは，その分業関係が伸縮的であることを示すためである。

5-4 業績をマクロとするMMループの二面性

組織業績をマクロとするMMループは，各組織構成員が自分の行動が所属する組織単位の業績にどのような影響を与えるのかに注意を払いながら行動するとき，それは機能している。ここで注意すべきは，業績（パフォーマンス）には実体的業績（活動それ自体）と財務的業績の2種類があるということ，つまり，業績のMMループには，実体的業績のMMループと財務的業績のMMループの二面があるということである。

伝統的管理会計の世界では，業績とは財務業績のことであると考えることが少なくない。しかし，そのような固定観念は適切でない。予算は財務的計画であるが，財務計画の裏には行動計画（事業計画）がある（岡本他 2008, 115）。予算は財務的計画であるが，財務計画（予算）の裏に行動計画（事業計画）がなければ，それは単なる金の配分に過ぎないと言える。他方，行動計画を作成しても，それを裏付ける財務計画がなければ，その実行可能性は極めて不確実である。予算と事業計画のいずれが欠けても不完全な計画となる。

他方，日本的管理会計の研究では，梶原（2008, 47-57）でも指摘されるように，現場改善活動における非財務的業績尺度の有用性が強調されるあまり，財務的業績測定が軽視される傾向があるようである。しかし，それは正しくな

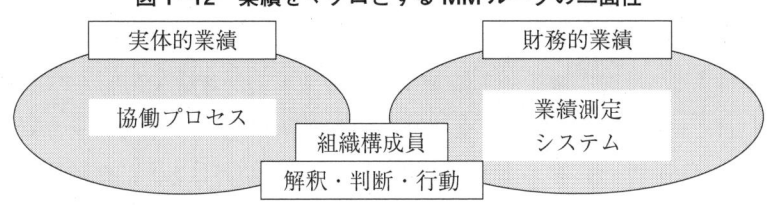

図1-12 業績をマクロとする MM ループの二面性

```
   実体的業績              財務的業績
  ┌─────────┐          ┌─────────┐
  │ 協働プロセス │          │ 業績測定  │
  │         │ 組織構成員  │ システム  │
  │         │解釈・判断・行動│         │
  └─────────┘          └─────────┘
```

い。現場の業績は財務的業績に反映されないと，トップから正しく評価されないであろう。トップの正しい評価が得られないと，現場のやる気も失せてしまうだろう。本書第6章や廣本（2008b）は，この問題に関連している。第13章で論じられる管理会計改革も，業績ループの二面性に係る問題である。

ただし，実体的業績の MM ループと財務的業績の MM ループがうまく連動して回るようにしなければならない。実は，これが大変難しい問題なのである。その1つの理由は，財務的業績のループは会計の領域であり，このループの管理は一般に会計専門家（コントローラー部門，会計部門）に委ねられているからである。そこで，現場の業務担当者と会計担当者のコミュニケーションが非常に重要となる。

5-5 業績ループの二面性と情報的相互作用の場

組織内における情報的相互作用には，(1)実体的業績 MM ループ内で生じる情報的相互作用，(2)実体的業績 MM ループ間で生じる情報的相互作用，(3)実体的業績 MM ループと財務的業績 MM ループの間で生じる情報的相互作用，および(4)財務的業績 MM ループ内で生じる情報的相互作用がある。日本企業に関してしばしば指摘される「集団を中心とする人々の直接的な相互作用」とか「人と人が情報的相互作用を行うことで生み出される企業システムのダイナミックな現象」というのは，主として(1)および(2)のことである。経営システムの設計では，単に情報的相互作用があるというだけでなく，この2つを区別することが重要である。更に，(3)と(4)の情報的相互作用にも注意しなければならない。これらの問題に関しては，Simon et al.（1954）の研究が非常に興味深

い。

　財務的業績の MM ループが生じるのは会計空間であって，業務活動それ自体の空間とは異なる。実体的業績 MM ループと財務的業績 MM ループを繋ぐためには，情報的相互作用を生じさせる特別の空間が必要となる。予算編成の場や差異分析の場は，そのような空間である。これ以外にも，問題解決の必要に応じて，さまざまな場が設けられよう。そのような場でどのような情報的相互作用が生じるかは，その場に誰が集まるのか，議題は何か，時間はどのくらいを予定するのか，など多様な要因によって決まる。この場が，実体的業績 MM ループと財務的業績 MM ループを繋ぐための，アカウンティング・トークの場であることに注目すれば，会計担当者の果たす役割はきわめて重要である[ix]。日本的管理会計を論じる中で，日本の製造企業では会計担当者が常に工場を歩き回っていることが指摘される。つまらないことのようであるが，それは，この2つのループのリンケージを確保するために非常に大切なことなのである。

5-6　財務的業績測定システムの役割期待

　Hiromoto (1988) は，日本企業では管理会計の情報提供機能より影響機能が重視され，管理会計は影響システムとして利用されていると指摘した。これは，業績の MM ループの二面性に関連している。

　集権的階層組織では，計画は上司（経営管理者）が行い，部下（従業員）は計画を実行するだけである。そこでは，財務的業績は基本的に部下が計画を適切に実行しているかどうかを上司がモニターするために必要なのであって，部下は自分が果たすべき仕事を判断する上で財務的業績を必要としない。しかし，部下も自分の財務的業績（スコア）がどうであったかを知りたい。財務的業績が報酬制度と結びつくならば，なおさらである。しかし，財務的業績情報の受け手が上司だけでないとしても，財務的業績測定システムは情報提供機能を果たせば十分である。

　それに対して，自律的組織では，組織構成員は財務的業績のマクロにも目を

配りながら，実体的業績を作り上げることが求められる。財務的業績と実体的業績の2つのループが有機的に連結している。管理会計を影響システムとして設計することは，財務的業績測定システムを通じて実体的業績のループに影響を及ぼすことを目的としている。

5-7 組織文化・風土をマクロとするMMループ

人の社会には，それが地域であれ国家であれ，長い年月の中でそこには何らかの文化・風土が生まれてくる。同様に，企業組織内にも，全社的に，あるいは，各事業所，各工場レベルで，そこに組織文化・風土が形成される。組織文化・風土とは何か。野中（1985）や伊丹（1984）は次のように論じている。

> （業績の高い企業であっても，とりたてて戦略，組織構造，システムに違いがあるようには見えないのに，なぜ業績に差が出るのか。何がエクセレントな決め手になっているのか。）その答えの1つは，その組織に独特の文化が定着しているということである。つまり，組織の構造とかシステムではなく，組織のプロセス，つまり行動の仕方に特色があるのである。この点の認識が，最近の経営学の最も重要な発展の1つである。
> …組織に独特の「ものの見方」や「仕事のやり方」，つまり組織に共有された思考・行動様式を最近では企業文化という。（野中 1985, 102）

> 企業の体質という言葉がある。「あの会社は営業中心の体質だ」とか「うちの会社にはどうも最近官僚的体質が出てきた」とかいった表現に出てくる「体質」である。それが組織風土のことである。組織の人々が，どんなことが当たり前と思っているか，どんな思考のパターンのクセを持っているのか，どんなタイプの仕事のできる人がエライと思われているのか。それらすべてが，組織風土の中身である。（伊丹 1984, 72）

組織文化・風土をマクロとするMMループを考えることが必要となる。経営管理の目的は，業績をマクロとするMMループを適切に形成し，それが適切に回るようにすることであるが，それは組織文化・風土のMMループによっても影響される。組織文化・風土のMMループを利用して，業績のMMループをうまくコントロールすることもできるし，組織文化・風土によって業績

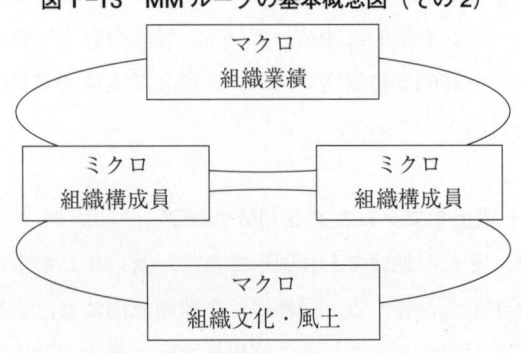

図1-13　MMループの基本概念図（その2）

```
        ┌─────────┐
        │ マクロ   │
        │ 組織業績 │
        └─────────┘
   ┌─────────┐   ┌─────────┐
   │ ミクロ   │───│ ミクロ   │
   │組織構成員│   │組織構成員│
   └─────────┘   └─────────┘
        ┌─────────────┐
        │ マクロ       │
        │ 組織文化・風土│
        └─────────────┘
```

のMMループがうまく回らなくなることもある[x]。

　優れた企業経営者は，より良い業績を上げるMMループが形成されるように，従業員が経営哲学，理念，価値観を共有するように多大の努力を払ってきた。更に，全員がルールをしっかりと守り，不正行為や相互不信感を招くなどといったことがないような組織作りに細心の注意を払ってきた。

　　アメリカの社会学者であるセルズニックは，「組織のリーダーの本質的な役割は組織に価値観を注入することだ」といい，「価値観を注入されることによってはじめて組織が単なる人の集まりや機能を工学的に集めたものでなくなり，息を吹き込まれた社会的な有機体になる」といった。「価値観が組織を本当の生きた存在にする」といってもいい。
　　しかし，こうした価値観は，単純化していえば，組織があるいは経営者が，人々に与えよう，もってもらおうとするものである。そして，それが人々に真に受け入れられ，共有されてはじめて，モチベーション，判断，コミュニケーションに生きてくる。…
　　…価値観は，単なるスローガンに終わることも多い。社長室の額の中には経営理念や社是が立派に掲げてあるが，組織の内部では本気で受け取られていない，ということはよく起こる。どのようにすれば価値観は組織の内部に根づくのか。その答えは，「価値観が本当に組織文化の一部になったとき」である。（伊丹・加護野　1989, 304-305）

　優れた経営者は，理想とする，目指すべき組織文化・風土を作り上げるべく

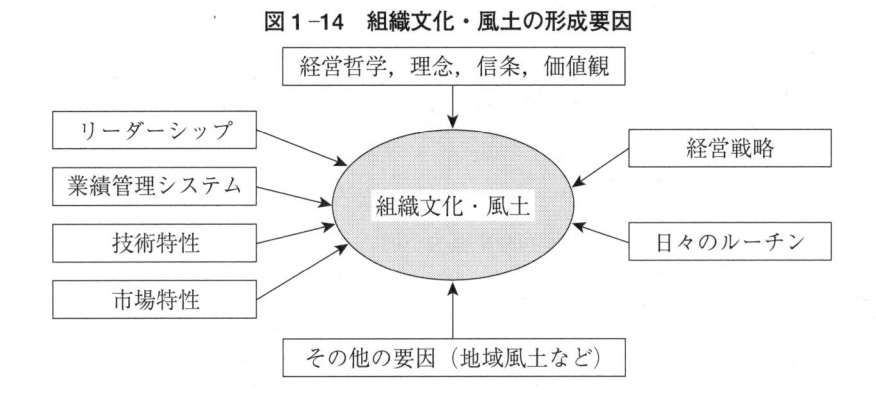

図1-14　組織文化・風土の形成要因

- 経営哲学，理念，信条，価値観
- リーダーシップ
- 業績管理システム
- 技術特性
- 市場特性
- 経営戦略
- 日々のルーチン
- その他の要因（地域風土など）

→ 組織文化・風土

努力しているが，組織文化・風土は，志の高い理念に基づくものほど定着させるのは容易でないし，また，理念や価値観だけで形成されるものではない。ここに難しい問題がある。

> 企業文化とは，単一の要因でできるものではない。いろいろな要因が複合的に作用し合い，しかも長い時間を経て形成されるシステムである。それらの中から，重要な規定要因を挙げれば，価値，英雄，リーダーシップ，組織・管理システム，儀式・運動，技術・市場特性である。(野中 1985, 103)

望ましい組織文化・風土を形成する上で厄介なのは，その形成要因が多様であるということだけではない。長い時間をかけて形成してきた組織文化・風土は，経営環境の変化によって望ましいものではなくなる危険がある。それは，経営環境の変化によって，業績をマクロとする MM ループを適切に回すために従前とは異なる行動パターンが求められることになるからである。そのとき既存の組織文化・風土の MM ループがその変化を妨げることになるため，組織文化・風土の改革が必要となるのである。本研究では，村田製作所の組織風土改革を素材にこの問題に検討を加えている。

なお，官僚制の逆機能の問題は，官僚制のプロセスの中で形成される組織文化・風土に係る問題である（日本会計研究学会特別委員会 2007, 69-70）。官僚制

では，規則や手続に基づいて業務が遂行される。換言すれば，業績のMMループを規則と手続に従って回すため，それが繰り返される内に形式化な行動パターンが形成され，硬直的，閉鎖的な風土を作り出してしまう。その結果，その後は，硬直的，閉鎖的な風土に基づいて業績ループが回り出すようになり，それが官僚的体質の組織として批判の対象となるのである。特に米国の大企業では，官僚制組織と同時に科学的管理法が導入されたため，そのような傾向が一層促進されてきたといえる。

6．MMループと基本的フレームワーク

6-1 MMループの概念を組み込んだフレームワーク

本章セクション2で提示した基本的フレームワークの中にMMループの概念を組み込むができる。図1-15は，図1-3をベースに描いたものである。

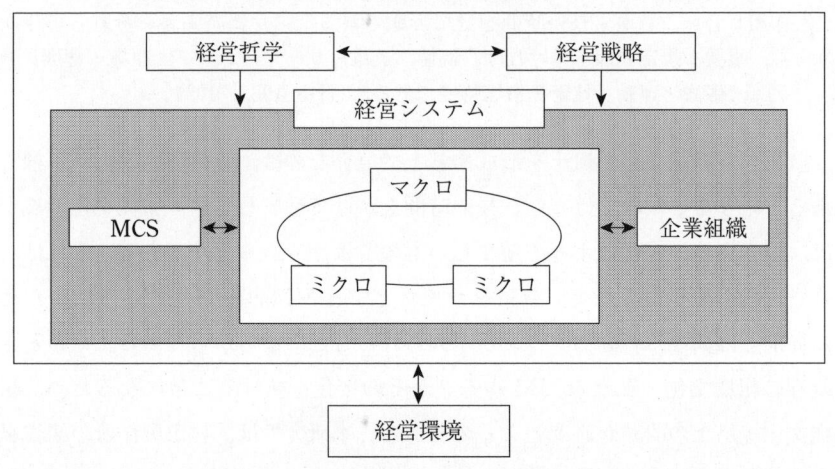

図1-15 MMループを組み込んだ基本的フレームワーク

予算管理，責任会計，標準原価計算，直接原価計算などの管理会計システムは，業績測定システムとしてMCSに含まれている。業績のMMループを適切に回すために，いかなる組織であれ，業績測定システムが必要である。マネ

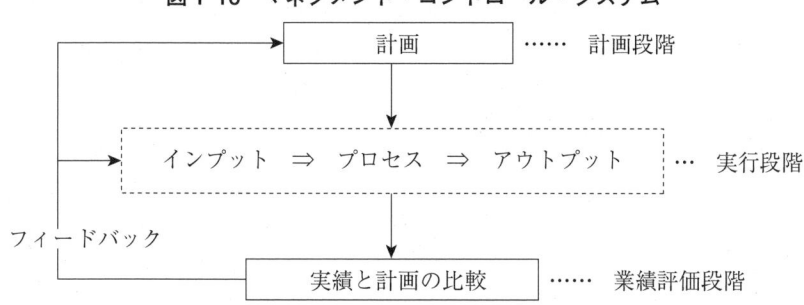

図1-16 マネジメント・コントロール・システム

```
              ┌──────────────┐
          ┌──→│     計画      │ …… 計画段階
          │   └──────┬───────┘
          │          ↓
          │   ┌─ ─ ─ ─ ─ ─ ─ ─ ─ ─ ─ ─ ─ ─┐
          │   │ インプット ⇒ プロセス ⇒ アウトプット │ … 実行段階
          │   └─ ─ ─ ─ ─ ┬ ─ ─ ─ ─ ─ ─ ─ ─┘
 フィードバック        ↓
          │   ┌──────────────┐
          └───│ 実績と計画の比較 │ …… 業績評価段階
              └──────────────┘
```

ジメント・コントロールは一般に予算編成（期間計画）と統制を統合したプロセスとして認識され[xi]，そのプロセスは「計画→実行→業績評価→フィードバック」と説明される。この図式にIPOモデルを組み込んだのが，図1-16である（廣本 2003, 24；廣本 2004a, 5）。各プロセスには担当組織単位があり，各組織単位には経営管理者ないしリーダーがいる。

図1-16に示したMCSの構造自体は，いかなる組織でも同じである。しかし，注意すべきは，計画には目標とシナリオ（目標を達成するための具体的方法）の2つの局面があるということである[xii]。伝統的MCSは，科学的管理法のパラダイムの下で，シナリオも含めて，計画段階ですべての計画が詳細に作成され，それが間違いなく実行されるように設計される。それに対して，自律的組織では現場情報が重視される。上層情報に基づいて作成された計画は，現場情報を反映させながら具体化されていく。自律的組織の原価管理システムである目標原価計算では，目標だけが指示され，その実現は現場における改善活動に委ねられる。つまり，シナリオは現場に任されている。意図する戦略を指示した上で，創発戦略を期待するのも同様である。もちろん期待だけして放任するのではない。期待される改善や創発が生じるよう，単に業績を測定・報告するだけでなく，さまざまな工夫や努力が必要となる。

6-2 伝統的経営システム

伝統的経営システムは，集権的階層組織を前提とする経営システムであり，

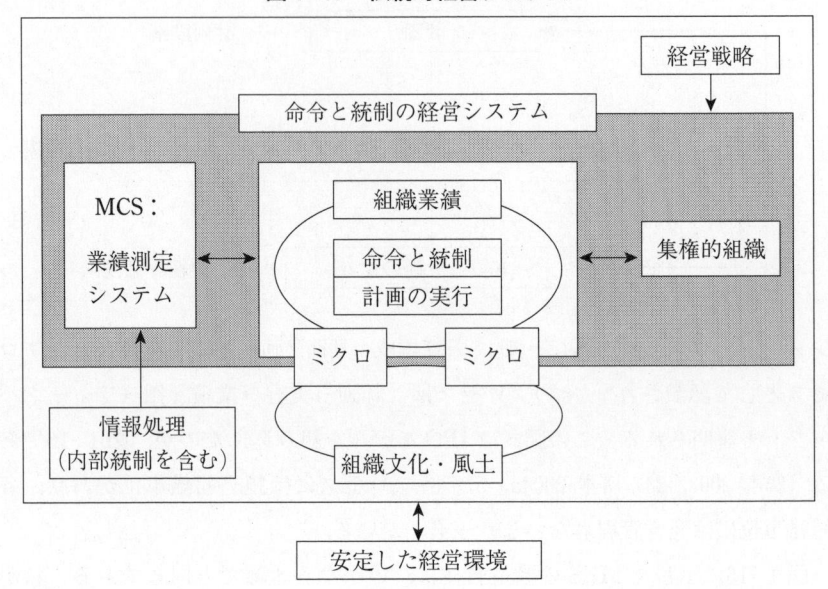

図1-17 伝統的経営システム

```
命令と統制の経営システム                    経営戦略

MCS：         組織業績
業績測定      命令と統制        集権的組織
システム      計画の実行
              ミクロ  ミクロ

情報処理       組織文化・風土
(内部統制を含む)
```

安定した経営環境

図1-17のように図示できる。

　伝統的経営システムは，安定した経営環境のもとで適切なシステムであり，命令と統制の経営システムと呼ぶことができる。それは，全体最適計画を大規模組織で実行するための経営システムである。そこでは，組織文化・風土のMMループはシステム設計の前提とされるとしても，それに影響を与えて良いループを作り出そうとする設計思想は見られない。そこで，図1-17では，組織文化・風土のMMループを経営システムの範囲外に描いた。経営哲学は経営システムに影響を与えていない。

　集権的階層組織では，計画（目標とシナリオ）を正しく実行するために必要な経営資源と権限が経営管理者に与えられる。与えられた資源を有効かつ効率的に利用して計画通りに仕事を行うことが，経営管理者の責任（responsibility）となる。他方，経営管理者には消費された資源が適切に利用されたことを説明する会計責任（accountability）がある。伝統的な責任会計では管理可能

性原則が強調されるが,それは,集権的階層組織では経営管理者に期待されているのは,与えられた資源の範囲内で,それを有効かつ効率的に利用することによって計画を実行することだからである。その考え方の前提には,企業家と経営管理者の明確な役割分担があることに注意する必要がある。

> 政策や手続の策定と,その実施とは違うということを,ここで強調しておこう。政策と手続の策定には,戦略的なものと戦術的なものとがありうる。…戦略的な計画は,下部から上申して策定することもできるが,このような提案の実施には,通常は経営資源が必要であって,それは総合本社だけが上から割り振ることができるのである。下層階層の幹部たちは,この総合本社が定めた全社的な政策方針に沿い,割当を受けた資源を使って,戦術的な諸決定を遂行するのである。活用できる諸資源を実際に割り当てる経営幹部は,だからこそ企業体の中枢人物である。現代経済の中で彼らは決定的な役割を演じているので,この研究の中では,そうした人々を企業家(entrepreneurs)と規定しよう。これに対して,自分たちに割り当てられた経営資源の範囲内で,調整し,評価し,計画を立てている人々は,管理者(managers)と呼ぶことにしよう。従って,企業家的(entrepreneurial)決定と行動とは,企業全体のために経営資源を割り当てたり,あるいは割り当て方を変えたりすることを指すこととし,また現業的(operating)決定と行動とは,割り当てられた資源を用いて実施される決定と行動とを指すこととしよう。(三菱経済研究所訳 1967, 27)

米国型組織では,手元にある利用可能な経営資源の制約を超えた判断や行動は,企業家の役割であるとされる。それに対して,自律的組織では管理者や従業員に企業家的な役割が期待される。そのため,管理可能性よりも会計責任が大きい,企業家的ギャップと呼ばれる状況を作り出すことも行われる。

6-3 現代の経営システム

現代の経営システムは,自律的組織のための経営システムである。それは,各組織単位および従業員が自律的に判断・行動するようにすると共に,それらの活動が総体として組織全体の目標を実現するように統合するための経営システムである。

図1-18　2つの経営システム

伝統的経営システム	現代の経営システム
マクロ／情報処理のループ／ミクロ　ミクロ	マクロ／情報処理のループ＋情報創造のループ／ミクロ　ミクロ

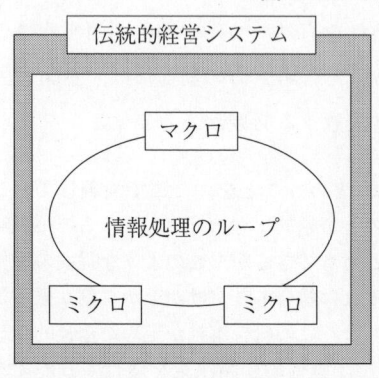

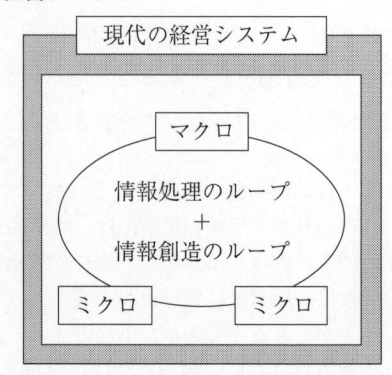

　図1-18に示すように，現代の経営システムには情報創造のMMループの形成を支援・促進するシステムが組み込まれていることに注意しなければならない。自律的組織は緩やかに連結した組織であり，そこには情報的相互作用が生じるが，それは自己組織化（self-organizing）のプロセスである[xiii]。そして，本研究にとって重要なことは，それが主体的な自己組織化であるということである[xiv]。

　自律的組織における経営者，従ってまた経営システムには，情報的相互作用が望ましい方向に向かうようにすることが期待されている。自律的組織は，変化の激しい不確実な経営環境の下で必要とされ，現場情報の重要性を強調する組織である。そこでは全従業員の衆知を集めた経営が求められ，従業員には企業家精神（entrepreneurship）を持つことが求められるが，それは個々の従業員の勝手な判断・解釈・行動を認めることではない。経営哲学や経営戦略に合致した判断・解釈・行動である必要がある。自律的組織の経営システムは，望ましい方向に向けての主体的・能動的な自己組織化プロセス，学習プロセスを支援・促進するように設計されるべきである。それは，図1-19に示したように，学習と創造の経営システムと呼ぶことができよう。

　イノベーションの時代は脱コントロールの時代であると言われることがある（野中 1985, 264-265；今井 1990, 26-27）。しかし，それは，企業組織が非常に

図1-19　現代の経営システム

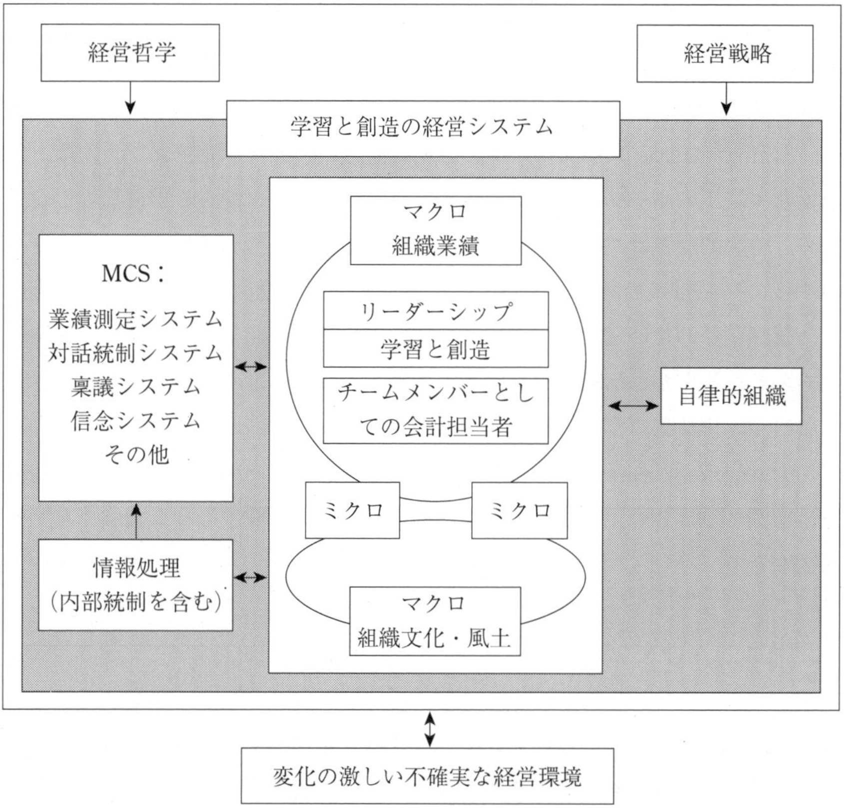

```
┌─────────────────────────────────────────────────────────┐
│  [経営哲学]                              [経営戦略]       │
│     ↓                                       ↓            │
│  ┌───────────────────────────────────────────────────┐  │
│  │         学習と創造の経営システム                    │  │
│  │                                                     │  │
│  │  ┌──────────┐   ┌──────────────┐                 │  │
│  │  │  MCS：   │   │   マクロ      │                 │  │
│  │  │業績測定  │   │  組織業績     │                 │  │
│  │  │システム  │   ├──────────────┤                 │  │
│  │  │対話統制  │   │ リーダーシップ │  [自律的組織]   │  │
│  │  │システム  │←→│ 学習と創造    │←→              │  │
│  │  │稟議システム│ │チームメンバーと│                 │  │
│  │  │信念システム│ │しての会計担当者│                 │  │
│  │  │ その他   │   ├──────────────┤                 │  │
│  │  └──────────┘   │ ミクロ │ミクロ│                 │  │
│  │      ↑          ├──────────────┤                 │  │
│  │  ┌──────────┐   │   マクロ      │                 │  │
│  │  │情報処理  │←→│組織文化・風土 │                 │  │
│  │  │(内部統制 │   │              │                 │  │
│  │  │ を含む)  │   └──────────────┘                 │  │
│  │  └──────────┘                                      │  │
│  └───────────────────────────────────────────────────┘  │
│                        ↕                                 │
│              [変化の激しい不確実な経営環境]               │
└─────────────────────────────────────────────────────────┘
```

集権的で機械的組織と呼ばれた時代のコントロールを仮定した主張である。自律的組織ではトップが決めた計画を実行させるだけでなく，現場情報に基づいて行われた改善を企業全体の目標達成に結びつけなければならないから，MCSや内部統制の役割期待はむしろ大きくなる。

　自律的組織は，従業員が自由に創造性を発揮し，イノベーションを起こせばよい組織ではない。自由と規律，創造性とコントロールといった相対立する必要性を併存させなければならない。Simons（1995a；1995b）で論じられた対話型統制システムは情報的相互作用を促進するシステムである。日本企業で長く

使用されてきた稟議システムの意義も再評価する必要がある。

　学習と創造の経営システムでは，経営哲学が重視されると共に，組織文化・風土によるコントロールが非常に重要となる。業績のループだけでなく，組織文化・風土のループが適切に形成されるようシステム設計を行なう必要がある。Simons (1995a ; 1995b) で論じられた信念システムや境界システムは，組織文化・風土のループを適切に形成するためのシステムであると言うことができる。自律的組織は，エンパワメントされた従業員で構成される組織であり，自由度の高い組織である。そのような組織を適切にマネジメントするためには，信頼関係の強い組織文化・風土を醸成することが非常に重要となる。全従業員のモラルと相互信頼関係を構築・維持するために，全従業員が共有できる経営哲学，価値観，また，経営の透明性が必要となる。透明性の確保のためには，会計担当者と従業員との相互信頼関係を前提に，内部統制も重要である。内部統制は望ましい組織文化・風土の形成のために必要であることに注意する必要がある。

7．結　　び

　現代の管理会計研究に求められているのは，自律的組織における経営システムを設計し，これを構築することである。伝統的管理会計は，命令と統制の経営システムとして設計され，利用されてきた。しかし，現代求められているのは学習と創造の経営システムである。自律的組織は，主体的，自発的に意思決定し行動する個人から成る組織である。自律的組織における経営管理問題は，そのような自律的個人の努力を組織目標の達成に向けて調和させること，つまり適切な MM ループを形成し，情報創造のループを適切に回すことである。

　学習と創造の経営システムは，現場情報を重視する経営システムである。そのためには，(1)従業員が現場情報を入手できること，(2)従業員が主体的・能動的に現場情報を解釈し，科学的に問題解決できること，(3)問題解決の結果が組織の公式なシステムに組み込まれること，といった要件が満たされる必要があ

る。そこで，これらの要件が満たされるような工夫や努力を行なわなければならない。例えば(1)に関しては，現場情報は現場にいれば容易に入手できるというわけではないし，市場情報などは組織の壁に阻まれて容易に現場に届かない。自律的組織では，組織内のあらゆる所で，さまざまな工夫を行って，見える化，可視化の努力が続けられている。また，市場ニーズが現場に直接届くようにするための工夫や努力も多様に行われている。現場情報を解釈する能力も重要である。例えば，現場で何が起こっているかが分かったとしても，そこに異変が生じているのか否か，それがどのような異変であるのかに気づくためには，それだけの知識と経験が必要とされるのである。

　学習と創造の経営システムは，従業員の主体的・能動的行動に依存する経営システムである。その経営システムが適切に機能するためには，適切な従業員教育が前提となるし，リーダーシップも不可欠である[xv]。従業員に進むべき方向性を明確に示すと共に，情報的相互作用を促進しなければならない。個々のMMループ内での情報的相互作用を促進すると同時に，それらを統合するための仕組みが不可欠である。業績のMMループには実体的業績のMMループと財務的業績のMMループがあるから，それらが有機的，相互連関的に連動するように配慮しなければならない。更に，業績のMMループが回る間に，そこには自然に組織文化・風土のMMループが形成され，それが逆に業績のMMループに影響を及ぼし始める。従業員の主体的行動に依存する自律的組織に適切な経営システムを設計するためには，業績のMMループを考慮するだけでなく，組織文化・風土のMMループにも配慮する必要がある。

　学習と創造の経営システムは，インフォーマルな情報の流れに大きく依存するため，そのシステムを構築することは難しく，それを維持することはもっと難しい。

　変化の激しい不確実な経営環境の下で，現場情報（現場に直接に入る市場情報を含む）を重視する学習と創造の経営システムは，上層情報観でなく現場情報観（場面情報観）に立脚する経営システムである。このような経営システムの合理性を否定する人はいないであろうが，実際には，組織が巨大化し，トッ

プ・マネジメントと現場の距離が遠くなる，あるいは，業績が良くなって緊張感が緩むと，組織は，上層情報観に立ってトップが事前に決めた計画を実行することだけに専念するようになる傾向がある。

自律的組織では，すべての従業員が企業家精神を持ち，自律的に判断し行動することが期待される[xvi]。そこで，学習と創造の経営システムは，全員参加の経営システムと呼ぶこともできる。全従業員に対して，市場志向の考え方，更に，より深い哲学を従業員に教え込むことが不可欠であり，学習と創造の経営システムにとって信念システムは不可欠の要素となる。しかも，従業員は絶えず入れ替わるのであるから，信念システムは機能させ続けなければならない。

i 伝統的管理会計は，原価計算が「異なる目的には異なる原価」を合言葉に経営原価計算として飛躍的に発展してきた歴史の中で確立された（岡本他 2008, 15；廣本 1993）。しかし，管理会計論誕生の契機となった McKinsey 教授の管理会計は，原価計算を中核とする管理会計ではなく，まさに経営システムとしての管理会計であった（廣本 2008a, 2-3）。本研究は，その原点に立ち戻ろうとするものである。

ii 経営哲学といえば，松下（現パナソニック）や京セラの創業者のそれが有名であるが，彼らの経営哲学も最初から確立していたわけではなく，経験を重ねて形成されたものである。松下（1978, 7-10）を参照されたい。稲盛（2002, 61-77）によれば，京セラ創業時には「ニューセラミックスの時代が来る」という自らの哲学，理想を掲げて経営を行っていたが，ある事件を契機に全社員が共感できる普遍的な価値観に根ざした理念が必要であることを悟ったという。当初の哲学は京セラの事業範囲，活動内容を明示するもので，戦略に近いものであったと言える。

iii 実際，Managerial Accounting（1924）の著者で，管理会計研究のパイオニアである McKinsey 教授は，集権的職能別組織の経営管理には標準と記録を集中管理することが必要であると主張し，標準と記録の管理者としてのコントローラー制度を提唱した。多様な標準は，業務標準，財務標準および手続標準の3つに分類された。廣本（1993）を参照されたい。

iv Hiromoto（1988）は，日本の管理会計が情報提供機能よりも影響機能を重視していること，技術志向の標準原価計算ではなく市場志向の目標原価計算を活用していることなどを明らかにした。それは多数の研究者に引用され，Financial

Times of London（1988年11月18日）や Fortune（1991年8月12日号）でも取り上げられた。

v 従来の管理会計研究が技法開発中心であり，技法の利用は実務の問題としてきたのに対して，Simons（1995a；1995b）は技法の利用に焦点を当てていると言える。

vi MMループの概念は今井・金子（1988）から学んだが，本研究でいうMMループはそれを拡張したものである。塩沢（1999）でも指摘されているように，MMループ概念は多義的である。

vii この情報的相互作用を生じさせるために予算管理システムが必要とされた。その歴史については，廣本（1993, 56-62）を参照されたい。

viii 今井・金子（1988, 44-46）は，現場情報でなく場面情報が重要であると主張しているが，本章では同義に使っている。

ix この点に関連して，Ahrens（1997）は興味深い。廣本（2004b, 19-21）も参照されたい。

x Simons（1995b, 5）も，コントロール手段の1つとして，社会的・文化的コントロール手段（social and cultural controls）を認識している。

xi 「(戦略的計画とマネジメント・コントロールも含めて)計画ならびにコントロールのプロセスは，実際は一つの連続体で（ある）…マネジメント・コントロールは，戦略的計画によって樹立された路線の範囲内で行われる一つのプロセスである。」(高橋訳1968, 37)

xii Horngren（1982, 5）によれば，計画（planning）は「目標の詳述（a delineation of goals），目標を達成するさまざまな方法のもとで潜在的な結果の予測，そして目標をいかに達成するかの意思決定」と定義される。戦略も計画であるから，戦略にも，あるべき姿を示す目標とその目標に達するためのシナリオとがある。

xiii 「セルフ・オーガニゼーションとは，新しい秩序，すなわち情報を主体的に創る組織で（ある）」野中（1985, 228）。

xiv 野中（1985）は「経営現象におけるセルフ・オーガナイジング行動は自然現象や生物界の自然発生的な自己組織化というよりは，より主体的・能動的なものであり，マネジメントの機能は望ましい方向に向けてセルフ・オーガナイジング・プロセスを人為的に支援・促進することにある」(野中 1985, 131-132) と指摘している。今井・金子（1988）も2つの自己組織化を区別し，「1つは…社会の相互作用の中で自然発生的に連結が起こるということであり，これは自明の理である。経済の場合にも，細分化された仕事はつながれねばならぬわけで，自然に諸単位の連結が起こる。もう1つは，その自然発生的な連結が，何らかの意味で望

ましい方向に向かうという意味での自己組織化であり，これが論争的な点である」(今井・金子 1988, 224-225) という。

xv　リーダーの役割は多様である。例えば，「リーダーシップの役割は，職場における情報創造活動を活性化させることである」(野中 1985, 256) とも，本章5-7の引用文にあるように「組織のリーダーの本質的な役割は組織に価値観を注入すること」(伊丹・加護野 1989, 304) とも言われる。

xvi　従業員には割り当てられた資源を活用するしかないとの指摘があるかもしれない。しかし，それは有形資産だけを考えているからである。トヨタでは「金を使わず知恵を出す」と言われる。無形資産を含めて考えるなら，従業員が企業家精神を持って行動することは十分に可能である。

第2章 組織の自律化における
マネジメント・コントロールの役割
―自己組織化の概念からの考察

1．はじめに―問題意識と研究課題

　マネジメント・コントロールの目的のひとつは，部分最適と全体最適の統合である。20世紀から21世紀にかけて，企業を取り巻く環境は，激動の域を越して，断続的な変化ともいえるような大きな変化を遂げてきた。企業は，この変化に対してて経営の柔軟性と意思決定の迅速化が生き残りのためのキーとなっている。そのため，組織のフラット化，組織のネットワーク化，日本においては成果主義の台頭など，より現場に近い人々に従来よりも意思決定権を付与し，責任を課す施策により，個人と組織の自律化を促すことでこれを克服しようとしている。加えて，自律化が進む組織では，人々はお互いの知識を共有しあい，意思決定に参画していく。他者の指示に従うのではなく，まさに人々に自律的行動が求められるのである（Malone 2004）。かつてのマネジメント・コントロール（以下「MC」とも略す）の生成期と同様に，組織マネジメントの変化とともに，新たな組織の統合の仕組み（MC）が急務の時代であるともいえよう。

　本章の課題は，組織の自律化が進んだときの企業あるいは企業グループのMC とはどのような特徴を持つべきものなのか，あるいは組織の自律性を進める，MCとは何かを考えることにある。

　考察のために，本章では，本著のキーワードとなっている「自律的組織」と

「ミクロ・マクロ・ループ」の発想のもとにある「自己組織性」を軸にして掘り下げたい。

まず,「自律的組織」を考えていく上で,組織の自律とは何かという点について,改めて整理する。組織の自律化といえども組織を構成するのは組織メンバーである。したがって,自律的組織を考えるにあたり,まず個人とグループ,組織それぞれの「自律」について先行研究の検討を行う。次に,先行研究の中から,「自己組織性」の概念に着目し,その概念をシステム論に組み込もうとした理論枠組みを検討し,新しい MC について考察した。最後に,これらの考え方と本書を貫いているミクロ・マクロループの概念との整合性についても考察する。

2.「自律的組織」の先行研究

この節では,「自律性」を3つの視点で考える。すなわち,個人,グループ(チーム),そして組織である。自律的組織は,もちろん組織としての自律性を考察すべきであるが,一方で組織は組織メンバーからなり,自律的組織の意思決定は,個人がなすものでもある。したがって,この節ではまず,個人,次に少人数のグループの自律性をまず把握し,その後に自律的組織について,いずれも先行研究を通して考察する。

2-1　個人の視点での自律性

組織は組織メンバーによって成り立っている。「自律的組織」を「自律的に意思決定できる個人により成り立つ組織」であると考えれば,個人の自律性とは何かをとらえることが,自律的組織をとらえるための重要な鍵となろう。

個人の自律性についての研究は,心理学や教育心理学の分野で行われている。個人の自律性についての研究を長年続けている Deci (1995) は次のように述べている。

「行動が自律的 (autonomous) か,それとも他者によって統制されているか

という区別が大変重要である。…自律的であるということは，自己と一致した行動をすることを意味する。言い換えれば，自由に自発的に行動することである。」また，「自律性を理解する鍵は統合と呼ばれる心理的プロセスにある。行動を開始し，調整してゆくプロセスがその人の自己に統合しているときが自律的行動である」(Deci 1995, 5)。

Deci は，自律性を動機づけの過程，すなわちなぜ自律的な行動をとるかという点に焦点を当てて研究を行ってきた。それが内発的動機づけである。内発的動機づけとは活動することそれ自体がその活動の目的であるような行為の過程である。Deci は，自律性をおこなうには，自己決定することが重要であること，自律性には，R. White (1959) が指摘した内発的に動機づけられた行動の根底にある「有能感」への欲求や Baudura (1986) が指摘した「自己効力感」が関係しているとしている。自己効力感とは，「ある結果を生み出すために必要な行動を，自分はうまく行うことができるという信念を持った状態のこと」である (Bandura 1995；高木他 2002)。Bandura は，この信念によって仕事への取り組み姿勢が強くなり意欲が高くなりモチベーションが上がるという。Deci によれば Bandura が述べた自己効力感は，自分が有能であるという感覚であり，したがって自己効力感は有能感と同じであるとしている。自己効力感は，内発的動機づけによって動機づけられた状態でうまれる信念といえよう。

自律的な行動には，個人を取り巻く環境が統制的か自律性に支援的かということが影響すると Deci は述べているが，一方で，人は環境に影響を与えることもできるので，自律的志向が高いと社会環境をより自律性を支援するものとして経験するとも述べている (Deci 1995)。つまり自律的個人は，実は，環境からの情報を自分で自律性を支援する情報としてとらえることができるということである。

類似の概念としてセルフマネジメントという概念がある。セルフマネジメント，すなわち，自分自身を管理するということは，「自分の気持ち，感情，知性，生活など自分の生活体制を最適な統合の方向に動かすことである (Waele,

Korval and Sheitoyan 1993)。」セルフマネジメントが注目されるのは，現場の職務担当者やグループの自律的管理の必要性や有効性が求められているためである（上田他 2005）。

　セルフマネジメント (self-management) の概念は，決して新しいものではない。最も基礎的な考え方として，子供にやってよい行動やルールを教えると，それが子供自身の行動指針となっていく「self-control」「internalization」の概念がある。またより行動学的な視点からの研究としては，スキナー派の道具性の考え方に基づく行動と刺激の関係をある法則として代数的に説明しようとする研究もある。もう一つは，Bandura and Mischel (1965) や Bandura (1986) によるモデリングの考え方で，子供がモデリングを通し自分の行動をセルフマネジメントするという考え方である。その後，この研究は，個人的な行動に対する環境という考え方から社会的学習といった認知的なコントロールの研究へと進んでいる。Bandura (1977) の自己効力感の概念も，自己の行動をセルフマネジメントすることの理由を説明する重要な概念の基礎的な考え方となっている。self-efficacy（自己効力感）は，もしある人が過去にあることを行うことに失敗したとしても目標を達成することができると自分自身の能力を信じることである (Bandura 1977)。したがって自己効力感はセルフマネジメントによって得られるアウトプットの一つとして重要な説明概念となるのである。

　セルフマネジメントの概念は「self-regulation」「self-control」の概念とも強く関連している。セルフマネジメントは，自分の行動を自分自身で決定しようというものである。ある目的にコミットし，目的を達成するための行動を選び，行動し，その行動によって目的が達成できているかを自らモニターしながら，再び目的を見直し，そのための活動をみなそうとするセルフマネジメントのプロセスは，全て個人内部で起きていることがらである。これが self-control であり，その過程で self-regulation がおこなわれているのである (Thomas 2000)。また London, Larsen and Thisted (1999) はセルフマネジメントを自分自身での目標の定義づけとそのための自己戦略を方向づけ，その進

捗状況を評価をすることであると定義している。

　現場での環境変化の度合いが大きくなるにつれて，直接現場で変化に対応する組織メンバーは，責任者に意思決定をゆだねることなく，自分自身で意思決定をせまられることになる。したがって自律的行動が求められることになるわけであるが，そのためには，企業として自律性を支援するための環境づくりが必要になることがMCを考える上で大変重要な点である。Deciのいうように，組織の中における自律した行動は，行動するその人本人だけでなく，その人を取り巻く環境が重要になるということであり，これが自律性を支援する「インフォメーショナルな情報環境」である（横田2005b, 26）。この環境のひとつを構築するのがマネジメント・コントロール・システムであるといえよう。

2-2　グループ単位の自律性

　次にグループとしての自律に着目した2つの概念を取り上げたい。

　ひとつは，「自律チーム型組織（self-managing teams）」である。Manz and Simsは1990年代に入り，従来から行われてきたチーム制がその重要性を増すとともに，アメリカで必ずしもうまくいってない状況をも事例で記述した。この著書の監訳をした守島は，次のように述べている。「各企業が蓄積した情報を他の情報や知識と融合させ新しいものを作り出すことが求められる時代には，専門性を基盤とした異質性から新しい知識を生み出していくチーム編成と運営が必要になる。こうした新しいチームを『エキスパート・セルフマネジメント』とよんでいる。エキスパート・セルフマネジング・チームには3つの原則がある。それは，『自律性』，『異質性』，『民主性と自然発生的リーダーシップ』である。自律性とは，資源と権限を与えて，チームに『勝手に』仕事をさせ，評価を行うことである。また，異質性は知的ブレイクスルーを目指すチームのために必要であり，民主性はチームメンバーの専門性に裏付けられた同等性を意味している（Manz and Sims 1995, 邦訳 2-7）」。グループの自律性も，資源と権限に対応した責任をとるという方法で，その程度を高められているのである。

個人の自律性に Bandura の自己効力感が重要な意味を持っていたのと同様に，チーム活動の自律性には「チーム効力感」が働いていることが，Bandura (1995) や高田他 (2002) により指摘されている。チーム効力感は，働きかけとフィードバックの循環系によって，組織メンバーに自己効力感が生まれたのに加え，チーム全体として効力感が増幅され，チームとしての高い自信が生まれるという（高木・高田 2002；高田 2003）。チーム効力感は単なるおもいこみではなく，チームとして明確な「結果への期待」とそのための行動を組織化し，うまく実行できるという「効果への期待」との2つの期待を同時に持った状態のことである。

以上をまとめれば，チームの自律性は，個人の自律性に加えて，お互いのコミュニケーションによるフィードバックと情報のやり取りによる，チームとして効果を目的とした行動に見出される。

2-3 「組織」の自律化―「自律的組織」

「組織」の自律化は，廣本をはじめ，会計分野の研究者も近年注目をしている（たとえば，廣本 2005b；片岡 2006；藤野 2007）。また拙著でも，フラット化組織，ネットワーク組織など，企業環境の変化のなかでの組織変革において，組織の自律性が重要になることは繰り返し述べてきたところである（横田 1998；2001；2005a；2005b；2006；横田・岡崎 2002）。

ここでは自律的組織を理解するための重要な概念である「自己組織性」と組織の自己組織化を前提とした「複雑系における組織」という視点からの先行研究を概観する。

自律性・複雑系という考え方が，にわかに注目を集めだしたのは，1990年代である。当時，コンピュータシステムの世界でも，ファジー，人工知能，ニューロといった流れを通して，複雑なシステムを統一的に解析・設計するため自律分散原理が生まれた。かつての集中システムを超えるには，「分散」と並ぶキーワードである「自律」が重要であった。そこでの課題は，自分を取り巻く状況からだけでは全体の動きを把握できにくい点にある。全体の状況がわから

ないときに合目的に働くことは困難である。従来の分散制御との違いがこの分散単位の「自律性」にある。システムで言えば、各制御装置が、それぞれ個別の制御の出来に対する評価を持ち、この評価がよくなるように内部変数を更新できる特性が自律性である。すなわち、物理的に独立している複数の制御装置がそれぞれの指標結果から内部状態を変更して全体としての制御性能を向上させる方式である（日本ファジィ学会 1995, 18-19）。システムの世界で、「分散」に「自律」ということが加わったことで、複雑系への流れができた。自律的組織との関係でのポイントは、「全体が見えないとき、各制御装置が自律してないと意思決定できない」という点にある。またかつて、ゆらぎ、カオス（混沌）、ノイズといった、秩序を乱すものとみなされてきた要因が、実は、自生的な事象の源泉、自己組織化を可能にする要因として脚光を浴びたのも1990年代である（今田他 2001）。

　自己組織性は、「システムが環境との相互作用を営みつつ、自らの手で自らの構造を作りかえる性質を総称する概念である。自己組織性の本質は、自己が自己の仕組みに依拠して自己を変化させることにある。このとき重要なことは、環境からの影響が無くても、自己を変化させうることである（今田 2005, 1）」。それを今田は「自己言及」「自省作用」と呼んでいる。自省作用は、自らの行為や作用を自己に回帰させることである（今田 2005, 35-36）[i]。

　自己組織的な性質を発揮するシステムである複雑系（今田他 2001, 27）の学問分野は、いまや物理学から社会科学まで多岐にわたっている。その中心課題は長らく「どうしたら複雑系を制御できるか」であったが、Axelrod and Cohen (1997) は、複雑系を社会科学に適応し、さらに一歩進んで、いかに複雑性を活かすかを考察した。Axelrod が考察に使っている概念のひとつが「エージェント」である。「エージェント」は人間、家族、企業、国家など、他のエージェントや外部環境と相互作用する能力を備えているもので、自分の周りで起きたことに反応し、目的を持って行動する。2つ目の概念は「戦略」である。エージェントが周りに反応しながら目標を達成するための方法である。3つ目は「個体群」で、それらは、学習可能な源泉、新たな改善の受け皿、環境の一

部である。個体群には戦略の多様性が生じ，また相互作用パターンが生まれる。そして4つ目がシステムである。エージェントの個体群が1つ以上ありすべてのエージェントが戦略を持ち，適切な人工物と環境要因が揃っていることを意味する（Axelrod and Cohen 1997, 邦訳 5-10）。

組織単位の自己組織性は現社会の状況を説明するためには必要な概念である。自律的な個体群（エージェント）は内部モデルを持ち，相互参照のようなコミュニケーションをおこなうことで，新しいルールを創発していく（週刊ダイヤモンド他 1998, 179）。自律した主体であるエージェントの振る舞いのモデル化は，エージェント・ベース・モデリング（Agent-based modeling）などによってエージェントとその相互作用のシミュレーションで試みられている（Axelrod and Cohen 2000, 邦訳4）。

複雑系と同時代に，日本のシステム科学，組織行動，組織戦略などの専門家たちが共同で，自律的かつ機能分化した活動主体からなるシステムを「ポリエージェントシステム（複雑多主体システム）観」として提唱した（出口1998）。このシステム観により，環境と組織という2項対立の考え方では解決できなかった問題が理解できる（高木・木嶋・出口 1995）。

2-4 ま と め

本節では，個人，集団，組織それぞれの「自律化」について先行研究のレビューをおこなった。

MCは，単なる概念ではなく，組織マネジメントに役立ち機能する「システム」である。したがって，複雑系，あるいはポリエージェントシステムPAS（Poly-agent system）のように，従来の組織のとらえ方から自己組織性を軸とした新しいシステム観を導入することにより，新しいMCのあり方が見えてくるのではないか。

そこで，次の節以降では，個人，組織がそれぞれ自律的主体であること（自己組織性を持つ）を前提としたシステム観を踏まえて，組織の自律化に適合したMCを検討する。

3．組織の自律化とマネジメント・コントロール

3-1　従来のマネジメント・コントロールと組織の自律化

　かつてマネジメント・コントロールが，事業部制という分権化組織のマネジメントを支える仕組みとして発展したことをかんがみれば，企業内の組織単位が自律的になることは，それほど大きな変化ではないともとらえられよう。しかし，注目すべき点は，自律的組織が，その組織で意思決定をおこなうだけでなく，「自己組織化」の特徴を備え，自分自身でも変化を遂げる可能性があること，また，自律的組織が相互に作用しながら全体のシステムにも影響する点にある。

　自己組織化した組織を前提としたマネジメント・コントロールシステムの変化として提唱された特徴は，Simons の4つのレバーにも表れている（Simons 1995b）。4つのコントロールレバーには，従来の診断型のシステムも含まれるが，より包括的な倫理システムや信条のシステム，インタラクティブなコントロールシステムにより，自己組織化した内部組織が最低限守るべき境界線や組織の中心価値を示すとともに，ある組織についてはトップマネジメントとの相互作用によって，その戦略やルールの運用の変更をもありうるとしている。

　このように，自律的な組織を前提としたMCは，これまでよりも柔軟性を備え，組織内の変化の動きを取り入れることができるシステムであるべきである。

3-2　自己組織性をキーとしたシステム観とマネジメント・コントロール

　今田（2005）によれば，自己組織性は複雑系の考え方の鍵となる。自律的主体であるエージェントは自らの環境がどのようであるかを主観的に認知する内部モデルを持ち，エージェント間でそれらに関する情報を交換し相互参照することからシステム全体の自己組織性が生じる。内部モデルを基礎にして認知的な情報の交換によるフィードバックをエージェント間に形成する（高木 1995,

56)。主体は，外界をモデル化して自己の内部に内部モデルを持つのである（高木他 1995, 36）。

組織を自律した単位であることを前提としたシステムは，MC の概念と一見相反するように感じられる。なぜならば，自律的主体が相互に参照しあいながら形成するメタな（一ランク上の）自律的主体（エージェント）には，中央コントロールがない（高木他 1995, 200）。これが純粋のネットワーク組織の概念である。しかし企業組織においては，自律的主体である人間は，属する組織で共有されている価値観やビジョンに従い，内部モデルをもって行動する。つまり大きな枠である組織に内包されているのである。このとき，組織には2つのレベルの組織規範が存在している。組織ユニットレベルの行動規範と全体レベルの行動規範である。この全体レベルというくくりが，いわゆる企業組織としてのくくりになるのである（高木他 1995, 200）。自律した組織単位で構成されるより大きなくくりの自律的組織においては，MC は，従来よりもより一層重要になる。なぜならば大きなくくりの中で自律的主体をまとめあげながら，大きなくくりとしての目的を果たさなければならないからである。

次節では，自律的組織において，重要な概念である自己組織性と内部モデルについて，より深く検討し，その概念に適合する MC の特徴を探りたい。

4．内部モデルと相互参照

「自律」をキーワードとして構築された PAS 理論では，システム要素として自律性を持つ主体を前提とし，その持つ内部モデルを基にしてシステム全体の動きについて考察するとされている（高木 1995, 58）。

この中心となる概念が「内部モデル」である。システム要素である自律的主体は自らをとりまくシステムを主観的に認知して「内部モデル」をもち，これについて「自己言及」や「自己省察」をおこなう。自己省察とは，人間が自分の属する社会や組織のシステムを理解し評価することである。また，自己言及は，そのシステムについて別の考え方を形成して変更を加えることである（今

図2-1 内部モデルをもつエージェントによるシステム

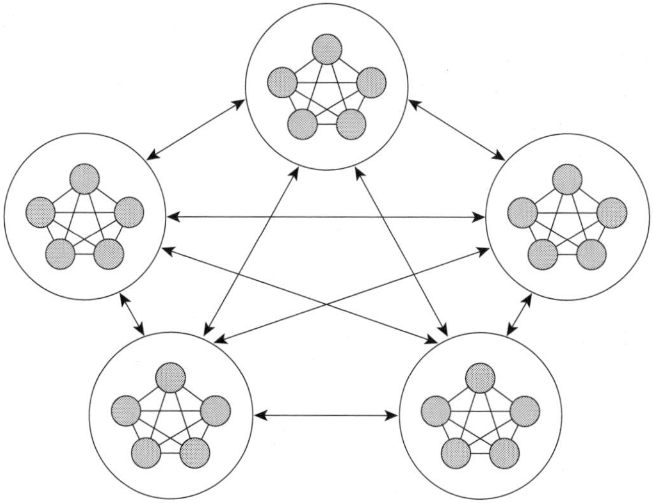

（出典：高木 1995, 62）

田 1986)。環境を主観的，自覚的に認識し，自分で自分の考え方や行動のしかた，ルールに自己言及する。自分の置かれている環境で自分はどのような位置づけであり，何をどのようにすると自分にとってどのようになるかについて相互参照し，自分なりの理解（内部モデル）を持っている。図2-1は内部モデルをもつ主体同士の関係を示したものである。

自律主体（MCでいえば，事業部や部門，事業部長）は，システム全体がどのように動いていて，その中で自分はどのような位置づけにあるかのモデルをそれぞれ内部に持っている。企業組織の中の各自律的主体は，企業がどのように儲けているか，というモデルに対し，自分自身がどのようにかかわっているかがわかっているだけでなく，自分自身でモデルを持ち，モデルに働きかけることができる。

また，企業組織というシステムはビジネスを進めていくための計画（ビジネスモデル）とそれを実行するための行動レベルの構図（プロセスモデル）があってこそ，企業活動ができる（高木 1995, 74）。従来は，本社がビジネスモデル

を，行動レベルはラインが担当するという構図としてとらえられてきたが，自己組織性をもつ自律主体としての企業組織では，本社のみがビジネスモデルを考え，それが傘下の組織主体に割り振られるというだけではなく，ビジネスモデル自体への働きかけが自律的主体には可能になる。つまり自律的主体が，計画と実行のプロセスに自己言及することが可能で，そのための仕組みが企業組織には必要になる。自律的主体が事業活動の因果の連鎖となっていることを示し，そこで，ビジネスモデルについて言及できるための仕組みと，具体的な作業の手順である実行という2つの内部モデルの形成のための情報把握のための仕組みが必要になってくる。この仕組みにより，企業はひとつのビジネスモデルを実現するための組織としてあるわけであり，その仕組みがMCに求められる役割ともいえよう。

5．ミクロ・マクロ・ループとの共通性

組織あるいは組織責任者は内部モデルをもっている自律的主体であり，自己組織性をもつその主体は，自分の属する社会やシステムを理解，評価し（自己省察），相互参照しながら，そのシステムについて別の考え方を形成して変更を加える（自己言及）。したがって，組織の自律化が進んだときのマネジメント・コントロール（MC）は情報を提供することで，各自律主体の内部モデルについて理解，評価，変更を行うことに影響することになる。これは従来から言われているように，MCは，情報によって責任者の行動に影響を与え，全体最適と部分最適を整合させるという機能であり，矛盾はない。ひとつ加わったのは，主体である組織の情報のみならず，全体システムのモデルと主体の間にある因果，および全体システムのモデルについての情報もやり取り（与えられるだけでなく，働きかけることができることが）可能であるという点である。これは，Simonsの双方向型のマネジメント・コントロール（Simons 1995b）にも通じるところがあろう。

さて，PASを基盤として導き出した自律的主体を単位としたマネジメン

ト・コントロールの特徴であるが，これが，本書の中心概念であるミクロ・マクロ・ループの考え方とどのように共通性があるのかを本章の最後に検討したい。

5-1 ミクロ・マクロ・ループの特徴

日本会計研究学会特別委員会（2007）が依拠している今井・金子のネットワーク組織論では，ミクロ・マクロ・ループは次のように定義されている。

> ミクロ・マクロ・ループとは，ミクロの情報をマクロ情報につなぎ，それをまたミクロレベルにフィードバックするというか，相乗のサイクルのことである（今井・金子 1988，80）

これを展開して日本会計研究学会特別委員会（2007）ではその特徴を次のようにまとめている。

> 自発的・主体的な行動を促される個（ミクロ）の行動は，その限りでは自由である。しかし，その行動は，それが属する全体と脈絡をもたなればならない。ここに，個ないし全体の関係性を形成するものがミクロ・マクロ・ループである（日本会計研究学会特別委員会 2007，97）。

基本的概念として，ミクロは組織構成員であり，組織全体であるマクロとの関係性を作り出すメカニズムがミクロ・マクロ・ループ（MMループ）である。ここでいっているミクロという概念は，PASをはじめとした自己組織性を前提としたシステム観における「エージェント」概念と類似の概念である。

MMループは，情報の流れとして捉えられる。この概念を管理会計の分野に適用して，廣本は，2つのループによるミクロとマクロの相互作用に注目した。ひとつは組織文化をマクロとするもので，もうひとつは組織業績をマクロとしたものである。組織業績をマクロとしたループが，従来のMCの概念であり，また，さまざまな管理会計システムでもある。これらのマクロは相互に重層性をもつ。また，組織業績をマクロとするものの他に，組織文化もまた，ミクロである組織構成員と相互作用して，組織構成員の行動が組織全体とつな

がるものであるとされている。

5-2　ミクロ・マクロ・ループと自己組織性を前提としたマネジメント・コントロール

　上述のように，ミクロ・マクロ・ループは，自律した単位（個人，チームなど）を全体組織であるマクロとつなぐための脈絡である。この脈絡の候補のひとつがマネジメント・コントロール・システムであり，もうひとつが組織文化である。ミクロ・マクロ・ループの考え方を自己組織性を前提としたMCに適用すると，ミクロである個人あるいは組織内のチームがマクロに情報を提供し，マクロがまたミクロである各自律主体の内部モデルに理解，評価，変更を行うことにも影響することは当然なこととなる。この意味で，自己組織性を前提としたMCは，従来型の組織だけでなく，組織文化をも含めたより大きな概念であると捉えられよう。このことは近年，伊藤などが主張していることとも関連している（伊藤 2007）。

　ミクロ・マクロ・ループの考え方の前提には，両者の間に「相互作用」があると考えられている（日本会計研究学会特別委員会 2007, 98）。このことは本章第4節で述べた「自己組織性」を前提としたMCの特徴である，「相互参照」と同様のものととらえられる。自己組織性を持った自律的組織は，内部モデルをもつとともに，外に対して働きかけることができ，場合によっては変更が可能であるとされているが，それは，ミクロ・マクロ・ループでの組織文化の変化ととらえることができる。

6．結　　論

　MCは，情報を提供し，それにより人間行動に影響をあたえる仕組みである（Simons 1995b）。企業内の組織が自律的組織であることを前提としたときには，その組織には内部モデルをもった自己組織性という特徴をともなっている。したがって自己組織性を持った自律的主体である「自律的組織」に対し

て，全体レベルのシステムのひとつであるMCには，これまでとは異なる働きかけが必要になる。自己組織性をもつ主体を全体レベルとつなぐ役割を持つMCは，ミクロ・マクロ・ループのメカニズムをもつものとして捉えることができる。

　自己組織性をもった組織ユニットをまとめた全体レベルの組織のシステムに求められているものは，組織ユニットの内部モデルに全体モデルとのつながりを見せることにある。これまでのMCは，各組織ユニットの自律を促す情報を提供してきた。それに加え，自律的組織を前提としたMCは，全体と各ユニットの結びつきを示す情報，相互の内部モデルを参照可能な情報をつかさどるシステムという機能を兼ね備えているべきであろう。企業全体の整合性を考えるマネジメント・コントロールに求められているものは，全体としての考え方を示すことと共に，全体システムに対する自律的組織からの情報を反映させ活かす仕組みといえよう。

　i　自己組織性の概念は，本書の重要な柱となっている「ミクロ・マクロ・ループ」の原点になっている今井・金子（1988）においてもすでに触れられている概念である。ただし，そこでは，自己組織性とミクロ・マクロ・ループを直接的につなげて考察しているわけではない。

第3章 企業間関係における企業の自律性と管理会計

1. はじめに

　自律的組織の特徴として「市場と組織の相互浸透」や「ネットワーク型組織」が指摘されるなら，自律的組織のマネジメントとして企業間関係のマネジメントも考慮する必要がある。資本市場のグローバル化やメガ・コンペティションの激化という状況においては，一企業の競争力だけでなくバリュー・チェーンの競争力を維持・向上させることが必要であり，その意味においても企業間関係のマネジメントは企業にとって今日的な経営課題と位置づけられるだろう。本章では，企業間関係における企業の自律性に注目し，ミクロ・マクロ・ループを用いて企業間関係のマネジメントおよび管理会計について考察する。

2. 企業間関係における自律性の分析

2-1 企業間関係の重要性

　「市場と組織の相互浸透」や「ネットワーク型組織」という議論の背景として，取引のガバナンスのメカニズムとして市場と（内部）組織をとらえるというCoase (1937) やWilliamson (1975 ; 1985) らの経済学の考え方を指摘できる。経済学では，取引を履行するメカニズムとして市場や内部組織の持つ特徴を考察し，市場における取引費用の削減および内部組織におけるガバナンス・

コストの削減という観点から均衡分析がなされてきた。しかしながら、現実には経済学のモデルで分析されるような市場か内部組織かという二者択一的な関係よりも、「系列」、「グループ経営」というような市場と内部組織の特徴を併せ持つような企業間関係が観察される。そこで、取引費用という観点からの分析だけでなく「契約」という観点からの分析もなされるようになった。

　Aoki et al. (1990) のように組織を「契約の束」として分析すると、組織の境界をフレキシブルに解釈することができ、系列、フランチャイズ制組織、協同組合、ジョイントベンチャーなどの多様な組織形態が混在することが説明できる。「契約の束」として組織を見るというアプローチは、人々が組織に参加する際の自発的性格を強調し、契約を交わす能力がある以上、契約条件を再調整することによって組織を改革し、再設計し、放棄する可能性も存在すると説明する。そして、最終的に組織をつくり出し、管理し、その成果を判断し、その成果が不適切な場合にそれを作り直すか、廃棄するかを決定するのは個人であると説明する (Milgrom and Roberts 1992)。

　このような考えは、自律的個人が自己組織化的に自律的生産的経済主体を構築するということを含意する。すなわち、自律的組織は自律的個人から構成され、自律的個人のコーディネーションによって製品・サービスの生産・供給活動が遂行されるということである。したがって、自律的個人の創意工夫によって、多様な形態のネットワーク型組織が形成されると考えられるのである。

　自律的個人の創意工夫によって多様なスタイルのネットワーク型組織が形成されるということはネットワーク的な分業について、さらに次のような2つのインプリケーションを持つと考えられる。

　1つは、ネットワーク型組織における伸縮的分業は自律的個人によって可能になるということである。伸縮的分業は、日本会計研究学会特別委員会 (2006) が言うように、微調整が自律的に遂行されるような分業である。取引費用の経済学や「契約の束」として組織を見るというアプローチでは、分業における微調整は取引のコーディネーションとしてとらえ、すでに述べたように市場と階層組織を両極とする取引のコーディネーションが提示される。その両

極の中間のガバナンスの形態をどのようにデザインするかを自律的個人が決めることができるならば，ネットワーク型組織における伸縮的分業は自律的個人によって実現するものと考えられる。

　もう1つは，自律的個人のコラボレーションを通じてイノベーションを実現するネットワーク型組織が構築されうるということである。野中・竹内(1996)が言うように，組織において組織的知識創造が行われるなら，系列，フランチャイズ制組織，協同組合，ジョイントベンチャーという組織形態においても組織的知識創造が行われると考えられる。したがって，人々が組織に参加する際の自発的性格を強調し，契約を交わす能力がある以上，契約条件を再調整することによって組織を改革し，再設計し，放棄する可能性がある（Milgrom and Roberts 1992）なら，自律的個人が知識創造を行うために自律的組織を構築し協働する可能性もある。すなわち，取引のコーディネーションすなわち微調整のメカニズムとしてのネットワーク型組織のみならず，自律的個人のコラボレーションを通じてイノベーションを実現するネットワーク型組織が構築される可能性も示唆するのである。特にvon Hippel (1988)が指摘するように，イノベーションの源泉はメーカー自身だけでなく，サプライヤーやユーザーにも存在しているので，ネットワーク型組織が自律的個人のコラボレーションを通じてイノベーションを実現する「場」として重要な役割を果たすと考えられる。

2-2　企業間関係のタイプとその形成

　ここまでの考察において，経済学的な市場と組織という取引のガバナンスの視点に加えて，自律性に注目して微調整（コーディネーション）とイノベーションという役割期待の視点から企業間関係の重要性を説明した。そこで，それぞれの視点から企業間関係を類型化してみると，図表3-1のようにまとめることができる。

　自律調整型の企業間関係は市場取引的なメカニズムで企業間の伸縮的分業を実現しようというものであり，集権管理型は階層組織的なメカニズムで企業間

図表3-1 企業間関係のタイプ

```
                      市場取引的
                          │
         自律調整型      │    モジュラー型
                          │
コーディネーション ─────┼───── イノベーション
                          │
         集権管理型      │   コラボレーション型
                          │
                      内部組織的
```

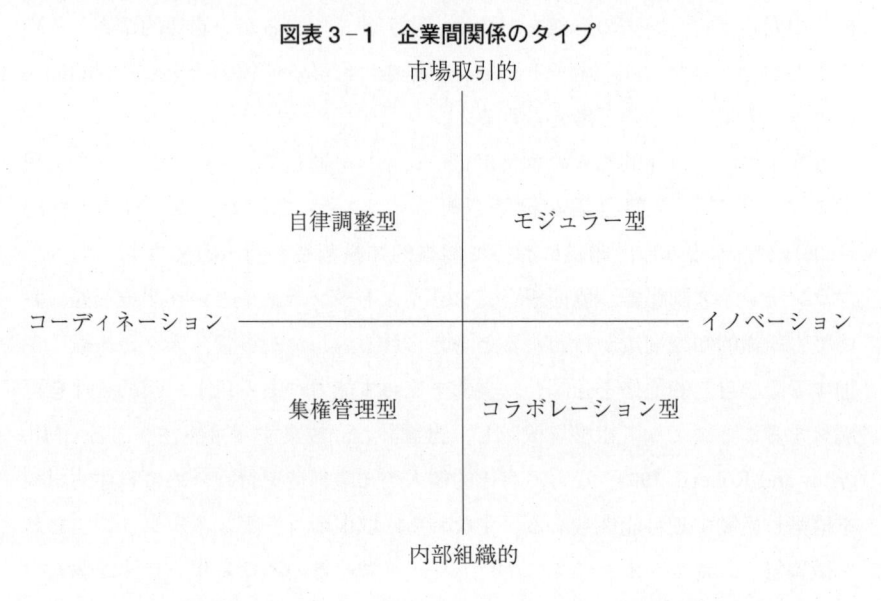

の伸縮的分業を実現しようというものである。モジュラー型の企業間関係は各企業の独立性が高く企業間の知識移転を市場取引的なメカニズムによって促進し企業間の組織的知識創造を目指すものであり，コラボレーション型の企業間関係は企業間の相互依存性を活かして企業間の組織的知識創造を目指すものである。

　このように類型化される企業間関係は，個別企業にとって「選択と集中」の機会を与え，経営資源を有効かつ効率的に活用できるようになる。したがって，企業間関係は経営資源を有効かつ効率的に活用するという各企業の合理的な意図に基づいて構築されると考えられる。このことは，企業間関係は「事前の合理性」に基づいて構築されるということを含意している。

　その一方で，企業間関係の形成が経路依存的であることも指摘されている。たとえば，日本の自動車メーカーはアメリカの自動車メーカーのように垂直的統合による部品の内製化が実現できず，外部企業から部品を調達した。その結果，系列という企業間関係が形成された。このように企業間関係は初期時点で意図しなかった別の効果を発揮するという「事後の合理性」を持つ場合もあり

うる。このことから，企業間関係は，「事前の合理性」と「事後の合理性」という要因が相互作用しながら形成され進化していくと言えるのである。このことの理解を深めるために，ネットワーク型組織の進化について言及した Tidd et al. (2001) の見解を見て見よう。彼らは次のように述べている。

> より最近の研究では，ネットワークがイノベーションのために提供する機会や，イノベーションの目的のためにネットワークを明示的に設計したり，それに選択的に参加したりする潜在的可能性，すなわち，経路依存的というよりも経路創造的なプロセスが検討されている。53の研究ネットワークを対象としたある研究は，2つの明瞭に区別されるネットワークの形成および成長のダイナミクスを見出した。第1のタイプのネットワークは，環境上の相互依存の結果として，また共通の利益を通じて現れ発展する，いわば創発的ネットワークである。しかしながら，もう1つのネットワークは，形成し発展するために何らかの引き金となる存在を必要とする，いわば作り出されたネットワークである。作り出されたネットワークにおいては，結節点となる企業は，環境上の相互依存や同様の利益などの正当化する理由がなくとも，ネットワークを形成するために他の企業を積極的に勧誘する。さまざまなタイプのネットワークは，学習のためのさまざまな機会を提供する可能性がある。(後藤・鈴木監訳 2004, 261-262)

Tidd et al. (2001) の創発的ネットワークと作り出されたネットワークという概念を企業間関係に適用してみると，経路依存的に発生し「事後の合理性」を持つような企業間関係は創発的に形成される企業間関係と見ることができる。言い換えれば，創発的に形成される企業間関係とは，経路依存的に発生した企業間関係が「事後の合理性」を持つときに形成されるような企業間関係といえるだろう。他方，経路創造的に形成される企業間関係は「事前の合理性」に基づいて形成され，結節点となる企業のコミットメント（当該企業間関係への深い係わり）によって存続していくと考えられる。そして創発的あるいは経路創造的に形成された企業間関係は，経済学的な静的均衡を維持するわけではなく，企業を取り巻く環境変化などによって変容していく。こうした変容は進化ととらえることができ，経路創造的あるいは経路依存的に企業間関係は進化していくと考えられるのである。

2-3　企業間関係における企業の自律性についてのミクロ・マクロ・ループによる分析

　企業間関係が経路依存的あるいは経路創造的に形成され進化していくとき，各企業は企業間関係の構築ないし維持・進化に関してそれぞれの意思決定を行う裁量を持つ。したがって，企業間関係の構築ないし維持・進化に関して各企業が意思決定の裁量を持つという点において企業間関係における企業の自律性が認められる。企業間関係における企業の自律性は，企業間関係の進化に大きな影響を与えると同時に，企業間関係のマネジメントおよび企業間管理会計を考察する上で重要な要因となる。そこで，企業間関係における企業の自律性について，自律的組織の重要な概念であるミクロ・マクロ・ループ（以下，MMループ）を用いて分析する。

　MMループは自律的組織において，「個々の組織構成員（ミクロ）と組織全体（マクロ）の間に脈絡をつける，あるいは，関係性を作り出すメカニズム」（日本会計研究学会特別委員会 2007, 97）であり，その基本的アイディアは次の通りである。

　　ミクロ・マクロ・ループの概念は，組織構成員（ミクロ）が組織内でさまざまな解釈・判断を行い，行動を起こす時に，組織全体の雰囲気や業績（マクロ）に影響されていること，また，その一方で，組織構成員の日々の解釈・判断や行動が，組織全体の雰囲気や業績に影響を及ぼしていることに着目している。すなわち，それらミクロとマクロの間に相互作用のサイクルが生じていることに注目するものである。（日本会計研究学会特別委員会 2007, 98）

　その上で，MMループについて①組織文化・風土をマクロとするMMループと②組織業績をマクロとするMMループを提示し，図表3-2のような基本概念図を提示する。

　自律的組織が「市場と組織の相互浸透」，「ネットワーク型組織」要素で特徴づけられるなら，企業間関係によって協働を行うバリュー・チェーンあるいは企業グループも自律的組織の1つのバリエーションと言える。したがって，企業間関係と個別企業の関係性を分析するのにMMループを援用することの意

図表3-2　MMループの基本概念図

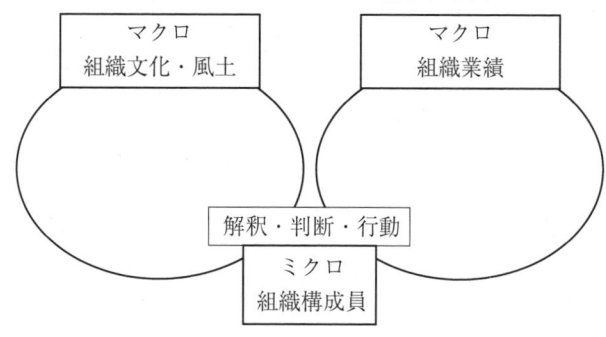

```
[マクロ            ]    [マクロ     ]
[組織文化・風土    ]    [組織業績   ]
         ╲              ╱
        [解釈・判断・行動]
           [ミクロ     ]
           [組織構成員 ]
```

図表3-3　企業間関係におけるMMループ

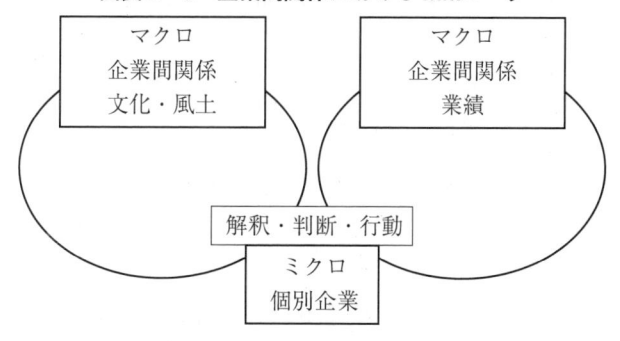

```
[マクロ            ]    [マクロ     ]
[企業間関係        ]    [企業間関係 ]
[文化・風土        ]    [業績       ]
         ╲              ╱
        [解釈・判断・行動]
           [ミクロ     ]
           [個別企業   ]
```

義はある。

　企業間関係と個別企業の関係性にMMループを適用してみると，ミクロの組織構成員に相当するのは各企業である。マクロの組織業績に相当するのは，企業間の協働あるいは伸縮的分業によって生み出される利益である。マクロの組織文化・風土に相当するのは，企業間関係が個別企業に与える契約関係や協働についての心象である。そこで，企業間関係におけるMMループは図表3-3のように示されるであろう。

　企業間関係におけるMMループは，企業間関係の組織文化・風土および業績が，自社に何が求められているか，また，どの程度のコミットメントが要求されるかという個別企業の解釈や判断に影響を与えると同時に，個別企業の解

釈・判断・行動がマクロの企業間関係の組織文化・風土および業績に影響を与えるという相互作用が存在することを示す。したがって，企業間関係におけるMMループは企業の自律性について，次の2つの含意を有する。

1つは，各企業は企業間関係の構築に関してそれぞれの意思決定を行う裁量を持つという点で自律性が認められるけれども，企業間関係が形成されると自律性の大きさおよび内容は企業間関係の組織文化・風土および業績というマクロ・ループの影響を受けるということである。

もう1つは，企業間関係と企業の共進化についての含意である。創発的あるいは経路創造的に自律調整型，集権管理型，モジュラー型，コラボレーション型の企業間関係が形成されると，各企業の自律性は企業間関係の組織文化・風土および業績というマクロ・ループの影響を受け，その過程において個別企業の進化が起こる。その一方で，そうした自律性に基づく個別企業の解釈・判断・行動がマクロの企業間関係の組織文化・風土および業績に影響を与え，企業間関係は進化していくと考えられる。この相互作用が企業間関係と個別企業の共進化を実現するのである。

3．企業間関係のマネジメント
―組織文化・風土のMMループの視点から

以上の考察を踏まえて，企業間関係のマネジメントについて考察していこう。

すでに述べたような役割期待が企業間関係に求められるので，そうした役割を果たし，企業間関係のベネフィットを提供しそれを共有できるようにすることがマネジメントの役割である。このようなマネジメントの困難さについて，Tidd et al. (2001) は次のような指摘をしている。

> …ネットワーキングの便益は自動的に得られるものではない。そのプロセスを成立させるためには，調整に関する多大な努力が必要とされる。効率的なネット

図表3-4　Eight core processes in inter-organisational networking
　　　　　(Bessant and Tsekouras 2001)

プロセス	基礎的な課題
ネットワークの創出	ネットワークのメンバーシップをどのように定義づけ，維持するか
意思決定	意思決定をどのように（どこで，いつ，だれが等）行なうか
コンフリクトの解決	コンフリクトをどのように解決するか
情報処理	情報がどのように流れるか，それをどのように管理するか
知識の獲得	ネットワーク全体で利用可能にするために，どのように知識を明確にし獲得するか
モチベーション／コミットメント	ネットワークに参加する／留まるように，どのようにメンバーを動機づけるか （例）開発に対する関心の共有，積極的な促進
リスク／ベネフィットの分担	リスクとベネフィットをどのようにシェアするか
統合	ネットワーク内の個々の主体間にどのような関係を構築し維持するか

ワークは，システム論の専門家たちが〈相乗効果（emergent properties）〉と呼ぶものを有している。すなわち，全体が部分の総和よりも大きくなる現象である。しかしながら，単に企業を寄せ集めるだけでは，内部の軋轢やコミュニケーション不足，資源や目的をめぐる絶え間ない衝突などが起きる結果，各部分の総和よりも，はるかに低い結果しか出てこない危険性が高い。（後藤・鈴木監訳 2004, 382）

　そのため，企業間関係に固有のマネジメントとして，Bessant and Tsekouras（2001）は図表3-4のような8つの中核的プロセスを指摘している。
　8つの中核的なプロセスで示される基礎的な課題に影響を与えるのは，企業間関係の組織文化・風土である。企業間関係は企業間の協働によるイノベーションや伸縮的分業を実現する仕組みであり，そのための契約が結ばれる。しか

しながら，将来のあらゆる事態を想定した明示的な契約を結ぶことは不可能であり，それを補完するのが「暗黙の契約（implicit contracts）」と言われるものである。Milgrom and Roberts (1992) は暗黙の契約を「不完備な契約に対して重要な補完機能を果たすのは，当事者が相互関係の上で抱く漠然とはしているが共有されている（はずの）期待である」（奥野他訳 1997, 141）と説明している。このような共有されている期待こそ企業間関係の組織文化・風土だと考えるのである。そして，共有されている期待が実現されるという信頼関係が組織文化・風土の基盤に必要である。この信頼関係は，小林（2004）やTomkins (2001) が指摘するように，企業間管理会計の設計に重要な役割を果たすものである。

4. 企業間管理会計についての考察—MMループの視点から

企業間管理会計についてはすでに多くの先行研究があるが，MMループは企業間管理会計について，次のような新たな視点を提示する。

アメリカにおける管理会計手法の歴史を振り返ってみると，企業間関係に関する管理会計手法として「内製か購買か」という意思決定会計の手法をとりあげることができる。「内製か購買か」という意思決定会計の手法は市場か企業かの二者択一を前提としており，そうした意思決定は，明確な企業の境界を前提とした管理会計といえるだろう。これに対し，Shank and Govindarajan (1993) は戦略的コスト・マネジメントの1つとしてバイヤー・サプライヤーのバリュー・システム分析を指摘している。そこでは，バイヤーとサプライヤーの緊密な関係から，個々の企業ではなしえなかった原価低減がバリュー・システムにおいて実現することを説明している。

「内製か購買か」という意思決定会計からバリュー・システム分析への展開は，企業内のMMループ（図表3-2参照）を前提とした管理会計から企業間のMMループ（図表3-3参照）を前提とした管理会計への展開と見ることができる。その場合，企業間管理会計は企業間のMMループを組織コンテクス

トとした管理会計としてとらえることができるのである。このようなとらえ方をすると，MMループは，企業間管理会計について，Coad and Cullin（2006）が主張する企業間管理会計の進化モデルと整合的なモデルを提示する。すなわち，ある企業が管理会計手法を導入・運用し，それが当該企業において進化すると，MMループを通してそうした管理会計手法が別の企業の管理会計システムに影響を与え，企業間の領域において企業間管理会計が生成し進化していくというモデルである。OBMやAccounting Talkが情報の共有を通して従業員をエンパワーメントしたり（Case 1995；Ahrens 1997など），原価企画やABCが組織的知識創造に貢献したりする（Birkett 1995；Anderson and Young 2001，伊藤1998など）ことは先行研究で明らかにされているが，ある企業がそれらの管理会計手法を実施し，それらがMMループを通して他の企業の管理会計システムに作用し，企業間の領域において企業間管理会計が生成し進化していくというような事例が考えられる。たとえば，Cooper and Slugmulder（2000）のいう連鎖的原価企画はその一例としてあげることができよう。

上記のように企業間管理会計の進化プロセスについての含意に加えて，MMループは企業間の協働による利益の配分についても重要な含意を持つ。企業間の協働による利益を配分するためには，企業間の協働の利益を測定することと配分のルールを設定することが必要である。企業間協働の利益の測定は業績のマクロ・ループに関わることである。他方，配分のルールは組織文化・風土のマクロ・ループに関わることである。そこで，配分のルールを組織文化・風土のマクロ・ループから考察してみよう。各企業が法律上独立した経済主体であり，企業間関係が取引ないしは契約を基礎とする限り，協働による利益の配分は企業間で取引される財・サービスに付与する価格によって決まる。そのため，協働による利益配分のルールは，企業間で取引される財・サービスの価格をどのように決定するかということになる。取引ないしは契約を基礎とする点に着目すると事前に価格を決めておく必要があるが，問題となるのは事前に決めた価格では協働の利益を適切に配分できていないと認識された場合である。この場合，次のような対応が考えられる。1つは，その都度その都度再交渉に

より価格を改定するという対応である。もう1つは，利益をその都度その都度分配するのではなく，長期的な企業間関係を前提として「貸し借り」のように繰延処理を行うという対応である。いずれの対応をとるかは，業績のマクロ・ループよりも組織文化・風土のマクロ・ループに依存すると考えられる。協働による利益配分のルール設計と運用に関して，組織文化・風土のマクロ・ループは暗黙の契約として機能するのである。

5. ま と め

本章では，自律的組織のキーワードである「市場と組織の相互浸透」，「ネットワーク型組織」そして「進化」という観点から，MMループを用いて企業間関係と管理会計の問題を考察した。その考察の結果は以下のようにまとめられる。

市場と組織の相互浸透の1つのスタイルとして，経路創造的あるいは経路依存的に企業間関係が形成され，そうした企業間関係が自律調整型，集権管理型，モジュラー型，コラボレーション型に類型化されることを示した。その上で，MMループの基本概念図を企業間関係のMMループに展開し，企業間関係における企業の自律性を明らかにした。

企業間関係における企業の自律性を踏まえて，MMループによって，企業間関係のマネジメントおよび企業間管理会計を考察した。そこでの考察から，組織文化・風土のマクロ・ループが「暗黙の契約」の役割を果たすことを明らかにし，MMループによる企業間管理会計の進化プロセスのモデル，協働による利益配分について明らかにした。

第4章　研究開発組織とマネジメント・コントロール・システム

1. 本章の目的

　現在の企業における研究開発は経営戦略の中核をなしており，企業の目標設定と戦略策定・実行のプロセスと研究開発機能が統合化されている。企業では戦略指向の研究開発に焦点がおかれているが，研究開発の機能は歴史的には，①技術プッシュ指向の研究開発，②マーケット指向の研究開発，③戦略指向の研究開発，④新規事業探索・創生戦略へと進化している。知識経済の進展とアジア諸国の情報通信技術，バイオ技術等の技術向上に対応して，現在の企業では，新製品開発戦略とともに新規事業探索・創生の機能を追求し，その中核として研究開発の戦略的意思決定を展開している。このように展開してきた研究開発戦略を策定し，実行していくためには，それに対応した組織構造のデザインとマネジメント・コントロール・システムが要求される。本章においては，研究開発機能の進化のプロセスについて概観し，それに適応した組織構造のデザインならびにマネジメント・コントロール・システムはどのような課題を有しているのかについて考察する。

2. 研究開発機能の展開

　企業の研究開発機能が，生産，エンジニアリング，販売などの機能から分化

し，制度化されたのは19世紀の終わりからであり，研究開発の制度化が，企業間の競争および技術の発展にとって最も中心的な要因であった。先進工業国の企業で，研究開発活動についての計画を設定し管理を行い，イノベーションをコントロールすることを試みるようになったのは，第2次世界大戦後である (Coombs, Saviotti and Walsh 1987，邦訳 11)。企業の研究開発機能は，企業を取り巻く経済環境や市場環境に対応して次のように重点を移行させている。

① 技術プッシュ指向の研究開発
② マーケット指向の研究開発
③ 戦略指向の研究開発
④ 新規事業探索・創生目的の研究開発

2-1 技術プッシュ指向の研究開発

1950年から1970年代はいわゆる高度成長時代であり，テレビや航空機，石油化学，鉄鋼などの発展による経済成長により，わが国の平均実質経済成長率は約8.8％（米国3.4％）に達した（伊丹 2000，1-66）。企業の研究開発費の支出は，技術プッシュ指向による研究開発投資により急速に増大した。経済の高度成長によって，企業は製品を生産すれば売れる時代であり，企業の研究開発機能と活動は，次のような特徴を有する。

① 生産の生産性を上げるための技術研究開発が中心であった。これらの研究開発はプロセスイノベーションとも言われ，生産性を飛躍的に向上させることにより，大量生産を可能にし，高度成長期の需要に対応することによって，世界市場のマーケットシェアを獲得した。

② 研究開発費は間接費であり，研究開発費予算は予算の一項目にすぎず，経営者のさじ加減で決定され，直観型管理が行われた。

③ 研究開発は企業ないし事業部レベルで集権化され，多くの研究開発費の資金管理は集権化し，研究開発費予算の特定プロジェクトや製品への資源配分は研究開発部門の自由裁量に委ねられていた。

2-2 マーケット指向の研究開発

　1970年代の第1次オイルショックによって，原油価格が急激に高騰し，わが国の多くの企業は，従来のように既存の製品を大量に生産するだけでは，国際競争に打ち勝ち，コスト低減と売上増大を図ることが困難となった（小林 1993, 4）。顧客ニーズに適合した製品を他企業よりも早く開発し，顧客が必要とする時期に当該製品を提供しなければならない。顧客ニーズの多様化に対応して，少品種大量生産から多品種少（中）量生産へと移行せざるを得ないこととなった。

　こうした背景の下に，企業では，これまでの技術プッシュ志向の研究開発では顧客のニーズに適合した製品やサービスの提供に対応できず，マーケット指向の研究開発（"market-driven R & D"）が必要とされるようになった（Coombs 1996, 29）。研究開発にもマーケット志向（顧客志向）を取り入れ，研究開発機能とマーケット機能との統合が強調された。マーケット指向の研究開発機能および管理は，次のような特徴を有する。

　① 研究開発においても，基礎研究よりもむしろ新製品開発を重視する傾向が強まっていった。企業は，いわゆる付加価値の高い新製品の開発・生産に力を入れるようになり，これらの製品は，市場での消費者の価値観の多様化に対応しているだけでなく，新たに消費者を創り出す事ができた。

　マーケット指向の研究開発ではプロダクト・イノベーションの一貫としての研究開発が重視される。社会や経済に大きな影響を与えるような製品やサービスであるコンピュータ・ソフトウェアや携帯電話等の通信機器については，大半がその原型は欧州で生み出され，世界市場をリードしているような状況であった。

　② マーケット指向の研究開発としての機能は原価企画にみられる。製品の開発・設計段階で，顧客ニーズに適合した製品の特性（機能，品質，デザイン，価格帯，信頼性，納期，顧客が購入後に負担するランニングコストなど）を作り込むことによって，ライフサイクルコストを削減させ，販売増加を達成した。

　③ マーケット指向の研究開発を管理するため，分権化組織がデザインさ

れ，事業部と研究開発部の管理者が共同で個々の研究開発プロジェクトの期間および予算等を決定する点があげられる（Coombs 1996, 30）。

2-3 戦略指向の研究開発

マーケット指向から戦略的視点に立つ研究開発に重点移行したのはほぼ1990年代前半以降である。1985年のプラザ合意以降の急激な円高や世界経済のグローバル化・ボーダレス化のもとでの国内外の企業の競争はますます激化していった。グローバル競争激化と製品ライフサイクルの短縮化によって，研究開発管理にマーケット指向を導入するだけでは不十分であるとの認識が高まり，企業の研究開発は経営戦略と統合化され，研究開発戦略として捉えられるようになった。

企業戦略すなわち事業の範囲の意思決定は，Abellによると，対象とする顧客層，顧客機能，および技術の3次元の意思決定である（Abell 1980, 邦訳 222-223）。すなわち，市場，機能，および技術という3つの軸によって，事業範囲が決定される。対象とする顧客層とは，顧客のカテゴリーつまり製品やサービスによって満足を享受するのはだれかを記述する。顧客機能は，顧客あるいは市場ニーズつまり製品やサービスによって何が満たされるかを記述する。技術は，その方法つまり顧客ニーズがどのように満たされるのかを記述するものであり，製品・サービスの生産と販売に必要な体系的な知識や技能を意味する。顧客機能は機能を遂行する方法である技術とも区別され，技術はある顧客向け特定機能の遂行のための代替的方法である。どんな事業を営むかに関する意思決定にはどんな技術を用いるかの決定が含まれる。これらの3つの次元について種々の選択肢があるので，意思決定を行って事業領域を決定しなければならない。企業の事業範囲の戦略策定は，対象とする顧客層および顧客ニーズに対応した技術の意思決定を含むこととなる。

2-4 新規事業探索・創生目的の研究開発

戦略指向の研究開発はさらに，1990年後半以降からの知識経済の進展と東ア

ジア諸国の情報通信技術，バイオ技術の向上に対応して，新規事業探索・創生の機能が求められる。

企業がどんな事業を行うかを意思決定する企業戦略の策定にあたって，淺羽(2004)は，3つの軸で事業を定義する。3つの軸は製品・業種軸，垂直的段階軸，ならびに地域軸である（淺羽 2004，17-66）。

製品・業種軸は企業がどの業種に属する事業を範囲として，どんな製品を取り扱うかを意思決定しなければならない。企業が提供する商品やサービスの種類や量は企業の水平的境界の意思決定である（Besanko 2003，邦訳 77）。たとえば，トヨタ自動車では，現在，自動車，住宅，金融，マリーン，バイオ・緑化を事業の範囲としているが，将来の新規事業を視野に入れている。自動車事業では，さらに1つの業種をさらに製品に細かく分けて，乗用車，ミニバン，トラックといった製品レベルで区分することもできる。この軸は事業の水平的な広がりを表し，この軸の広がりの小さい企業が専業化で，この広がりの大きい企業が多角化である。水平的境界の意思決定においては，規模の経済，範囲の経済の発生要因を把握することが必要となる（Besanko 2003，邦訳 74）。

垂直的段階の軸とは，自動車産業でいえば，原材料の調達→部品の生産→完成品の組み立て→販売→整備・点検等アフターサービスといった業務の流れの中で，どの段階を自社が行い，どの段階を他社に委託するかという意思決定である。たとえばエレクトロニクス産業では，Solectron Corporation（米国）やCelestica（カナダ）のような製造受託企業（EMS：Electronic Manufacturing Service）に製造委託を行って，垂直的段階の1部の製造をアウトソーシングし自社の事業範囲から分化している。

地域軸は事業の国際展開である。事業の地域的広がりであるが，国内における地域で事業を行うのか，海外での国際的事業展開を図るかの意思決定がなされる。たとえば，武田薬品は，米，欧の各地域には機能別に研究，開発，製造，販売の海外子会社を設置し，イタリア，アイルランド，インドネシア，中国，タイでの海外生産を行っている。研究開発については，国内では，筑波と大阪に研究所を設置し，海外ではヨーロッパ，米国，シンガポール等の地域に

研究所を設置し，グローバルな研究ネットワークを構築している（武田薬品工業HP）。

3．研究開発戦略と組織デザイン

3-1　研究と開発の分化と組織構造

　新規事業を創造し運営している企業は，Robertsによると探究（exploration）と開発（exploitation）との2つをバランスさせている企業である（Roberts 2004, 253-280，邦訳238-261）。Robertsは，新規事業を創造するとともに，その運営を行う上で必要なタスクを，探究と開発との2つに区分し，次のように述べる。

　探究は新しい機会を探りあてることで，より広範なドメインに及ぶ探究を伴う。現在のドメインの外部の新しい機会を追求することである。必然的に，なにかを発見できるかに関して，また実際により望ましいのかに関して，より大きな不確実性を伴う。

　開発は，現在の状況のもとで，固有の機会を有効に掘り下げることである。現在の状況とは，企業が採用しているビジネス・モデル，市場セグメント，製品やサービス，ならびに用いている技術などをいう（Roberts 2004, 255）。開発を達成するためには，現在のアジェンダに集中するとともに，有効かつタイムリーな実行を目指して全エネルギーを注ぎ込む必要がある。開発には集中と実行を促す組織デザインを必要とする。開発は通常の事業を行う過程で大部分実行されており，現在のアジェンダやモデルの関係での改善，あるいはそれらのかなり限定された拡張を求めることである（Roberts 2004, 257）。開発の本質は現在の戦略を実行することによって最大業績を達成できることである。

　探究と開発とは，全く異なるタスクであるために，それぞれ異なる組織ケイパビリィティに依存している。これらの異なる組織ケイパビリティを有効に利用するためには，異なる組織デザインが必要とされる。Robertsは，企業は探究と開発とのバランスを適切にとり，同時追求という困難な問題にどのように

組織をデザインして対処するかが企業の研究開発組織の課題であるとしている(Roberts 2004, 262)。

3-2　外部組織との研究開発パートナーシップ

　企業では，外部の研究開発資源を取り入れ活用するため，一連の研究開発活動の一部または全部について他機関あるいは他企業との研究開発パートナーシップを戦略として展開する企業が増加している。戦略的研究開発パートナーシップとは，本質的に，自社の補完的研究開発目的に同意する多くのパートナー間による資源のコミットメントとリスクの共有を意味する(Dodgson 2001, 161)。所有と契約を基準に区分すると，戦略的研究開発パートナーシップは共有するエクイティ投資を有する2以上のパートナーによるか，契約に基づく提携に区分できる。前者は，①完全所有に基づく提携すなわち合併・買収と，②部分所有に基づく提携，すなわち，合弁企業あるいは少数持ち分投資などである。後者の契約による提携としては，共同研究開発，研究委託，技術導入などがある。

　研究開発パートナーシップは日米企業ともに増加の傾向にある。医薬品企業では創薬段階はベンチャー企業あるいは他機関と共同研究を行い，前臨床試験段階は自社で，臨床試験段階は外部委託するなどの戦略的研究開発パートナーシップを採っている。筆者は，平成19年3月末上場企業の研究所・開発拠点1123箇所に，戦略的研究開発パートナーシップについての質問票調査を実施し，92の研究所・開発拠点から回答を得た。図表4-1のように，研究開発パートナーシップの成果として，重要な新技術や新情報の学習と取得，自社研究開発の補完的技術の取得，ならびに従来の分野とは異なる新事業分野への進出，があげられる。研究開発パートナーシップの主要な目的としては技術機会の取得と他の企業・大学等の組織からの学習が考えられる。

　①　研究開発パートナーシップへの参加によって，次世代能力の創造のため他社の技術・能力を内部化する技術機会を得る。技術機会とは企業の研究開発が効果的にイノベーションに結び付くような情報に接する機会である。研究開

図表4-1　外部研究開発パートナーシップの内容と成果についての質問項目と回答

	1	2	3	4	5
①製品定義段階で関わりますか。	2.5%	28.8%	30.0%	27.5%	11.3%
②パートナーは製品イノベーションを図るために新規アイデアをもたらしますか。	3.8	62.5	27.5	5.0	1.3
③パートナーとの関係は研究開発の提携契約に基づいていますか。	70.0	26.3	3.8	0	0
④パートナーとの契約は成果と対応する具体的な契約になっていますか。	37.5	35.0	21.3	3.8	2.5
⑤新しい重要な技術や情報を学習し、取得していますか。	22.5	65.0	10.0	2.5	0.0
⑥研究開発投資額は減少しますか。	6.3	26.3	42.5	18.8	6.3
⑦研究開発投資のコストパフォーマンスは向上しますか。	11.3	50.0	35.0	2.5	1.3
⑧自社研究開発の補完的技術を取得できますか。	17.5	70.0	10.0	2.5	0
⑨従来の分野とは異なる新事業分野に進出しますか。	7.5	37.5	37.5	13.8	3.8
⑩製品事業化の期間が短縮され、スピードアップが図られますか。	12.5	50.0	28.8	8.8	0.0

（注）表頭の1．全くそのとおり，2．ある程度そのとおり，3．どちらともいえない，4．どちらかといえば違う，5．全く違う

発パートナーシップでは，そのプロジェクトから得られる成果だけでなく，知的資源蓄積のプロセスあるいは学習のプロセスが重要である。

② 研究開発パートナーシップは新事業に参入する重要な手段と考えられる。研究開発パートナーシップでは，利害対立が明らかでない競争前段階の研究開発が実施され，異業種あるいは同業種企業であっても異質の技術力を有する企業が協働して研究開発を行う。一般に，パートナーの能力は補完的知識・資源を結合できるような異種のものである。補完的知識とは，結合してより良

い研究開発結果をもたらす知識と考えられる。たとえば，光学とエレクトロニクスの結合例としてオプトエレクトロニクス，機械技術とエレクトロニクス技術の融合がメカトロニクスの研究開発へと方向づける。その結果，補完的知識は研究生産性を向上させる。

③　研究開発パートナーシップ形成目的が技術シェアである場合には，参加企業は次世代能力の創造のため他社の技術・能力を内部化する技術機会を得ることができ，新事業に参入する重要な手段として研究開発パートナーシップをとるので，参加企業の研究開発支出は増加する。パートナーの有する技術能力が，自社とは異質で，自社の補完的技術を有している場合や革新性が高い場合には，技術機会を得ることができ，パートナーの技術力を学習するために，研究開発支出は増加する。このような技術シェア目的の研究開発パートナーシップでは，研究開発コストは低下しないが，他社の技術・能力を自社のイノベーションに結びつける技術機会と学習によって，パートナーの有する技術を自社技術へ結合することができ，あるいは技術融合を導くことができる。

4．研究開発戦略に対するマネジメント・コントロール・システム

研究開発戦略の策定と実行では，不確実性，経験，フレキシビリティ，内生的動機づけ，ならびに自由度が最も重要な要素と考えられるため，研究開発戦略に対するマネジメント・コントロール・システムを用いても，その有用性には限界があり，若干の改善しか図ることはできないとする見解もある。しかしながら，マネジメント・コントロール・システムはこの10年間に大きく変革を遂げ，旧来の業務レベルおよび戦略レベルの両レベルで標準化を課し，イノベーションを制限するシステムであったものが変遷し，変化する環境に反応し適応する努力を行って，組織をサポートするシステムへと変革を遂げてきたため，マネジメント・コントロール・システムの研究開発戦略策定・実行に対しての有用性が指摘されている（Davila 2005, 39；Simons 2000)。

Davilaは，3-1で指摘したRobertsの開発と探究の2つのタスクの区分と同

図表4-2　イノベーションのタイプとマネジメント・コントロール・システム

イノベーションの源泉となる階層 \ イノベーションのタイプ	インクリメンタル・イノベーション	ラディカル・イノベーション
トップマネジメントレベルでの形成	(1)意図的戦略	(3)戦略的イノベーション
日常的活動（組織の至るところで）	(2)創発戦略／誘発的戦略活動	(4)創発戦略／自律的戦略活動

（注）Davila（2005）pp. 42-47によって作成。

様の観点を示し，イノベーションをその特性に従って，インクリメンタル・イノベーション（incremental innovation）とラディカル・イノベーション（radical innovation）に区分する。インクリメンタル・イノベーションは現在の戦略軌道内での漸進的改良を図ることである。

　インクリメンタル・イノベーションは，組織の現在の戦略を漸進的に変化させるイノベーションであり，既に組織に存在する能力にもとづいて構築するか，あるいは比較的展開あるいは取得しやすい能力にもとづいて構築する。現在の技術軌道内あるいは既存ビジネスモデル内で変化しているので，組織はただちにその影響を認識でき，組織上の変化も産業上の変化も少ない。ラディカル・イノベーションと比較すると低いリスクと低いリターンを伴う。

　それに対して，ラディカル・イノベーションは急進的イノベーションとも言われ，将来の戦略を再定義し，高いリスクと高い期待収益率を招き，組織を混沌とさせ，組織構造をシフトさせる。コアコンピタンスの関連性を再定義し，競争戦略の再設計を要求し，産業構造を急激に変化させる。

4-1　意図的戦略

　①　MCS（Management Control System）は戦略の実行段階で役割を果たしていると考えられる。構造的関係の1部として，MCSは意図的戦略（deliberate strategy）を活動に変換するのをサポートする。定式化された戦略の実行を

支援し,価値に変換する。業績と比較されるターゲットを用い,活動の結果を測定して,結果のコントロールと効率を追求する。それらの関連性は能率的にスピードを伴って実行する能力による。それらは知識の適用を単純化し,資源をレバレッジする。それらの強みや弱みは意図戦略をアクションプランに変換し,その実行をモニターし,是正に対する差異を認識するのに有効である。能率を高めるプロセスにおいて,イノベートする組織能力を犠牲にしている (Davila 2005, 43)。戦略の変化は組織のトップでデザインされ,MCS は実行段階においてのみ関係する。

戦略の策定と実行は同時に生じる内部進化プロセスとして考察される。戦略策定と実行の両段階ともに同時に生じるので,戦略的変化はそのプロセスの開始時は独立の事象ではなく,むしろそのプロセスに埋め込まれている。

② 詳述された標準的業務手続きは能率基準の極限であり,イノベーションは安全性のために除外されている。MCS は権限委譲によって効率を高め,その基本は例外による管理である。すなわち,MCS の目的は現在の戦略を期待価値に配分する活動のセットに変換する。これらのシステムは,能率(既存資源をレバレッジする能力)とスピード(イノベーションと経験的学習を犠牲にして,素早く実行する能力)の観点から評価される (Davila 2005, 49)。

MCS の役割は意図的戦略の実行に限定され,イノベーションが必要とされる場合のみ,MCS は短期業績のために長期業績を犠牲にして,強制的,逆機能的になる。しかし,MCS が創発戦略をガイドし,新戦略に急進的に漂着すると,戦略イノベーションを構築でき,MCS はイノベーションを価値に変換できる。

4-2 創 発 戦 略

創発戦略(emergent strategy)については,Mintzberg (1978) がすでに次のように指摘している。

現実の企業では,戦略がいかに形成されるかを考察し,戦略の策定と実行は明確に区別できるものではなく,戦略の実行過程から戦略が策定されることが

ある。すなわち，戦略の実行のプロセスから，新しい戦略が創発されることがある。創発戦略は，従業員が価値を創造しようとして行う実験とそこから得られた小さな成功の組織全体の模倣により，自然発生的に創られた戦略である（Mintzberg 1978）。

Simonsによると，創発戦略とは，従業員が実験や試行錯誤を通して予測不能な脅威や機会に対処する際に，組織内で自然に発生する戦略である。これは計画していない戦略である。事業部レベルでは，正式な計画や目標がなくとも，マネージャは何らの統制システムを対話型で使用することで，一貫性のある，独創的な機会追求プロセスを導き出せる。このシステムは行動パターンとしての戦略と関連する（Simons 2000, 386）。

戦略はインクリメンタル・イノベーションによって進化し，目的・日常的活動の進化に埋め込まれる。インクリメンタル・イノベーションはラディカル・イノベーションに比べて低いリスクを伴い，戦略の現存のイメージ，組織プロセス，構造，システムを大幅に変えるものではなく，また，産業競争のパラメータを優位に変えるものではない。インクリメンタル・イノベーションは必ずしも投資額が少ないとは限らず，現存技術の漸次的な改善は費用のかかる投資である。創発戦略は組織の構造関係によって管理され，構造，MCS，文化を含む組織の構造の観点から管理される。MCSは活動に対するフレームワークを与え（Davila 2005, 45），MCSはプロセスが定期的に実行されると生じる学習を捉えるためにデザインされる（Davila 2005, 49）。

組織の学習能力（organizational learning）の重要性について，Simons（2000, 邦訳44-46）は次の指摘をしている。

基本的に戦略は計画するものであるが，ボトムアップに新戦略が出現する可能性があるので，社内の行動パターンの変化に敏感であることが大切である。創発戦略の恩恵に預かるためには，組織の学習能力の強化が欠かせない。組織全体が環境変化を察知し，その変化に乗じてプロセス・製品・サービスの内容を変えていく能力である。これには，業績評価システムと統制システムを用いて従業員が新たな手法を試み，新たな機会を追求し，新たなアイデアを実行す

るように奨励することが必要である。これによりチャレンジ精神が持続され，環境の変化を見逃さないようになる。業績評価システムと統制システムをコミュニケーション手段にして，従業員からの情報が経営者に伝達されるようにすることが重要である。この有益なフィードバックが事業戦略の修正・変更を可能にする。

　MCSは，インクリメンタル・イノベーションを現在の戦略に取り込むためにデザインされる。

4-3　戦略的イノベーション

　MCSは戦略を斬新に再定義する新コンピタンスの構築を支援する。MCSは環境を注意深くモニターし，戦略的イノベーション（Strategic Innovation）はこのMCSから利益を享受する（Davila 2005, 56）。規制の変更，顧客ニーズの趨勢，潜在的な購買，新市場・新技術の開拓と関係するビジネスの機会から，トップマネジメントは戦略的観点に依存する。そこではMCSは学習をレバレッジし，シナリオプランニングのようなコントロールシステムに依存する経済的モデルを構築するのに重要な役割を果たす。

4-4　戦略的関係としてのMCS—自律的な戦略活動

　MCSは自律的な戦略行動（Autonomous Strategic Action）を念入りに作る。MCSは，戦略を基本的に再定義するラディカルなイノベーションの創造と成長の枠組みを提供する。ラディカル・イノベーションはインクリメンタル・イノベーションよりも一層予測できない不確実性を伴い，組織のどこにおいても生じる。思考を価値創造へ変換するプロセスはそれほど構造化されていない。経路フォワード―たとえば技術，補完資産，事業前提，組織とのインターフェイスなど―が不明確で，ある時間を伴っている。ラディカル・イノベーションは現在の戦略の範囲外にあり，組織構造ではなく戦略関係によって管理される。MCSは予測可能性，ルーティーンと関係するので，ラディカル・イノベーションの枠組みではあまり注目されないが，MCSはラディカル・イノベー

ションに影響を及ぼす。

　自律的な戦略活動は，変化，選択，保持のプロセスからなる。ラディカル・イノベーションは不確実性が高いので，攻撃的なイノベーション戦略を取りたい組織は変化を生み出す適切な枠組みを作り出し，異なる代替案を選択する枠組みをとり，新ビジネスを創出する組織をデザインする必要がある。この考え方の重要な核は組織文化である。しかし，組織文化の重要性はフォーマルなシステムが適切でないことを意味するものではない。

　以上，Davila によって，戦略と MCS の関係を考察した。すなわち，戦略にイノベーションをもたらすにあたっての MCS の役割を考察した。従来は図表 4-2 の(1)の組織における意図的戦略を実施するツールとしての役割に焦点があてられたが，近年は，現在の戦略へのインクリメンタル・イノベーションと結びついた学習プロセス内の役割について研究が進められ，MCS の役割は戦略とともに進化している。研究開発戦略策定にあたって，イノベーションに必要とされる学習，コミュニケーション，経験をマネジメント・コントロール・システムは高めるとの指摘がこれまでになされている。

5．結びにかえて

　企業では現在，研究開発の機能として求められているのが戦略指向の研究開発であり，戦略指向の研究開発では，新製品開発とともに新規事業の探索・創生としての研究開発が必要とされている。新製品の開発，ならびに新規事業の探索・創生を遂行するためは，環境変化に迅速に対応したコーポレートの研究・開発組織がデザインされなければならない。そのために，多くの企業で研究開発パートナーシップがとられ，その成果として，重要な新技術や新情報の学習と取得，自社研究開発の補完的技術の取得，従来の分野とは異なる新事業分野への進出，などがあげられる。研究開発戦略の策定と実行には，不確実性，経験，フレキシビリティ，内生的動機づけ，ならびに自由度が基本的な要素として含まれるため，研究開発戦略に対するマネジメント・コントロール・

システムの有用性には限界があるとの見方もあるが,戦略策定にあたって,イノベーションに必要とされる学習,コミュニケーション,経験をマネジメント・コントロール・システムが高めることができるとの指摘もあり,現在,分析が進められ検討がされている。

第5章　フランチャイズ組織のマネジメント・コントロール

1. はじめに

　今日，日本には多くのフランチャイズチェーンが存在している。しかし，その拡大に伴って，種々の問題も生じている。たとえば，その代表的業種であるコンビニエンスストアでは，新規店舗増設による成長にかげりがみられ，かつ既存店舗ではむしろ売上高の低下現象も指摘されている（日本経済新聞，2008年7月23日付朝刊）。

　フランチャイズの問題は，マーケティングの領域として取り上げられることが多い。事業を手早く拡張したいと考えている事業者にとって，基本的には設備投資が不要なフランチャイズを利用することはメリットがある。あるいは，対等な立場のはずの本部と加盟店の間の契約を巡るトラブルを公正に解決するための法律的アプローチもある。

　しかしながら，従来はあまり取り上げられなかった管理会計の視点からこの組織を検討しようとするのが，本章の意図である。自律的組織と思われる店舗での最適化が企業全体の最適化につながるようなマネジメント・コントロール・システムの構築である。

　そこで，フランチャイジングが最初に誕生したアメリカにおける発展過程を歴史的に概観したうえで，フランチャイズチェーンの現代的経営課題を明らかにし，日本でのフランチャイズチェーンの特徴を確認したうえで，外見上は同

一の加盟店と直営店をどのように管理すべきなのかという側面からフランチャイズの問題を考察する[i]。

2．フランチャイズの定義

　フランチャイズという用語は，「自由にさせる (to make or set free)」とか「特権を与える (to invest with a franchise or privilege)」という意味の古フランス語に起源をもち（大修館『ジーニアス英語大辞典』より），中世では，「国が税金の取立てや道路工事等の公的役務を民間個人に委託するのと引き替えに，国がその民間個人に与えた特定の諸権利をさし，…フランチャイズといえば特に地方自治体の役務に貢献させるための法人格認可を連想させた」（河野・小嶌訳 2002, 4-5) という。しかし，現在では一般に，フランチャイズは一つの流通方法として位置づけられている。
　日本フランチャイズチェーン協会は，フランチャイズを，「事業者（「フランチャイザー」と呼ぶ）が他の事業者（「フランチャイジー」と呼ぶ）との間に契約を結び，自己の商標，サービス・マーク，トレード・ネームその他の営業の象徴となる標識，および経営のノウハウを用いて，同一のイメージのもとに商品の販売その他の事業を行う権利を与え，一方，フランチャイジーはその見返りとして一定の対価を支払い，事業に必要な資金を投下してフランチャイザーの指導および援助のもとに事業を行う両者の継続的関係」と定義している。
　また，アメリカの国際フランチャイズ協会 (International Franchaise Association：IFA) は，フランチャイズを、法律的に独立しているフランチャイザーとフランチャイジーの間の次の①〜④の協定あるいはライセンスと定義している (Beshel 2001, 1)。

　　①フランチャイジーは，フランチャイザーの商標，商号を使用して製品あるいはサービスを販売する権利を与えられる。
　　②フランチャイジーは，フランチャイザーの営業方法を使用して製品あるいはサービスを販売する権利を与えられる。

③フランチャイジーは，これらの権利に対してフランチャイズ利用料を支払う義務を負う。

④フランチャイザーは，これらの権利を与え，フランチャイジーを支援する義務を負う。

これらの定義に厳密に従うと，フランチャイズチェーンを展開する企業にとっての会計的な意味での主な収益は，直営店の売上高とフランチャイジー（加盟店）からの収入ⁱⁱになる。フランチャイザーとフランチャイジーに資本的提携関係がなければ，加盟店は連結対象にもならないので，あたかも同一のように見えるチェーン店全体の売上高は，損益計算書に表示されない。営業費用もこれに対応し，直営店の売上原価と加盟店への指導料等である。たとえば，日本マクドナルド株式会社の決算公告の損益計算書上の売上高は394,594百万円であり，その内訳は，直営店売上高361,956百万円，フランチャイズ収入32,554百万円，その他売上高82百万円からなる（2007年12月末日決算期）。実は，直営店と加盟店を合計した日本マクドナルド全体の売上高は4941億4900万円である。すなわち，加盟店の割合が増えると，営業収益としての表面上の売上高は減少することになる。もちろん，日本マクドナルドの収益実態を示すのは全体の売上高であろうから，むしろ，全体の売上高が表示される方が好ましいⁱⁱⁱ。

3．アメリカにおけるフランチャイズの発展過程

3-1　プロダクト・フランチャイジング

フランチャイズによる組織化には歴史的に見て，「プロダクト・フランチャイジング」と「ビジネスフォーマット・フランチャイジング」がある。

アメリカで最初に登場したのは「プロダクト・フランチャイジング」である。

ディッキー（Dicke, T. S.）によれば，1880年代のマコーミック刈取機会社やシンガーミシン社が，フランチャイズの最初の例である（河野・小嶌訳 2002，

25-85)。農機具やミシンのような高価格で複雑な製品の製造業者であるマコーミック社やシンガー社にとって，代理店なしで成功することは望み得なかったし，生産量の大幅増加と市場拡大により，工場から消費者への製品流通を調整し統制するために，従来の代理店方式を修正せざるを得なかったのである[iv]。

その後，1900年代には，フォード自動車会社は，独立代理店からフランチャイズ特約店への迅速な変換を図ることにより，自動車市場での拡張をはかり成功をおさめる（河野・小嶋訳 2002，87-147）。石油精製会社とガソリン販売店が同一視されるようになったことから，会社の要望に従うことが特約店にとって最大の利益となるような特約店支援システムを考案し，製品としてのフランチャイズがそれ自体として発展していく。その代わりに，「流通に必要な調整は生産と比べればさほど面倒ではないところから，独立した代理店を准独立の特約店（semi-independent franchised dealers）へと転換させ」（河野・小嶋訳 2002，9），それによって大衆市場の機会と需要への対応が可能になったのである。

では，事業部制組織とフランチャイズ組織の根本的な違いはどこにあるのだろうか。

ソロモンズ（Solomons, D.）も指摘しているように，事業部制組織は，生産職能と販売職能をもつ事業部を創設することが基本である（櫻井・鳥居監訳 2005，24）。もちろん，販売機能のみをもつ地域別あるいは市場別事業部制という形態もある。直営店はむしろ，事業部の位置づけと考えてよい。しかし，フランチャイズ・システムの基本は，販売職能を特定の商圏に限定して任せる加盟店を企業外部から募る方式であり，加盟店との間に資本的関係がないので，加盟店は事業部ではない。プロダクト・フランチャイジングを考える限り，自社での地域別事業部による販路の拡大以外の有効な手段として，フランチャイズ・システムを利用したとみなす方が合理的である。

また，事業部制会計は，管理会計の重要なテーマとして発展してきた（鳥居 2007）。そこでは，事業部の業績測定を行うためのマネジメント・コントロール・システムを構築する。事業部制組織は，製品多角化に伴い，生産職能に販売職能を追加した製品事業部を基本的枠組みと考えた大企業を前提とした経営

組織であるといってもよい。このため，製造側面を強調する原価計算から発達した管理会計で取り上げられた。それに対し，フランチャイズ・システムは，地域別の事業部制に近い側面をもっているものの，製造よりは販売（小売りまたは卸売り）が強調される。また，フランチャイズ店（加盟店）に対しては，管理の対象というよりはむしろ対等のパートナー的位置づけであるため（指導はするが，コントロールはしない），管理会計では関心が薄かったものと思われる。フランチャイズが小売業やサービス業で採用され，大企業の組織管理というよりも，中小企業の活性化手段という側面が強調されることがあるのも納得のゆくところである。

3-2　ビジネスフォーマット・フランチャジング

　ついで登場したのが「ビジネスフォーマット・フランチャイジング」である。ビジネスフォーマット・フランチャイジングとは，小売店を支援する各種サービスの包括的なパッケージだけでなく，小売店の店舗それ自体を製品化するものである。すなわち，「ハンバーガーよりもハンバーガー・スタンド自体を販売した方がより大きな儲けを獲得できることを，1950年代末までに鋭敏な企業家たちが気付いた」（河野・小嶌訳 2002, 8）のである。

　ビジネスフォーマット・フランチャイザーが，小規模なフランチャイジーを各地につくり，フランチャイジーへ提供した一束の経営手法に大量生産原理が適用できるかどうかに自分たちの成功がかかっていることを悟ったとき，現在のフランチャイズ産業が誕生した。ビジネスフォーマット・フランチャイジングそのものは，20世紀初頭にすでに出現しているが，その当時，大企業が多く誕生したために，専門的な広告法や精巧な管理会計システム等の多種多様な専門的サービスや管理ツールが創り出された。これらの経営諸手法は，ビジネスフォーマット・フランチャイザーが小企業の所有を望む志願者に販売するパッケージの主要部分となったのである。現在では，フランチャイズといえば，このビジネスフォーマット・フランチャイジングのみを指すこともあるほどである。

製造業者が全国市場でビジネスを展開するため1880年代に誕生したアメリカのプロダクト・フランチャイジングはビジネスフォーマット・フランチャイジングへと発展し，1960年以降，産業としてのフランチャイズ・システムが確立した。この過程で，主力メーカー（プリンシパル）とエイジェントという関係がフランチャイザーとフランチャイジーという関係へと変容したとみることができる。

ところで，日本では自動車販売のディーラー方式をフランチャイズに含めないことが通常である[v]。ディーラー方式は流通系列化の一種と考えられ，地域販売権を付与する代わりに，特定製品の専売を求めた制度というフランチャイズとは別の位置づけなのである。そこでは，商品の販売に関する必要項目のみの契約内容であり、本部から代理店や特約店への指導は継続的に行われるとは言えず、販売方法等の規制も緩やかである。また、本部はロイヤルティや会費を徴収しないのが一般的である。したがって、代理店や特約店側は同時に数社の商品・サービスを扱うことが可能である。

しかし，ディッキーは，自動車販売における特約店方式 (the automobile dealership) を，プロダクト・フランチャイジングの最もありふれた例と紹介しているし（河野・小嶌訳 2002, 7-8），国際フランチャイズ協会でも，フランチャイズの例としてあげている（Beshel 2001, 2）。また，GMにおいては，フランチャイズド・ディーラーシップと呼ばれたこともある販売店組織の原理である（田島 1990, 20）。代理店とフランチャイズ店との中間のどこかに位置すると考えて，ディーラー方式もフランチャイジングに含めて議論すべきではなかろうか。購入者の立場から見れば，クルマをディーラーから購入しているのか，あるいは直営店から購入しているのかの区別はしないであろうし，ましてや，ディーラーが自動車会社と資本関係があるか否かには購入者は興味がないはずである。もっとも，本部のマネジメント・コントロールの観点からすれば，ディーラーの管理は，フランチャイズ店と同じように重要なはずである。

4. フランチャイズ組織の現代的課題

4-1 店舗の増設，統一性，現地適合，全体適応

　ブラダック（Bradach, J. L.）によれば，現代のフランチャイズ組織には，店舗増設による成長，店舗の統一性，現地適合，システム全体の適応という経営課題がある。彼は，フランチャイズを採用しているレストランチェーン会社に対するインタビュー調査を実施し，以下のような分析をしている（河野監訳 2006）。

　店舗の増設は，当該チェーン組織の成功と管理に重大な役割を果たす。店舗を増設すれば，新規直営店ならば売上高（およびおそらく利益）が得られるし，新たな加盟店（フランチャイズ店）からは加盟料とロイヤリティ収入がもたらされるからである。さらに，既存店舗に商標の強化という間接的効果を与えることができるし，市場での存在感と同一性の増大から，一層多くの広告向け資金を生み出す。競争の激化する環境にあっても，多くの現地市場でのチェーン店が飽和状態となっても，店舗増設は，依然としてチェーン組織が成長するための重要な方法のひとつである。

　ビジネスフォーマットを用いるチェーン組織においては，店舗の統一性を維持することは，本部による統制の課題として重要である。店舗の統一性に関しては，直営店であろうと加盟店であろうと，ほぼ同等の業績水準である。ただし，統一性を達成するための戦略は異なる。直営店に対しては，現場監査（品質，サービス，清潔さに関する業務基準が満たされているかどうかの定期的評価），覆面調査員制度（mystery shopping）や自動化された経営情報システムを通じた多重的な業績評価メカニズムを頻繁に使用しているが，加盟店に対しては，このような直接的な管理的統制の行使は少ない。

　フランチャイズは地理的な勢力範囲を拡大していくが，個々の店舗は多様な現地市場において運営されているので，現地適合は重要な経営課題である。直営店に対しては厳格な統一性を維持すべく，集権的と専門的な管理方法によっ

て現地適合は実行される。したがって，直営店のマネジャーは，戦術的現地適合（価格設定，供給業者の選定，労働力の確保と管理など）を展開する必要はあるが，現地適合に基本的には責任を有していない。これに対し，加盟店に対しては，戦術的現地適合のみならず戦略的現地適合（新製品の提案など）を積極的に推進することが望まれる。

システム全体の適応とは，全体としてのチェーン組織に対する脅威と機会をマネジメント行為に転換させる方途であり，チェーン組織の共有している同一性を変化させ，新たな統一性の標準を確立することである。革新（innovation）をもたらすことは，チェーン組織にとって重要な課題である。新製品の導入はレストランチェーンにとってもっとも顕著で共通的なシステム全体の適応である。アイディアの創出，試行と評価，意思決定，実施の各ステージにおいて，直営店と加盟店の間には相互影響がある。ただし，直営店単独では，実施の速度は高いが，適応の質や機会発見の速度は低い。一方，加盟店単独では，機会発見の速度は高いが，実施の速度は低い。

4-2 複合組織の提唱

ブラダックは，直営店と加盟店の両方式の同時的展開（すなわち複合組織の採用）により一層迅速な成長が可能になるという結論を導いた（河野監訳 2006, 11-12）。

直営店と加盟店の違いに注目すると，直営店に対しては厳格な統一性を維持すべく，集権的と専門的な管理方法によって現地適合は実行される。これに対し，加盟店に対しては，戦術的現地適合および戦略的現地適合を積極的に推進することが望まれる。システム全体の適応を考慮すると，相互に学習できることが重要である。その意味から，直営店と加盟店のどちらが良いのかの択一問題（Make or Buy）ではない。

「Make or Buy」の決定は，管理会計の重要なテーマでもある。すなわち，経営構造の変化を伴わない直営店あるいは加盟店の増設ならば，業務執行的意思決定として差額収益原価（キャッシュフロー）分析を用いればよい。

複合組織では，経営課題の強みを推進し，弱みを補塡するのに役立つ。たとえば，加盟店（フランチャイジー）は直営店の影響によって一層顕著な統一性を維持し，直営店は加盟店を巻き込むことによって一層顕著な現地適合を達成できる。また，複合組織では，システム全体の適応の質は高く，機会発見の速度も高い（実施の速度に関しては直営店単独の方が高い）。直営店と加盟店はそれぞれ各経営課題に対して異なった形で対処するのであるが，両方式の同時利用によって，チェーン組織の各経営課題に対処する能力が向上する。複合形態は，統一性とシステム全体の適合，すなわち統制と革新をもたらす。

複合組織が統制と革新の双方を単一組織形態で達成することの困難さを克服できるかどうかは，両方式間の類似性と差異性の程度の均衡化，および両方式を結合させるプロセスの構築にかかっている。類似性は，チェーン組織本部マネジャーと加盟店に対して，店舗間および方式間の効果的な比較を可能にさせる。他方，異なる所有者とマネジメント構造から生じる差異性は，統制および革新の源泉となる多様性を促進させる。チェーン組織本部の直面する経営課題は，類似性と差異性のバランスをはかることにある。過大な類似性は多様性を減少させてしまい，他方，過大な差異性は統一性を保持しようとする当該組織の能力を破壊してしまうからである[vi]。

もっとも，ブラダックによる複合組織の提唱は，ある程度成熟したレストラン業界を研究対象としている。しかも，調査した時期は，1980年代のアメリカである（河野監訳 2006, 30）。アメリカでのその後のグローバル化やM&Aの進行を考慮すると，結論には一定の制約があると言わざるを得ない。また，彼の調査は比較的直営店比率の高い会社を取り上げた結果の結論である[vii]。最低の直営店比率であるKFC社でさえ26％であり，最大はJack in the Box社の65％である（河野監訳 2006, 19）。ところが，アメリカ最大手のMcDonald's社の直営店比率は16％と低いし，2番手のSubway Sandwiches社の直営店比率は0％である（河野監訳 2006, 259）。直営店比率の低いところは成功していないと考えると，どの割合が最適なのかという問題も含めて，複合組織がフランチャイズ・システムにとって最適なものであるのかについて再検討する余地

はある。

　自律的組織と思われる店舗（現場）での最適化が企業全体の最適化につながるようなマネジメント・コントロール・システムの構築は，ミクロ・マクロ・ループ[viii]の観点から説明できる。ミクロ（現場）には直営店と加盟店があるが，直営店には財務的指標によるコントロールが可能である一方で，加盟店に対しては非財務的指標によるコントロールが必要であろう。そこには，本部と店舗（加盟店および直営店）の関係だけではなく，加盟店と直営店の相互関係も重要になってくる。

5．日本的フランチャイズ

　日本では1960年代頃からフランチャイズチェーンが現れ，1970年代に外資と提携した外食産業によるフランチャイズ・システムが導入された。そろそろ日本にも定着したと考えられている一方で，日本的経営風土には契約思想に違和感があるという指摘もある。

> 　（日本の）人間関係社会にあっては，取引にあたっては必ずしも契約書の交換は行われません。例えば，メーカーと特約店の間で，契約書がかわされていないことは，けっして珍しくありません。仮に契約書がかわされている場合でも，契約書に沿って取引が行われるとは限らず，契約書の条項とは無関係に，日頃の人間関係に従って処理されることが決して少なくないのです。（田島 1990, 42-43）

　この点は，複合組織の提案の日本での適用可能性とも関係する。ブラダックの調査対象は，アメリカのレストランチェーンであった。しかし，日本のレストランチェーンには，直営店のみで運営している企業も多い（白木屋や魚民などの居酒屋を傘下にもつモンテローザはその例である）。日本マクドナルド社の直営店比率も約70％と高く，本家のアメリカとは様相が異なる。

　日本企業のケースを検討することで，独自なフランチャイジングの進化[ix]が発見できる可能性は高い。たとえば，セブン―イレブン・ジャパンは，酒屋をコンビニエンスストアに転換するという方式を採用してきた（鈴木 2003）。ア

メリカでは見られない日本独自の展開である。そこには，アメリカ的な「契約」による組織化というよりはむしろ，フランチャイジーの自律性を保持し，現場主義を尊重する雰囲気がある。これまで直営店として活動してきた店舗をフランチャイズ店に変換することにより，店長のやる気を起こさせるという戦略をとる居酒屋グループ企業もある。アメリカでは，事業部制組織での利益センターあるいは投資センターを自律的組織とみなしていたのに対し，日本では，むしろ原価センター（工場）を自律的組織としてとらえてきた歴史的経緯（上總・澤邉 2005, 99）との類似点もありそうである。

6. 結びにかえて

1880年代に誕生したアメリカのプロダクト・フランチャイジングはビジネスフォーマット・フランチャイジングへと発展し，1960年以降，産業としてのフランチャイズ・システムが確立した。なお，プロダクト・フランチャイジングの代表的方式の一つである自動車販売のディーラー方式は，事業部制の採用とほぼ同時期に始まっているが，事業部制による自社の直接的コントロールという手法をとる代わりに採用されたとみることができる。

フランチャイズ・システムにおいて重要な課題に，店舗増設による成長性と収益性の向上がある。このとき，直営店と加盟店は相互に学習できる環境にあることが重要である。直営店は一種の地域別事業部であるから，法律的にも自立している加盟店よりも一般的に自律性が低い。しかし，直営店と加盟店が併存していることこそフランチャイズ・システム成功のための鍵であるという結論は，自律的組織のミクロ・マクロ・ループの適用であると考えることができる。

なお，日本のフランチャイズに目をむけると，独自のフランチャイジングの進化が発見できる可能性がある。この検討は，フィールド・スタディを含めた検証も必要であり，今後の課題としたい。

i 本章は，日本会計研究学会特別委員会「企業組織と管理会計の研究」の最終報告（2007年9月）に掲載した，拙稿「フランチャイズ組織と管理会計」（第5章）の一部を用い，加筆修正したものである。

ii 加盟店からの収入はロイヤリティとも呼ばれる。売上高に比例した契約の場合もあるし（たとえば売上高の2％），加盟店が一定の利益を確保できるように，利益に比例した契約もある（たとえば粗利益の30％）。

iii セブン－イレブン・ジャパンの場合は，加盟店売上高と自営店売上高の合計は約2兆6000億円であり，その内訳である加盟店の売上高約2兆4500億円と自営店（直営店）の売上高約1500億円は注記の形で表示されている。ただし，公表損益計算書上の営業収益は，加盟店からの収入（約3600億円），自営店の売上高（約1500億円）およびその他の収入を合計した約5200億円である（2008年2月末日決算期）。

iv ジョンソンとキャプラン（Johnson, H. T. and R. S. Kaplan）は，19世紀末に，大量生産業者が製造した製品を消費者とつなぐ役割を果たした大量流通業者（メイシー，マーシャル・フィールド，シアーズなど）の存在を強調し，回転率や利益率による内部管理をうまく行っていたという点を指摘している（鳥居訳 1992, 34-37）。

v 日本フランチャイズチェーン協会に所属しているのは，統計上，小売業，外食業，サービス業に分類される業種のみである。

vi ブラダックは，複合的プロセスの考え方を応用すれば，ネットワーク組織の解明にも役立つことも指摘している（河野監訳 2006, 17）。ジョイント・ベンチャーやダイナミック・ネットワーク，戦略的パートナーシップ，グローバル提携，そして企業連合等の経営方式を効果的に遂行できる企業こそが，未来に生き残るというのである。

vii イギリスのレストランチェーンを取り上げて，マネジメント・コントロール・システムをフィールド研究にもとづき考察している文献として，(Chapman, 2005, 邦訳 2008) の第6章は有益である。ただし，対象はレストラン事業部であるから直営店である。

viii ミクロ・マクロ・ループに関しては，廣本（2005a）を参照されたい。

ix 日本企業の進化について管理会計の側面から検討した文献としては，挽（2007）を参照されたい。

第6章 ミクロ・マクロ・ループと利益ポテンシャル
—トヨタ的な場のマネジメントとその評価

1. はじめに

　手法とそれを適用する場には，相性というものがある。手法と場の相性の一例を挙げれば，ソニーの現社長中鉢氏は「ソニーをおかしくした元凶は，EVA であった」と述懐する。わが国を代表するものづくり企業が，「2002年をメドに EVA をもとにカンパニー間の給与に差をつける」として以来の反省である[i]。

　本章の目的は，「規模の経済」時代の資源稼動を至上命題とするプッシュ型生産と，リードタイムの短縮を至上命題とするプル型生産との場の違いを明らかにし，特に今日なお見えていないプル型生産の完成度を測定する指標として「利益ポテンシャル」を提唱することである。話の進め方として，先ず本章でいう「場」の概念を明らかにした上で，トヨタ生産方式（TPS）という手法が育つ場とは何かを明らかにする。その上で，この手法の定着度合いを評価する「利益ポテンシャル」概念を説明する。

　世界が金融危機で激震している今，本章の視点からその背景を指摘すると，①利益という概念のメッシュの粗さ，②単年度の利益の多寡だけで企業の業績を即断する慣行，③短期利益追求型の経営の三点があげられる。一方，トヨタという TPS という手法が生育する場の性格は，①利益は「目的」というより「結果」であり，②生産プロセスは利益指標でなく原単位でコントロールされ

③短期より中長期思考をベースとする場である。

　何であれ手法を導入する前に，己の「場」の特性をよく確かめなければならない。ここで場とは，哲学的には，「個物Aと個物Bが空間に包まれるとき，包む空間を「場所」と呼ぶ。場所において，独立で自由な個物AとBが成り立ち，個物AとBが相対立し，相働くと各個物が自分自身を否定し，一つに結びつくことになる[ii]」であるが，経営システムの世界に降り立つと，伊丹（1998）は，「人々は，自分が全体との関係で存在することを意識しながら，その意味で全体を自分の中に取り込んで，他社との関係の中で自己の行動を決めて行こうとする。それは決して『他者依存的』と表現する行動様式ではなく，全体の中に自分を位置づけようとする『全体の衣を着た個』なのである。こうして自発的に起きる『個』と『全体』を結ぶループをミクロ・マクロ・ループという。」さらに「このループの中で次の三つの相互作用が起きる。(1)周囲の共感者との相互作用　(2)全体での統合努力　(3)全体から個人へのフィードバックである[iii]」という。

　今ひとつ，関連するコンセプトとして「ミーム（文化遺伝子）」を挙げておく。ドーキンスは，「利己的な遺伝子」と自己複製子としての「ミーム」という概念を提唱した。「人間はほとんど無限の種類の行動を生み出し，それをお互いにコピーして交換できる。このコピーによって伝播するものをミームと呼ぶなら，ミームは，遺伝，変異，選択の三つのどの複製も行う役割を担う[iv]」。

　ミーム（文化遺伝子）という概念を使うと，トヨタは「資源を遊ばせてはならない」という大量生産のミームとは反対の「限量生産」というミームを創発し，その伝播に成功した。だが，世界のマクロループは依然として大量生産というミームが支配し，この矛盾する二つの論理に「淘汰」や「調整」が働かずに並存しているのが今日の状況である。

　「場」には業種，企業，部門，職場，あるいは生産ラインなどの可視的な空間と，風土，エートス[v]，人間観，仕事観，暗黙知，職場の空気などの不可視的な空間の2種類がある。TPSの導入は一種のパラダイムシフト（頭の切り替え）であるから特に後者の不可視的な場を切り替えるという難作業に挑むこと

になる。「手法」と「場」の組み合わせは企業の数だけあって，場に適した手法の選定や調整のマニュアルはない。自分で，「地頭力」を使って考え出すほかない[vi]。

「場」についての考察を経た後，本章の主目的である「利益ポテンシャル：PP（Profit Potential）」概念を提唱する。その意味は，「将来利益を生む力」であり，不況期においては「つぶれにくさ（資金ショートの起きにくさ）」をも意味し，生産プロセスの「ピンと張り具合」を評価する指標でもある「ROAの現場版」である。

2．「場のマネジメント」の概念装置

2-1 ミクロ・マクロ・ループ

「全体の衣を着た個」，自発的に起きる「個」と「全体」を結ぶループとしての「ミクロ・マクロ・ループ」の定義はすでに紹介した。日本会計研究学会特別委員会（2007）のより詳細なミクロ・マクロ・ループの定義によれば，①個々の組織構成員（ミクロ）と組織全体（マクロ）の間に脈絡をつける，あるいは関係性を作り出すメカニズムである。②ミクロとマクロの間に流れる情報に焦点を当てる。③ミクロとマクロの間に流れる情報には，全体の雰囲気，各構成員の判断，価値観といった観念的なものだけでなく，各構成員の行動に関する情報も含まれる[vii]。

ここで一歩進めて，このようなミクロ・マクロ・ループは，常に揺らぎながら変異，淘汰，保持という進化のプロセスにあること，「変異」とは，進化の途上においてシステムへの機能の仕方が，順機能（システムに貢献），逆機能（システムにマイナス），没機能（システムに中立）などに変わること[viii]，さらに，それぞれのループは，強固な結びつきというより緩やかな連携であり，諸単位は自律的，主体的に環境に対応していく「ルース・カップリング（loose coupling）」であること[ix]，最後に，ミクロ・マクロ・ループは階層的であるとともに，多角的，重層的でもあることも押さえておきたい[x]。

Johnson and Bröms (2000) は，これを，関係性の網の目 (web of relationship) と呼ぶ[xi]。この関係性はちょうど，脳科学における脳細胞の関係に相当する。「一つ一つの脳細胞（ニューロン）から突き出ている中の短い繊維（デントライト：dendrites）が受信回路，長い方の繊維（アクソン：axons）が，伝達回路の役を担当し，脳の各機能のローカルの隣同士はデントライトでつながりあっているが，数少ない長距離用のアクソンは，はるか離れた，時には脳の正反対の位置にある機能とさえつながりあっている。その結果，多くのローカルなリンクと，幾つかの遠距離のリンクとが相俟って，小さな世界を形成している[xii]」。

ルース・カップリング型ミクロ・マクロ・ループや関係性の網の目は，複雑適応系の相互作用，相互依存の世界でもあり，TPSのシステム像はまさにこれである。これに対し，アメリカ型の経営管理や管理会計は，要素還元主義的な固定的分業観，つまり「タイト・カップリング」ないし「ディカップリング」なシステム像である。TPSが生育する場としては，当然ながら「あらゆるものはつながっている」という認識論 (epistemology) に立つ，ルース・カップリング型の場を形成する必要がある。

「人間追い詰められないと知恵は出てこない」と，現に走っているシステムを実験的に敢えて不安定状態にして解決策を促すトヨタ的アジェンダ発信や「ラグビー式の連携プレー」は，"タイト・カップリング"ないし"ディカップリング"型の場ではまずムリで，GMやフォードの再建問題はこのような「場の深層」にまで踏み込む必要があろう[xiii]。

この「つながっている。結んで創造する」という思考は，古来の宗教，哲学から理論物理学さらに現代の生命科学，複雑系理論に至るまで継承されてきた人類主流の思潮というべきで[xiv]，むしろ，「分けて競わせる」20世紀の経営理論（MCS：Management Control System）だけが孤立している観さえある。

2-2 「海の水」，「河の水」—TPSが生育する場

ここでは，「海の水」，「河の水」というアナロジーを用いて，TPSが生育す

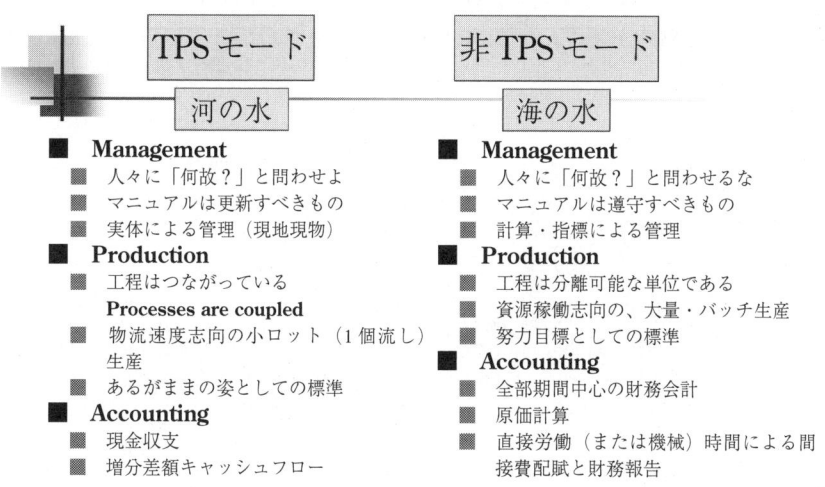

第 6 章　ミクロ・マクロ・ループと利益ポテンシャル　99

図表 6-1　TPS モードと非 TPS モード

TPS モード 河の水	非 TPS モード 海の水
■ **Management** 　■ 人々に「何故？」と問わせよ 　■ マニュアルは更新すべきもの 　■ 実体による管理（現地現物） ■ **Production** 　■ 工程はつながっている 　　**Processes are coupled** 　■ 物流速度志向の小ロット（1 個流し）生産 　■ あるがままの姿としての標準 ■ **Accounting** 　■ 現金収支 　■ 増分差額キャッシュフロー	■ **Management** 　■ 人々に「何故？」と問わせるな 　■ マニュアルは遵守すべきもの 　■ 計算・指標による管理 ■ **Production** 　■ 工程は分離可能な単位である 　■ 資源稼働志向の、大量・バッチ生産 　■ 努力目標としての標準 ■ **Accounting** 　■ 全部期間中心の財務会計 　■ 原価計算 　■ 直接労働（または機械）時間による間接費配賦と財務報告

る場の特徴をさらに整理する。「河の水」という場に棲息する淡水魚（TPS モード）を，いきなり海の水（非 TPS モード）という場に入れても魚は即死である。魚を生かすには，先ず海の水を河の水に改めるという難題を解決しなければならない。TPS という手法（魚）が棲息可能な「場」は，図表 6-1 に示す，「河の水（TPS モード）」である。河の水も海の水も，ともに「マネジメント」「生産」「会計」という三つの位相（dimension）が絡み合った文化遺伝子の複合体である。三要素のどれか一つだけ改めるということは不可能で，三点セットで水質転換を考えなければならないのである。

2-2-1　Management（経営ディメンション）

　海水型マネジメントの人間観はヒトを「管理する人」と「管理される人」に二分して考える。この人間観は 19 世紀後半，労働者の組織的怠業の防止を目的として誕生したアメリカ経営学の文化遺伝子のもとで，「上位管理者が下位管理者をコントロールする手段」としての管理会計をもたらした。管理する人が作業標準を作り，ストレッチな標準時間を与え，管理される人は指示した以上

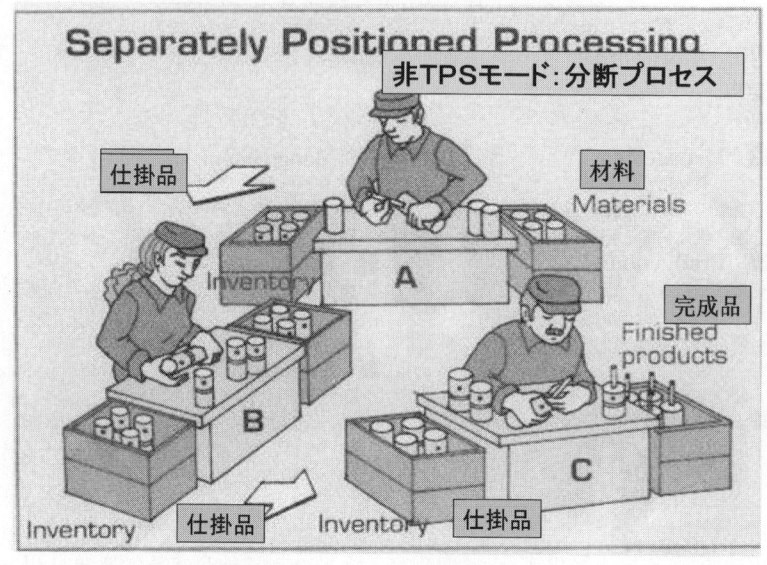

図表6-2 非TPSモード―分断プロセス

出所：TMC（1998）を筆者調整。

でも以下でもなく「標準通り」に仕事することが期待される。

　これに対し淡水型マネジメントにおいては，管理階層はあるがヒトの種類についての二元観のようなものはない。そのかわり第一線の従業員にも，「何故か？」を考え抜くこと，標準作業も自分達で作成し，これを維持，改善していく自律管理が求められる。

　「私は"標準作業が一ヶ月変わらないのは月給ドロボーだ"と言い，不断の作業改善，標準作業の改訂を現場に課した。…トヨタの作業標準は，改善のための作業標準である。はじめはどんな標準でもよいから，まず工程に入れてみる。これを試行錯誤でどんどん改善していけばよい[xv]。」

2-2-2　Production（生産ディメンション）

　「海水型マネジメント」では，個別工程は分離可能な独立単位であるという工程観であり，各工程の部分最適の総和が全体最適に等しいと認識する「要素

図表 6-3 TPSモード─切れ目のない流れ

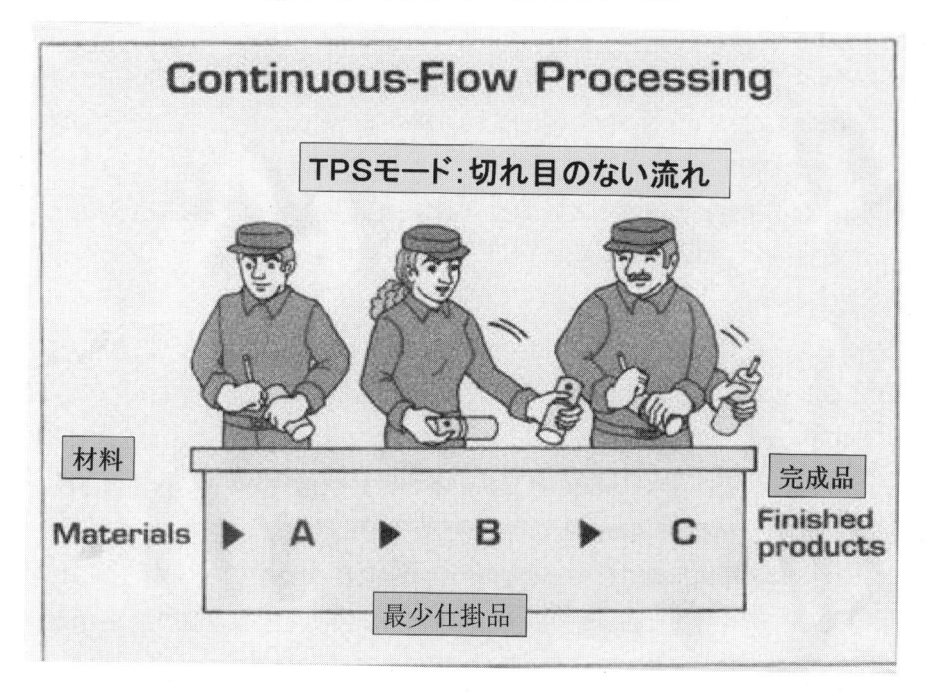

Continuous-Flow Processing

TPSモード：切れ目のない流れ

材料 Materials ▶ A ▶ B ▶ C 完成品 Finished products

最少仕掛品

還元思考」である。その結果，各部分が最大稼動，最大出来高を目指して，人や機械を「出来高給」や能率管理でフル稼働させる管理を行う。

図表 6-2 の場では，機械種類別のレイアウト，「多台持ち」，「経済発注量 (EOQ)」などのプッシュ方式，それを支える MRP（資材所要計画）システムによる生産計画量を計算し指示する手法が生育する。

これに対し，図表 6-3 の淡水型マネジメントの場では，工程を相互に依存，影響しあう関係性のもとに捉え，資源の稼動よりモノの「切れ目のない流れ」を選好する。そこでは，概念としては平準化，手段としては「カンバン」，形状別 U 字型ラインやセル生産といった手法が育つ。

モノの流れる速度を迅速化するためには，流れが停滞する作り過ぎ（中間在庫になる）あるいは作り不足（次工程は手待ちになる）にならないよう，次工程

の生産リズムとスピードに合わせて作ることが至上命題となる。

中核概念は、「隣に100％合わせる」心拍のようなタクトタイムが全プロセスを貫くようにすることである。隣が1分に10個作るとき自分が10.1個作ってしまうと0.1個の在庫、9.9個であれば、0.1個の遅れを意味する。全工程が顧客要求タクト10個にピタリ合わせなければならない。

まさに、上述の西田哲学のように、「個物と個物が相働いて一つに結びつくことによって一般の世界を現出する」思考パターンを場に根付かせる必要がある。

2-2-3 トヨタも元は「海の水」—水質に国境ナシ

1970年代までは、トヨタも実は「非TPSモード」の海の水であったことに留意しよう。次は、水質転換の過渡期の頃のトヨタ自動車の張富士夫生産調査室主担当員（当時）の述懐である。

この例は、金額指標でもって工程毎に最大生産量の達成を求め、明日の分を今日作っておく『まとめづくり』と『早づくり』を肯定する非TPSモードがトヨタにも一時、濃厚に残っていたことを示す。

> 張：生産金額というようなものを、毎日毎日出して現場に知らせていると。これ自体は決して悪いことでも何でもありませんが、……現場は生産金額というものを毎日毎日示されますと、これを落とすことは、会社にとって損をさせることだというふうに考えてしまうわけです。……それで、今日の分はあっても明日の分を作っておきますわ、となるわけですね。そうやっていきますと、足らんものはいつまでたってもできなくて、多いものがどんどんできてしまう。……何とかラインをつなごうとするのが現場の心理なんですね。その結果どうなったかというと、うしろの倉庫に品物が山のようにたまってしまう。

出所：中産連会報、1980年1月20日号、p.27より

「現場はどうしても作り過ぎていかん」と大野氏もこぼしていた頃があった。トヨタは、このような「海の水」体質を自力で「河の水」に変換させた稀有の会社といえる。

2-2-4 Accounting（会計ディメンション）

　本章の主題である会計の領域に入ろう。海の水と河の水には，下記のような会計観の決定的な相違がある。

　伝統的原価計算では，「1日で加工して，即納し，代金を回収した」場合と，「同じく1日で加工して，364日製品倉庫に保管後に納入して代金を回収した」場合の原価は同一であることが，TPSからみた会計構造の本質的問題である。経済学的に考えると，「364日間滞留ケース」は「即納ケース」と比較すると，資金調達にかかる「投下資本コスト」という機会費用が存在する。これを即納体制に改めると，まずこの機会費用がゼロとなる。

　次に，人，機械，スペースに余裕が出る。この顕在化した余剰資源は，人を増やさずに「追加売上」をたてるチャンスの発生を意味する。節約された運転資金を研究開発や設備投資に振り向ける投資チャンスの発生をも意味する。これらの諸々のチャンスこそトヨタが追求してきたことであるが，原価計算は幾らかかったかを振り返るが，チャンスは一切みてくれない。従って，余剰の創出は目先の財務利益に影響しない。経営者にとってうれしくも何とも無いということに終りがちである。しかし，在庫を減らすと手元資金がたまり，ヒマの創出は人を増やさずに売上を増やす好機到来で儲かることは子供でも分かる常

図表6-4　会計観の基本的相違

```
　　　　　　会計観の基本的相違

非TPSモード/大量生産（海の水）
　単位当り原価
　　　　　　材料費 ＋ 加工費（労務費 ＋ 経費）
　　　＝ ─────────────────────
　　　　　　　　　　　　N
　（売れても売れなくても，在庫作るほど安くなり儲かる）
---------------------------------------------
TPSモード/小ロット・変種・変量生産（河の水）
　現金残高 ＝ 現金収入 － 現金支出
　（在庫作ると現金支出が早まり手元現金が減る）
```

識であろう。

2-3 トヨタの課題―本社マクロと工場ミクロの連携から「経営システム」としての TPS へ

　JIT を導入し在庫が減少した会計年度の報告利益が一旦減少する結果，そこで TPS が頓挫する例が多いことは既に述べた[xvi]。30年前，トヨタの本社工場でも，利益の大幅下方修正が避けられない事態に直面し，本社も大野氏自身も驚く事態となった。悩んだ末の大野氏が結局，「ワシが責任を持つ。そのまま続けよ。」と指示して，工場の JIT の手綱を緩めなかった。結局，半年後には，会計利益もリバウンドしたため，トヨタでは，工場のことは大野氏らに任せてよさそうだという一種の棲み分けが成立したのであった[xvii]。

　改めて，本社，営業，技術，製造工場，顧客といった各機能（ノード）間のミクロ・マクロ・ループの断線がどこで生じ易いかを考えると，一般的には，本社と工場の間である。本社は工場を「コントロールする」立場にあるため，トヨタのような「棲み分け」という形もとられることなく，ループが簡単に切れることが少なくない[xviii]。

　大野氏の場合，JIT の推進過程は「原価計算との闘い」であったことを，アメリカのコンサルティング会社の副社長が次のように述べている。

　『大野博士はトヨタの製造のトップでした。彼は'ジャスト・イン・タイム'システムを発明したその人です。私は，我々のフィロソフィーやアプローチを議論して，シカゴで彼と素敵な日曜の午後を過ごしました。その会話の後半で，私は次のように尋ねました。

　『日本の会計担当者たちは，今日私たちが知っている原価計算原則についてどう考えているのですか？』と。それまで大変リラックスした会話でしたが，通訳がこの質問を翻訳したとき，大野博士の顔は真っ赤になり，身体は緊張し，何が起こったのかと私は思いました。どうも傷つけてしまった。彼は明らかにかなり激情して答えました。通訳を通して，次のように言いました。『あなたは私の最大の問題に触れました。それは，私が40年間闘ってきたもので

す。日本の原価計算担当者たちは，西洋のあなた方と全く同じように考えています。確かにそう。彼らは経済的発注量を信じています。能率や差異も信じています。』とにかく，私のシステム，'ジャスト・イン・タイム'は，それらとは異質なのです。私は，大変小さなバッチで製造します。製品を作っているあいだ中作業者を忙しくさせるということはしません。私は，いつもコストが最小の機械でモノを作っているわけではありません。そういったことは，原価計算原則とは相容れません。……『私は，私の工場から原価計算担当者を追い出しただけではありません。従業員の頭から原価計算原則の知識を追い払うように努めました。』[xix]」

　トヨタが会計と生産の論理矛盾に世界で始めて遭遇して四半世紀後，今，JITを試みる世界の製造業がまさに同じ問題に直面している。トヨタ自身や研究者を含め，この問題を克服する理論的枠組みを構築することは，地球社会が在庫やエネルギーのムダを回避する喫緊課題と思われる。

　少数派であるが，わが国のコマツとセントラル硝子は，全部原価計算を社内で使用すると在庫にあまくなることを承知して，全部原価計算は外部報告目的に限定し，社内ではもっぱら直接原価計算を使用する。データーベースはもちろん一つである。これは会計とJITを調和させ，在庫増への誘因を断つ最もスマートな解決策といえる。

　一方では，大手製造業の9割近くが全部原価計算をそのまま社内管理目的に使用している現実があって，JITを導入するとき全部原価計算と如何につきあえばよいかという悩ましい問題に世界が直面している。それでは，この問題の解決策としての財務指標である「利益ポテンシャル」の説明に入る。

3．「利益ポテンシャル」概念の提唱

3-1　は　じ　め　に

　そもそも，前年度と同一の売上を，前年度より少ない資源投入（仕掛在庫）で達成した結果として実現したヒマは，同じ人員で売上を増やすチャンス到来

という嬉しい話であるはずだが，会計上「操業度損失」と表示される。この「創出された遊び」は「損」どころか，「機会付加価値」とでも呼ぶべきところである。

しかし，「在庫低減によるアイドルは報告利益の減少」という全部原価計算メカニズムは，「遊んでいるくらいなら在庫を作ってでも，利益減少を食い止めよ」という思考を誘う。制度というマクロが，個の意識というミクロを形成し，それが集団のエートスとなってマクロを形成する。こうなると，「明日の仕事を今日やったら始末書」「仕事のないときは立っておれ」というトヨタの口癖は難解となる。口癖は，理論化されなければならない。

3-2 利益ポテンシャル算式—ROAの工場版

そこで突破口として提案するのが，財務会計ベースの経営指標「利益ポテンシャル」概念である。要は，「利益」という一点ではなく，「利益と在庫」という二点の関係性を複眼的にみる指標であり，発想自体とりわけ目新しいものではない。利益と総資産の関係性を複眼的に見る財務指標として，既にポピュラーな「総資産経常利益率（ROA）」がある。

「利益だけではダメ，いくら元手をかけた上での利益であるか」を問う，このアメリカで誕生したすぐれた財務指標は，実は社長か事業部長かという経営の頂点にある者の業績評価としての意味があるが，社内では他に誰も直接の関

図表6-5 利益ポテンシャル算式[xx]

利益ポテンシャル （Profit Potential: PP）
　　　＝営業利益／棚卸資産
　　　＝営業利益／売上原価　×　売上原価／棚卸資産
　　　　（利益率要素）　　　　（リードタイム要素）

注：
① 営業利益は（発生主義の影響を払拭したいときなど）必要に応じ，「営業キャッシュ・フロー」としてもよい。
　　営業CF＝売上総利益＋減価償却費±在庫増減±仕入債務増減±売上債権増減
② 内部管理目的では，12ケ月転がしの月次決算でトレンドが可視化される。

心は持たない指標である。そこで，ROAの分子の経常利益を営業利益に，分母を総資産ではなく棚卸資産に置き換えてみると，営業，技術，生産という「ものづくり圏」に限定した収益性の測定が可能となる。いわば「ROAの現場版」である。PP算式のすべての項目は有価証券報告書記載の財務諸表から得ることができる。

3-2-1　PP指標の読み方

　図表6-5に示す分解を通じて，「利益（P）が多ければそれでよし」という粗い思考ではなく，「今期の利益達成に際し，どの程度の棚卸資産を作って翌期の準備をしなければならなかったか」を問う。これで，JITの到達水準が評価できる。極限の理想は，当期の生産活動成果のすべてが当期の売上・利益達成目的に使われる，つまり在庫ゼロであろう。利益が向上しても，在庫が減ってもPPは増加する。

　PP指標の含意を整理すると，
　　①利益概念とリードタイム概念を統合する上位概念である（ROAの現場版）。
　　②PPの変化が利益率要素によるものかリードタイム要素によるものかを吟味する。
　　③PPは，今期利益の達成が棚卸資産の意図的増大や，不良・滞留資産の温存によるものではないことを証明する。（つまり，内部統制ルールにもなる[xxi]。）
　　④報告利益の増加以上に棚卸資産が増加している場合，PPは低下する。この場合の利益アップは，マイナス評価。
　　⑤PPが上昇している場合はたとえ利益率が下降していても，それ以上に棚卸資産が減少して，キャッシュ・フローは好転している。この場合の利益ダウンはむしろプラス評価。（不況期の努力にはこの型が多いと思われる。）

> 設例： 先期　営業利益　100　棚卸資産　200　（PP＝100/200＝0.5）
>
> 　　ケース①　当期　営業利益　120　棚卸資産　260　（pp＝120/260＝ 0.46）
> 　　　　　　これは報告利益が2割増でも在庫が3割増で，キャッシュ利益は悪化。
> 　　　　　　この増益はむしろペナルティ。TPS導入は失敗に終わっている。
> 　　ケース②　当期　営業利益　80　棚卸資産　120　（pp＝80/120＝0.67）
> 　　　　　　これは，報告利益が不況期で2割落ちたが，TPSを導入して在庫を4割削減し，キャッシュ利益は向上した。この減益はむしろ表彰もの。TPS導入は成功している。

　好況期には，概してケース①のようにPが増加していることだけに満足してしまい，在庫やキャッシュ・フローを大切にするTPSは軽視される。しかし，大野（1978）の言う通り，好況のときこそきめ細かくムダを排除するJITの心がけがないと，不況期にはしっぺ返しを喰うことになる。

　トヨタの幹部は，リードタイム短縮の経済効果以上に，問題点を顕在化して，衆知を集めてそれを解決する過程を通じて「人が育つ」TPS効果を強調する。人が育つことも，将来の中長期的な利益を生む有力なPPであることはいうまでもない。トヨタのこれまでの成長の原動力は，目先の利益を抑えてでも設備投資や研究開発を優先するPP優先の姿勢にあった。

3-2-2　リードタイムの短縮―「ピンと張る」

　ここで，JITの本質を「（ロープを）ピンと張る」というアナロジーを用いて押さえておこう。TPSの導入初期に，いきなり1個流し，中間在庫なしにするとラインは切れ，かえって流れない。「今のラインの実力だったら，こことここには中間在庫を最小限どの程度はもたせよう。その状態が実力として一番張った状態なら，まずその状態で流せ。それで流れが切れたり緩んだりしたら，異常と分かるから，そこに改善をかけよ。それで，もっと張った状態が作れるようになったら，そこの中間在庫は抜け。つまり実力相応にビシッと張ったラインを作る。そこから改善が始まる」こうして，「最小限必要在庫」を認

めながら，徐々に生産ラインが次第に「ピンと張るよう」にもっていくのがJIT技法の本質である。

次に，ピンと張ってリードタイムが短くなると，生産現場では，人，機械に余剰が発生する。会計的にはPP算式の上で，右辺第2項の「売上原価/棚卸資産」がよくなる[xxii]。その結果，①追加受注を受けて同じ人数で売上が増えるチャンスが生まれる。②材料仕入支出のタイミングが遅くて済むので手元資金が増えるという効果が生まれる。しかし，右辺第1項の「営業利益／売上原価」にはすぐには貢献しない。ものがよどみなく流れることを追求するJITは，「非付加価値時間」の短縮を通じてPP値アップに貢献するのである。

回転日数の逆数が棚卸資産回転日数であり，回転日数は，材料，仕掛品，製品の別に測定可能であることも周知の通りであるが，この回転日数は工場全体の平均リードタイム（lead time average）でありJITの到達水準を示す。この値が減ることが，とりもなおさずTPS導入が順調に進んでいる証拠である。リードタイムの短縮分だけ手元資金が増加しPPを高める。不況期には特に効果を発揮する。不良滞留資産をオフバランスして身軽になることもPP値を押し上げる。トップがPPを重視すると，在庫を積んで「益出し」をしたり，不良資産をオンバランスしたままでいることは，PPが下がるのでよくないことが社内に浸透する。PP値を重視することは，有効で安上がりの「内部統制ルール」にもなり得る。

右辺第2項「売上原価／棚卸資産」について，今ひとつ会計構造として注目すべきは，全部原価計算においては，「売上原価＋期末棚卸資産＝期首棚卸資産＋当期総製造費用が成立することだ。売上原価と期末在庫に対する発生原価配分比率において，期末在庫に対する配分シェアが少ないほど作ったモノが当期に皆売れて，来期に持ち越されない。つまりJITの水準が高いということを示す。このことは，全部原価計算の方がむしろJITのレベル測定には使い勝手がよいという一面があることにほかならない。

このことに気づけば，利益の絶対額よりも「売上原価と繰越在庫との原価配分比率の変化に関心を持つ。こうなれば，全部原価計算はむしろTPSの味方

ともなる。大野氏に「ワシは，フルコスティングは嫌いじゃ」と言わさずに済む全部原価計算の運用は可能だということになる。

3-3 PPの運用例

一般に，メデイアを通じて最も使用頻度の高い指標である「営業利益率」でもって，自動車7社の過去4年の実績を概観すると，トヨタ，本田，日産が1，2，3位となっている。常識にも合致しているかに見える。

図表6-6 利益系と速度系

利益系（P：売上高営業利益率％＝営業利益／売上高）				
順位	企業名	2008年3月	2007年3月	2006年3月	2005年3月
①	トヨタ	9.2	9.9	8.3	7.6
②	本田	7.4	9.6	6.2	8.3
③	日産	3.8	5.2	6.5	6.2
④	マツダ	3.4	3.8	3.3	1.4
⑤	スズキ	3.3	2.9	2.8	3.6
⑥	三菱自	4.1	－0.9	－1.1	－5.4
⑦	ダイハツ	2.6	2.4	2.8	3.1

速度系（棚卸回転率＝売上原価／棚卸資産（回））				
順位	企業名	2008年3月	2007年3月	2006年3月	2005年3月
①	ダイハツ	46.0	49.1	45.4	41.3
②	トヨタ	34.7	32.3	32.0	35.1
③	マツダ	28.3	29.4	26.0	25.9
④	日産	20.0	20.3	23.7	27.8
⑤	本田	16.8	16.4	16.2	17.7
⑥	スズキ	14.0	14.8	15.4	17.1
⑦	三菱自	10.4	8.7	8.1	7.2

しかし，同じく財務指標ではあるが，営業利益率ほどポピュラーではない棚卸資産回転率でみると，風景はかなり変わる。ダイハツや，マツダが上位に進出し，日産，本田は中位に落ち込む。トヨタだけでなく，ダイハツ，マツダの生産システムもまたベンチマーキングの価値ありという判断が生まれる。

PP算式第2項を変形した「リードタイム（日）＝棚卸資産／売上原価／365」の算式で（平均）リードタイムが測定できる。算式の含意は，売上原価の1日分に対して何倍の在庫を持っているかということである。この数値が，運転資金拘束期間を表すので，1位のダイハツ7.9日（＝365/45.0）は，7位の三菱自の35.1日（＝365/10.4）に対し，27.2日（＝35.7－7.9），つまり約1ヶ月分の運転資金を，投資目的に振り向ける余力を持っていることになる。逆に棚卸回転率の低い企業は，商機を逃さず売りさばく局面では有効にみえても，いざ不況が到来すると在庫が積みあがり，資金回収が一気に悪化する脆さを内包する。

次に，ROAの現場版としての利益ポテンシャルは，上記の利益率と回転率の積として測定でき，結果は次の通りである。

営業利益を在庫で除したPPで見ると，トヨタの首位が鮮明となり，次いでダイハツ，マツダ，本田，日産までを含めて5社がほぼ横一線となるが，ここ

図表6-7　利益ポテンシャル

PP：利益ポテンシャル（営業利益／期中平均棚卸資産）				
順位	企業名	2008年3月	2007年3月	2006年3月	2005年3月
①	トヨタ	3.9	4.0	3.3	3.3
②	ダイハツ	1.4	1.3	1.5	1.5
③	マツダ	1.2	1.4	1.0	0.4
④	本田	1.2	1.5	1.1	1.5
⑤	日産	0.9	1.2	1.9	2.1
⑥	スズキ	0.6	0.5	0.6	0.8
⑦	三菱自	0.5	－0.1	－0.1	－0.4

で，PPを速度系指標で支えるダイハツ，マツダと，PPを利益系に依存する本田の違いが見えてくる。リードタイムの短いダイハツ，トヨタは，JITのレベルにおいて本田より優れる。営業利益率では最下位レベルのダイハツがPPでは2位に上昇しているのは，軽自動車の宿命ともいうべき営業利益率の低位を，JITの水準である回転率がトップであることでカバーし，PPを大きく押し上げているという構図である。

トヨタについては，際立ってPPが優れているが，内訳的にみればトヨタのコア・コンピタンスともいうべき回転指標は，過去数年，動きがない。PPを押し上げているのはむしろ製品自体の収益力の方である。この背景や今後のあり方については，トヨタの判断に委ねよう。

なお，2008年の金融危機において，1兆円級の減益見通しでトヨタのPPの大幅低下は必至となった。PP分母の営業利益の大幅減ほどには，分母の在庫は減ってくれないからだ。大切なことは，このような局面でもPPの構成要素別にみれば，在庫回転日数の短縮による手元資金の増大部分を見れば，生産部隊はTPSの原点に立ち返り，ゆるむことなく満を持していることが分かるであろう。

3-4　PP値を向上させる正攻法

発生主義準拠の財務会計上の利益（P）はメッシュの粗い概念で，この値をよくするには正当な手段のほか，違法，あるいは姑息な手段が有り得る。例示的に説明しよう。

　　a. 在庫を作って一時的にPをよくする。（よくない例）

　　　違法ではないが，TPSにおいては厳禁。「能率」や「出来高」を上げて在庫を作れば，Pは一旦よくなるが，PPはたちまち悪化する。先行生産は，キャッシュ費用と資源さらに追加受注の可能性（機会収益）の逸失という"トリプルパンチ"になる。

　　b. 見かけのコストは下がるが在庫増となる。（よくない例）

　　　たとえば月4回の輸送を月1回のバッチ輸送にすると輸送コストは確か

に下がり，Pは増えるが，在庫は増えてPPは悪化する。
- c. 内製化戦略（よい例）
  調達を内製に切り替えると，Pが一時悪くなることが多いが，手元資金は直ちに増える。顧客納期に支障をきたさない限り，内製化が有利。手元資金増加につながっている。
- d. 減益に直面して研究開発費，設備投資，必要な教育訓練費などを控える。（よくない例）
  短期利益確保のために背に腹は変えられないという行動パターン。どちらかといえば日本よりアメリカに多いが，日本でも少なくない。多くの場合，PPを犠牲にすることになる。正規社員を派遣社員に置き変える行動も，技術の伝承などで，将来マイナスに効いてくる。
- e. ソニーは，「スマイル作戦」によって部品製造のみを中国に移管したが，これもPにとらわれてPPを毀損する結果となった。
- f. シャープは，液晶パネルの製造拠点を低コストを求めて中国移転案もあったが，結局，三重県亀山での国内残留を決めた。これは，目先の利益よりも，設計，工場，協力企業が一体となることによる将来の大幅コストダウンの可能性に賭けた「利益ポテンシャル」志向の意思決定であったが 結果は正解であった[xxiii]。

そもそも，同じ利益をより少ない在庫で達成することは，リードタイムが短縮され，運転資金拘束期間が短縮され，手元資金が増加し，顧客に対する応答性（responsiveness）が高まり，人が育つ，まさに良いことづくめである。しかし，これらのすべてが短期的な報告P（利益）には直接貢献しない。しかし，PP（利益ポテンシャル）にはすぐ効いてくる。経営者や本社経理部門がPよりPPを優先する姿勢を示すことが，工場のTPS導入をサポートし，本社と工場のミクロ・マクロ・ループを確かなものとする。

4．おわりに

　アメリカで，伝統的原価計算は，意思決定者にとって遅すぎ（too late），大括り過ぎ（too aggregated），かつ歪み（too distorted），それが米国産業競争力を失墜させたと指摘されたのは1987年のことであった[xxiv]。それ以前にわが国では，工場が作り過ぎを戒めるプル型の生産方式を進めるに当って，在庫肯定型の財務原価計算との論理矛盾にトヨタ自動車の大野耐一氏が社内で苦悩するという状況がすでに発生していた。

　20世紀を通じて，財務原価計算のそのような欠陥の克服策として，さまざまの管理会計ツールが提唱された。しかし，これらはいずれも結局，企業会計の実務，財務や税務の信認が得られず，使われていないという現実がある。そこで，本章では，財務会計でよいから，その視点と運用を工夫をすることで，TPSと整合する枠組みが構築できないかという課題に取り組み，その結果到達したのが，ROAの現場版ともいうべきPP（利益ポテンシャル）という概念であった。

　経済不況期には，PPの増加は手元資金の増加により，「資金ショートで会社がつぶれるおそれ」が減ることを意味する。世界金融危機の今，PPは「つぶれにくさ」と定義してもよい。GMとトヨタの歴史的結末の差は，PP的認識の有無の差に帰着する。

　「PよりPPを重視する」という経営者の志（こころざし）が，間違いなくものづくり経営を支える。Pという目先の利益捻出（いわゆる会計政策）に傾斜することなく，「売れる商品を作る」技術開発力と「売れるタイミングで作る」生産管理力の向上が21世紀のものづくり経営の勝負となる。その到達レベルを自己診断するにはROAでは大括り過ぎるので，営業利益を在庫で割る。それが，TPSの支援を通じて，本社と工場の最適なミクロ・マクロ・ループを形成する。

i 立花・中鉢 (2007, 132-142)
ii 山田 (2005, 65)
iii 伊丹 (2005, 225-226)
iv Blackmore (1999, 50-51)
v エートス (Ethos)：ギリシャ語で社会集団や組織体に行き渡っている慣習，精神，雰囲気，風土，文化特性
vi 地頭力（じあたまりょく）：素手で考える力。知識も方法論もあらゆる引きを持たずにゼロベースで考える力
vii 日本会計研究学会特別委員会 (2007, 97)
viii ロバート・K・マートン著，森東吾，森好夫，金沢実，中嶌竜太郎訳 (1961, 45-50) の機能分析概念を参照
ix 日本会計研究学会特別委員会 (2007, 79-93)
x 日本会計研究学会特別委員会 (2007, 99)「図15 ミクロ・マクロ・ループの重層性」を参照
xi Johnson & Bröms (2000)
xii Buchanan (2002, 64)
xiii 金田 (1997)
xiv 「孤立していない。つまり私共の住む宇宙も，生物界も，人間の世界は華厳でいう『重重無尽』であって相互に関連し，変化し，一が他を包摂し，無数，無限に包摂しあってできあがっている。人間どころか，草や石或いは餓鬼や地獄まで法（毘盧遮那仏）に包摂される。一つの存在がすべての存在を含み，また一現象が他の現象と関わりつつ，無碍に円融していく。一が多であり，多が一であり，その『多』のなかの『一』がそれぞれ無限に他との関わり合いで動いている」（司馬遼太郎　文藝春秋　1988年8月号，p. 77）。
xv 下川，藤本編著 (2001, 11-12)
xvi 河田 (2004, 161-164)
xvii 河田 (2004, 163-164)
xviii フォード社で，マクナマラの率いる財務部門のコントロールに屈したくない工場は，デトロイト（本社）がペンシルバニア州チェスター工場に監査に来たとき，モデルチェンジが近い旧モデルのある部品はたったの61個，別の部品はたった48個しか残っていないともっともらしい報告で，本社を満足させる一方で，膨大な在庫部品を近くのデラウエア川に捨て，『デラウエア川は泳いで渡る必要はない。1950年と51年型のフォードの錆びた部品の上を歩いて渡ればよい』という冗談が交わされていた。」(Halberstam (1986, 204-223, §11 The Whiz Kids)
xix Fox (1986, 19-20)

xx PP 算式は，トヨタ自動車出身の田中正知，ものづくり大学名誉教授が，売上総利益／棚卸資産として提唱したものを筆者らとの共同研究で財務会計ベースの管理会計として理論展開したものである。

xxi 2008年から始まったアメリカの会計不正防止を目的とする企業改革法の影響を受けて内部統制ルールが開始されたが，PP は内部統制の格好の内部監査指標ともなる。JIT を本気で進める企業に在庫操作による利益捻出行動は生じる余地もないからである。

xxii 右辺第 2 項「売上原価／棚卸資産」は，分母が売上高であれば財務分析でポピュラーな棚卸資産回転率そのものであるが，売上原価の方がマーケット要素が排除されて，製造現場の実力測定としての信頼度は売上高を用いるよりも高い。

xxiii 河田（2004, 121-122）

xxiv Johnson and Kaplan（1987）

第7章　自律的行動のための原価企画システム

1. はじめに

　原価企画とは,「製品の企画・開発にあたって,顧客ニーズに適合する品質・価格・信頼性・納期等の目標を設定し,上流から下流までのすべての活動を対象としてそれらの目標の同時的な達成を図る,総合的利益管理活動」(日本会計研究学会 1996, 23) をいう。本章では,まず,原価企画における自律的行動の有用性を述べたうえで,そのような行動を促進する管理会計システム(以下「原価企画システム」と略記する) をいかに設計すべきかについて考察する。

2. 原価企画における自律的行動の有用性

　まず,原価企画が重視されるような顧客ニーズの多様化,製品ライフサイクルの短縮化が生じた社会の特質を確認した後,そのような社会に提供する製品の開発には,組織構成員の自律的行動が必要であることを述べたい。
　高木他 (1995) は,情報化・マルチメディア化が進展した社会を扱う理論として「ポリエージェントシステム」という理論を示している。情報化・マルチメディア化の進展した社会においては,マスメディアという巨大な情報サーバからの一方的な情報送信のみでなく,「知識がそれを作り出した本人のところ

から発信され，それを必要とする他の人間本人のところで直接受け取られる」(p. 11) という形の情報のやり取りがなされることが特徴的である。そのような社会において，「環境の中で自律的に活動する主体」(p. 12) である「エージェントは自らの中に主観的な内部モデルとして『環境や自己についての解釈を与えてくれる枠組み』を持って」(p. 12) おり，「環境は，…主観的で知覚的な内部モデルとして意思決定主体のなかに認識される。そして主体は，意思決定し行動する際にそれを参照する。」(p. 14) と述べられている。さらに，「エージェントが複数（ポリ，poly）あつまると，それらの間の相互作用やエージェントと環境との間の相互作用の中からより上位の活動パターンが形成され，消滅し，再構成される。」(p. 12) と述べられている。ポリエージェントシステムが想定している社会観に基づけば，個々人が自ら情報を入手し，内部モデルに基づき解釈をすることにより，また，他者との相互作用により，欲しいと思う製品は変化していく。また，求める製品は個々人によって様々である。そのような社会において，顧客の求める製品を開発するには，その企業組織の組織構成員も自律的である必要があると考えられる。

　企業組織における自律的行動とは，単に「自由に自発的に行動する」(Deci and Flaste 1995, 2) のではなく，既存研究によれば，以下のような要素を含んでいる (e. g. 横田 1998；廣本 2004b)。第一に，自主的・自発的に情報収集，判断，行動すること。第二に，組織構成員は，単に自律的であるだけでなく，市場と直接に結び付けられており，市場のニーズに柔軟に対応できるように自主的判断を行うことが求められていること。第三に，行動が，属する組織全体と脈絡をもったものであること。第四に，必要に応じて，他の組織単位との調整，協力的行動が取られること，である。

　ポリエージェントシステムの想定する社会において，市場ニーズを把握するには，今井・金子 (1988) が論じているように，組織の上層部が得た需要情報を用い続けたり，分析済みの市場調査結果を用いたりするのではなく，技術者がしばしば修理屋に行き，お客さんたちのもつ不満・期待といった細部の情報を集めるとか，消費者が製品に関してどう感じているかを直接的かつ徹底的に

聞き出して，抽象的表現を拒否しつつその情報をまとめるといった形で情報を集める必要があるだろう。現場に近い人々が情報収集をすべきであると考える理由としては，日々再構成されていく顧客の内部モデルに照らして，何が求められているのか，現有製品に何が足りないのかを詳細に知る必要があると考えるからである。

このように，様々なことが実際に起こる現場における，変わりゆく状況を示した情報を，今井・金子（1988, 44）は，「場面情報」と名づけている。場面情報は顧客ニーズ以外にも，工場で日々行われている現行車両の生産活動や改善活動の情報，研究開発の現場で生じる研究開発成果の情報，設計現場での前モデルにおけるVE活動の情報，サプライヤーにおけるVE活動，改善活動の情報などがあるだろう。

顧客の求める品質，価格等の複数目標の設定・達成のためには，各部門の組織構成員が，場面情報を収集し，そして，部門を跨って現場情報をつなげることが有用であると考えられる。このことは，原価企画の既存研究においてもしばしば指摘される点である（e. g. 谷 1994）。開発や詳細設計の段階における，生産技術部門による生産効率を考慮した提案，購買部門による部品点数削減や部品共有化の提案は，原価低減や開発リードタイムの短縮につながり，商品企画や開発の段階における，営業部門による提案は，顧客ニーズにあった製品開発につながる。

しかし，各組織に対し，自発的に行動する自由を与えるのみでは，組織全体との脈絡の取れた行動や市場ニーズへの適切な対応，そして必要に応じた他の組織単位とのやり取りにつながるとは限らないであろう。それゆえ，本章では，動機付けの適切な「方向性」を確保するために，原価企画システムをいかに設計すべきかについて考察を行う。そのために，まず次節で，既存研究をレビューし，その議論を踏まえて事例分析を行う。

3. 既 存 研 究

3-1 組織全体との脈絡を実現するメカニズムに関する研究

自律的行動は、それが属する組織全体と脈絡をもたなければならない（廣本 2008a）。それを実現するメカニズムは、ミクロ・マクロ・ループ（以下、「MMループ」と略記する）であると今井・野中（1988）は述べている。MMループの概念について、日本会計研究学会特別委員会（2007）は次のように述べている。

(1) 個々の組織構成員（ミクロ）と組織全体（マクロ）の間に脈絡をつける、或いは関係性を作り出すメカニズムである。
(2) ミクロとマクロの間に流れる情報に焦点を当てている。
(3) ミクロとマクロの間に流れる情報には、全体の雰囲気、各構成員の判断、価値観といった観念的なものだけではなく、各構成員の行動に関する情報も含まれる。

そして、MMループには、「組織文化・風土をマクロとするMMループ」と「組織業績をマクロとするMMループ」とが存在すると述べている（日本会計研究学会特別委員会 2007, 98）。前者は、組織構成員（ミクロ）が、「その組織単位のローカルな情報に基づいて判断や解釈を行う際、その組織単位ないし場（マクロ）の文脈を感じながら自己の解釈・判断を行っている」（日本会計研究学会特別委員会 2007, 100）局面で存在し、後者は、組織構成員が「その具体的行動が組織全体の業績にどのような影響を与えるのかに注意を払いながら、その行動を調整し修正していく」（日本会計研究学会特別委員会 2007, 102）局面で存在していると述べられている。

3-2 原価企画を市場志向の管理会計システムとして扱った研究

では、脈絡を有した活動が市場ニーズに対応したものとなるためには、どのようにMMループを形成すべきであろうか。この問題を考えていくため、原

価企画を市場志向の管理会計システムとして扱った研究をレビューする。

廣本（1986）は，原価企画を含む目標原価計算を市場志向のシステムとして捉えている。そこでは，市場の要請を基礎にして，必要利益を得るために目標にしなければならない原価を計算し，それを用いて製造現場や設計段階の活動をコントロールする。つまり，目標原価をマクロとするMMループにあたるといえよう。しかし，廣本（2004a）は，このような市場価格ベースの業績目標を利用する目標原価計算は，市場価格をベースに部下の間で振替価格や社内手数料の交渉を行う協議価格システム（Hiromoto, 1988）に比べ，市場情報の直接性の程度が低いことを指摘している。それゆえ，市場環境に対する自律的行動をより効果的に促進するためには，より直接的な市場情報の取り込みをいかに実現するかを考える必要があることが示唆される。

3-3 水平的インタラクションを促進する管理会計システムを扱った議論

部門間インタラクションなどの水平的インタラクションを促進する管理会計システムを論じた代表的な研究として，Dent（1987）とSimons（2005）があげられる。

Dent（1987）は，中規模コンピュータ企業の事例を用い，企業の責任構造を管理可能性原則に沿って設計するのではなく，権限よりも広い責任を負わせ，また，各組織単位で発生するコストの相互配賦を行うことにより，組織単位間の協力を可能にしたと述べている。管理可能性原則によれば，開発ユニットは開発コスト，販売地域は貢献利益（収益マイナス管理可能販売費）に責任を有することになるが，同社においては，開発ユニットは製品ごとの利益に，販売地域は地域ごとの利益に責任を持たせた。そして，販売地域・開発ユニットの財務業績の測定に当たっては，お互いの組織単位のコストを配賦する形とした。具体的には，各開発ユニットで発生したコストは，開発した製品の各販売地域における売上高に基づいて販売地域に配賦がなされ，各販売地域で発生したコストは，要した見積販売時間に応じて各開発製品に配賦がなされた。

Simons（2005, 122）は，明日の戦略になりうる新しいアイデアの創造と共

有のためには,「個人が他者の情報を集めたり,他者の意思決定に影響を与えたりする」インタラクティブ・ネットワークが必要であると述べている。ここでの情報の流れとしては,ボトムアップや横方向の流れが想定されている。そして,インタラクティブ・ネットワークは,「企業家的ギャップの創造」「厳しい目標の設定」「間接費の配賦」「振替価格政策の設計」といった会計コントロール・システムの仕組みにより形成しうると述べられている。

企業家的ギャップの創造とは,意思決定権限の範囲よりも業績責任の範囲を広く設定することをいい,それにより,従業員は自分の業績責任を達成するために,権限範囲外へインタラクションを行ったり,支援を求めるといった行動に動機付けられることとなる。上述のDent（1987）の事例もこの「企業家的ギャップの創造」にあたるといえよう。

次に,厳しい目標の設定についてであるが,合理的でないように思えるほど厳しい目標を与えることにより,人々は驚くほど創造的な方法で反応し,それにより,同僚のネットワークや様々な領域からデータを集め,新しい情報を調べ,また他者の仕事に影響を与えようとするという行動を可能にする（Simons 2005, 134）と述べられている。

そして,間接費の配賦についてであるが,「間接費があるユニットから別のユニットにチャージされるとき,受け手側の管理者はそれらのコストの発生に責任のある管理者によってなされる選択に注意を払う」（Simons 2005, 135）と述べられている。そして,Dent（1987）の販売地域・開発部門で発生したコストの相互配賦の例が引用されている。

振替価格政策の設計については,「振替価格政策は,組織単位間でコストや利益を移動させるので,管理者達は自分の利益が守られるのを確実にするよう,他のユニットにおける相手に影響を与えようとするだろう」（Simons 2005, 138）と述べられている。

このように,会計コントロール・システム上の工夫により,管理者が,自らの業績責任を果たすために,他部門へのインタラクションを行うことを促進することが出来る。

しかし，他部門への働きかけが促進されたとしても，他部門の人々が支援要請に応えたがらない場合には意味をなさない（Simons 2005, 123）。それゆえSimons（2005）は，他部門の人々による他者へのコミットメントを引き出すために，「共有目的に向かって仕事をしている他者を助けようと思う責務」（Simons 2005, 166）（「責任共有」と名づけている）をもたせる必要があり，そのような責任共有を受け入れてもらうためには，「目的の共有」，「集団帰属意識」，他のメンバーを積極的に支援すれば，将来そのことが自分に返ってくると確信できるようなメンバー間の「信頼」，組織の成功に貢献した人々の間で財産や報酬が公平に配分される「公平性」といった要因が重要であると述べている。

以上確認してきたような仕組みは，原価企画システムに存在するのであろうか。「目的の共有」を目標原価情報が作り出していることについては，「達成しなければならない目標コスト…計算をすることによって，従業員全員が一生懸命に知恵を出し，提案し，改善に取り組み体制づくり，影響システムが作り出されようとされている」（近藤 1988, 105）という記述に見られるように，既に指摘されている。しかし，それ以外の責任共有の仕組みやインタラクティブ・ネットワークを形成する形でのシステム設計をいかに行うかについての議論は，既存研究において明確になされてこなかったといえよう。

以上の文献レビューを踏まえ，市場情報のより直接的な取り込み，責任共有の仕組みやインタラクティブ・ネットワーク形成の仕組みが，原価企画システム上，どのように形成されているかについて，企業調査に基づき明らかにしたいと考える。

4．研　究　方　法

本研究では，原価企画システムの詳細に関する情報を入手する必要があることから，ヒアリング調査を用いた。5節の事例記述において，出典が示されていない部分は，ヒアリング調査により得られた内容によるものである。リサー

チ・サイトとしては，トヨタ自動車株式会社（以下，トヨタと略記する）を選択した。その理由としては，トヨタは，1960年頃に原価企画を生み出し，その後も経営環境や組織構造などの変化に適応すべく，原価企画システムを常に進化させ続けている企業である（e. g. トヨタ自動車 1987；日本会計研究学会特別委員会 2006, 第12章）という点である。特に，1998年に原価企画に関わる管理会計システムに関して大規模な変更を行っていることが，既存研究により明らかである（岡野 2003；挽 2005c）こと，そして，1998年以前のシステムに関して，既存のケース研究（e. g. 田中 1991；門田 1991）が存在することから，1998年以前・以後を比較して，市場情報の取り込みや，インタラクティブ・ネットワークや責任共有形成の仕組みにどのような変更がなされたか，そしてどのような効果が得られたかという経時的な分析も可能であると考えた。

調査の詳細は以下の通りである。2007年1月に原価改善部原価企画室の管理者2名より約1時間半のヒアリングを行い，その後，訪問による追加ヒアリングを3回（2007年2月，8月，2008年7月，いずれも1時間から1時間半），電話による追加ヒアリングを3回，その他メールによるやり取りを12回行った。

5．トヨタの事例

5-1　1998年以前の原価企画システム

1998年以前，トヨタでは，「差額方式」と呼ばれる原価企画活動が行われていた（e. g. 岡野 2003）。自動車における原価企画活動の目標は，一義的には目標利益であり，また，実務的には，販売価格から目標利益を差し引いて算出される「目標原価」と「見積原価」の差額を0にすることである。「見積原価」を算出するにあたっては，「差額見積」という方式が取られていた（田中 1991）。すなわち，「原価を見積もる場合に，全ての費用を最初から積み上げないで，現行モデルとの差額のみを集計する」（田中 1991, 39）という方法である。具体的には，「$C_{t+1}=C_t+m_1+m_2+\cdots+m_n$ ただし，C_{t+1}＝新型モデルの見積原価，C_t＝現行モデルの原価，m_i＝i番目の部品の設計変更による原価の

増減」(田中 1991, 39の (1.9) 式, (1.10) 式を一部修正) という形で見積もられた。

　この方式のもと, 原価企画に関わる各部門における業績責任はどのように設定されてきたのだろうか。それは, 企業家的ギャップを創造するものになっていたのだろうか。

　まず, 営業部門については, 台あたりの利幅に販売台数をかけて算出される利益責任が課されてきた。それにより, 営業部門から技術部門に対し,「この仕様はコストが高くなるからやめてほしい」とか,「この仕様をつけると恐らく利幅が広がるので付けてほしい」といった仕様設備に関する要望の形での情報の流れが促進されてきたという。なお, 各仕様を入れるか否かについては, プロジェクト進行中も市場環境の変化などによって変更されることがあるため, 営業による関与は全フェーズを通じて行われる。営業部門の負うべき業績責任は, 管理可能性原則に基づくならば, 収益責任或いは収益から管理可能販売費を差し引いた利益への責任となるが, それよりも広い範囲の業績の責任を持たせることにより, 業績達成のための部門間インタラクションを促進する効果があったと考えられる。

　設計部門と生産技術部門は, 原価企画目標たる必要原価低減額のうち, それぞれ「設計原価」と「WTA[i]」という費目にそれぞれ責任を有してきた。既存研究において, 台あたり目標原価は機能別に割り当てられた後, 部品別に割り当てられるという説明がしばしばなされる (e. g. 日本会計研究学会 1996) が, トヨタにおいては, 台あたり目標原価がまず,「設計原価」と「WTA」に分類され,「設計原価」に関してのみ, 機能別に相当する「設計分野別」, さらには「部品別」に配分がなされてきた[ii]。

　「設計原価」とは, 部品自体にかかるコストをいう。その部品が内製か外注かに関わらず, 図面の書き方次第でいかに部品自体を安く作るかが決まることから, 設計部門が責任を有してきた。その責任を果たすために, 他部門への情報収集が必要となる点を田中 (1991, 44) は以下のように述べている。「設計者は, こういう設計をした場合に, 材料取りはどうなり, 歩留りはどうなる,

加工方法，加工時間はどうなるということを熟知している必要がある。設計技術者は，…日常的に生産部門と連携を取り，現地現物主義で，そうした知識や情報を集収（収集）するよう心がける必要がある」（括弧内筆者加筆）。

「WTA」とは，部品を最終的に組み付けるコストをいい，溶接，塗装，部品をはめ込んでいく組み立てにかかるコストがここに含まれる。「WTA」にあたるコストは，生産工程の設計次第で大部分が決まってくると考えられることから，生産技術部門が責任を有するのは，管理可能性原則にほぼ一致した設計システムといえる。しかし，「WTA」のなかには，設計次第で原価を下げられる部分も存在する。それゆえ，若干の「企業家的ギャップの創造」がなされているともいえよう。それにより，例えば，「今の設計では，3箇所溶接しないといけないが，何とかして2箇所にならないか，そうすればコストが下がりますよ」とか，「組み付ける際に，手を入れると作業性が低いので，ここの形状はこうじゃなくてこういう風にしてもらえないか」といったように，生産技術部門から設計部門に対し，生産効率を考慮した提案が促進されたといえる。

調達（購買）部門は，部品別に展開された目標を仕入先に提示し，発注先を決定する責任がある。それゆえ，外製部品の設計者が「図面をこう書いたらこれだけ安くなる」と主張しても，調達部門は実際そうなるのかを確認し，不適切な見積の場合はその旨伝える必要がある。これにより，仕入先の情報が設計に伝えられることとなる。また，2節で述べた，部品共通化等の提案というインタラクションについても，そのような提案をしたほうが自らの役割を果たすのがたやすくなるため，促進されると推察される。

このように，企業家的ギャップが生じるような業績責任の設定がなされていることがわかった。しかし，3-3で述べたように，他部門への働きかけが促進されても，その部門が支援要請に応えなければ意味を成さない。他者へのコミットメントを生み出す「責任共有」にとって重要な「目標共有」の機能を，目標原価が有している旨は3-3で述べたが，トヨタにおいても，プロジェクト全体の目標として与えられている目標利益ないしそれを実現する原価低減額が

「目標共有」につながっていたといえよう。また，プロジェクト全体の目標である目標利益達成の責任を各部門が重複して担う形で業績責任が設計されていることを「企業家的ギャップ」の仕組みとして確認したが，トヨタでは，その業績責任を果たした場合にその部門のみが報われるという報酬システムにはなっていない。このことにより，他者が受け取る報酬に憤りを感じ，他部門の支援に抵抗する（Simons 2005）ということが生じずにすんでいると考えられる。

次に，他のインタラクティブ・ネットワーク形成の仕組みである，間接費の配賦についてであるが，田中（1991, 39-40）は，差額見積の意義について述べた箇所で，「原価企画は設計を中心とした活動であり，その成果は，設計活動によって低減された原価によって測定される。したがって，それ以外の要因による原価の変化，例えば賃率，部門間接費の変動などは，原価企画において排除する必要がある。…設計変更，台数変動に起因する原価の変動のみが把握され，それ以外の原価変動は除外される。」と述べており，原価企画目標に間接費の配賦が含まれていないことが示されている。

目標原価の厳しさに関しては，現在，許容原価に近い水準の厳しい目標が用いられているという。但し，それにより部門間インタラクションへの効果があったか否かについては，現段階のヒアリング対象が原価改善部管理者に限られていることもあり，確認できなかった。また，振替価格の設定に関しては，トヨタ社内の原価企画においては用いられていないと考えられる。

5-2　1998年における原価企画システムの変更
5-2-1　変更の内容

トヨタ自動車では，1998年，カローラの原価企画に際して展開されたEQ活動[ⅲ]において，目標原価の設定方法を，従来の「差額方式」から「絶対値方式」（岡野 2003）ないし「絶対値原価企画」と呼ばれる方式へと変更を行った。

従来の原価企画は，5-1で述べたように，設計変更を行う部品のみが対象とされ，対象とする費目は，設計活動にかかわる部分のみであった。また，配分

される原価企画目標は，見積原価に対する原価低減目標額として示されていた。それに対し，絶対値原価企画においては，第一に，流用部品も含めた全部品が対象となった。第二に，以前は，企画原価の量産後の達成状況についての分析は詳細には行われていなかったが，絶対値原価企画以降は，工程別・部品別に実績フォローが行われるようになった。第三に，加工費は原単位のみが対象だったものがレートも対象となり，さらに，部門軸で原価低減活動を行っていた厚生費，管理費などの費目も対象に含まれるようになった。第四に，原価企画目標は，絶対値として示されるようになった。つまり，以前は，「ある部品の見積原価100円に対し，20円低減する」という形の目標であったのが，「ある部品の原価は80円に収める」という形の目標へと変更がなされた。

5-2-2 変更の経緯

このような原価企画における管理会計システムの変更は，1980年代後半から90年代における競争環境の変化に起因する。

第一の要因として，国際競争におけるコスト削減の重要性の増加が挙げられる。藤本（2003, 283）によれば，「1980年代以来の円高，日本企業の生産性上昇率鈍化，日本企業のアメリカ工場や日米企業提携を通じたアメリカ企業への経営資源の移転，そしてアメリカ企業自体の学習・改善努力」により，1980年代後半から1990年代前半にかけて，アメリカ自動車企業は，製造コスト等，いくつかの重要なファクターで日本車との差を詰めてきた。そのため，日本の自動車メーカーは更なるコスト低減努力が必要となった。

しかし，更なるコスト低減を行うための方法としては，様々な選択肢が存在すると考えられる。そのなかから，対象費目・部品の拡大や目標の絶対値化という策を採用し重点的に取り組んだ理由としては，1990年代末の急激な海外生産の拡大が契機として存在したようである。

生産及び調達の分野でのグローバル化の流れの中で，自社工場は仕事量を確保するべく，国内外のサプライヤーとの競争に打ち勝つための原価低減活動に力を入れる必要性を認識した。部品の内外製に関しては，その部品の生産を可

能にする技術の有無という観点に加え，品質・コスト・納期などの要因によって意思決定がなされる。コスト面において，サプライヤーとの競争に打ち勝つためには，サプライヤーの販売価格（総原価をもとに算出される）よりも，自社生産による部品原価を低くする必要があった。その活動を効果的に行うためには，自社工場にとって管理不能な原価も含まれ，かつ，絶対値の形で示される総原価を，サプライヤーの販売価格と比較する必要があったのである。それゆえ，90年代末に総原価をもとに管理を行う「総額管理」という方式が，量産開始後の工場に導入された。そして，工場で始まった総額管理が，後に量産段階以前の原価企画へと活動が遡ったとのことである。

以上が，国内での絶対値原価企画への変更の経緯であるが，製品開発・原価企画を移転したアメリカにおいても，同様の動きが見られたという。アメリカの場合は国の大きさが日本とは桁違いで，また，90年代末時点では西海岸で生産するために東部から部品調達を行うこともあったため，日本ではあまり問題にならなかった物流費[iv]が大きな負担となった。それを契機として，従来の考え方にとらわれずに費目を拡大しようという意識が高まり，「聖域なき原価低減活動」が展開された。

5-2-3　変更による効果・問題点

絶対値原価企画への変更において，MMループにどのような変化が見られ，どのような効果が生じたのだろうか。

第一に，絶対値原価企画以降，量産後に目標原価達成状況をフォローし，その責任を生産部門が負う，すなわちMMループに生産部門も含まれる形になったことにより，生産と設計の部門間インタラクションが促進された。生産部門は，生産現場の状況と照らし合わせた上で，原価企画において設定される目標原価の妥当性に関して意見を言うようになったという。

第二に，部品別原価に総原価を集計し，サプライヤーの部品価格と比較しやすい仕組みにしたことにより，市場情報がより直接的となり，共有する目標が有意味性の高いものになったと考えられる。変更前の原価企画においては，市

場の状況をもとに設定した販売価格から必要な利益を差し引いて算出した台あたり目標原価のうちの設計原価を，機能別・部品別へと配分していく方法であった。それゆえ，最初の販売価格設定の際には市場情報が用いられているものの，部品別の原価低減目標を配分された設計者にとっては，単に「達成困難な目標」としてしか捉えられなかった可能性がある。それに対し，絶対値原価企画以降，部品レベルにおいても，サプライヤーの部品価格との比較をしうる形になったことにより，「市場競争に打ち勝つための目標」という意味が明確化され，設計者その他協力部門にとって意味のある目標として捉えられ，動機付けにプラスに働くようになった可能性がある[v]。但し，目に見える効果として，絶対値原価企画以降，内製部品が大幅に増加したというような効果は得られていない。このことは何を意味するのか，即ち，コスト低減面では効果があったものの，内外製を決めるにあたっては，5-2-2で述べたように，コスト面以外にも様々な考慮要因が存在するため内製が増えなかったのか，或いは，コスト低減面でも効果が得られていないのか。この点については更に調べていく必要があるだろう。

　第三に，間接費をはじめとする管理不能な原価も目標原価に含めたことによる問題点である。Simons（2005）は，企業家的ギャップの創造や間接費の配賦が部門間インタラクション促進の効果を有することを指摘している一方で，権限の範囲と責任の範囲のギャップを広くしすぎると，欲求不満や失敗の恐れを生んでしまうと述べている。また，管理不能な事象によって影響される業績尺度による業績測定により，もし個々人が評価が公平でないと感じるなら，ゲーム・プレイング，動機の喪失，従業員の離職といったデメリットが存在するのはしばしば論じられることである（e. g. Merchant 1987）。挽（2005c, 115）は，トヨタのEQ活動において，「原価企画を，聖域を越えた機能横断的な全社的な取り組みとしたことにより，多少責任分担が不明確になった部分もある」と指摘している。トヨタにおいては，この問題を解決し，かつ，目標原価を総原価として他社の価格との比較を可能にするというメリットを維持する策として，プロジェクト内で管理できない費用に関しては，プロジェクト開始時

に一旦予定配賦額を計算したら，当該プロジェクトが終わるまではその金額で計算するという方式を採用したという。

6．まとめと今後の課題

本章では，企業にとって適切な自律的行動を促進する管理会計システムに関して考察するため，まず既存研究をサーベイし，「MMループの形成」「より直接的な市場情報」「インタラクティブ・ネットワークや責任共有を形成するシステム設計」という視点の必要性を指摘し，それに基づき，トヨタの原価企画の事例を用いて分析を行った。トヨタにおいては，1998年に原価企画に関わるシステムの大幅な変更を行ったことから，変更以前と以後で，システムがどのように変わり，どのような効果をもたらしたかという点につき，経時的分析を行った。その結果として，98年以前から，企業家的ギャップの創造や目標共有などインタラクティブ・ネットワークや責任共有を形成する仕組みは存在し，それにより一定の効果が得られていたこと，新たなシステムにおいては，企業家的ギャップの適用部門の拡大，市場情報のより直接的な取り込みとそれに伴う共有目標の有意味性の強化という改善が見られる一方で，責任の不明確化という新たな問題が生じ，対策が練られたこと，などが明らかになった。

今後の課題としては，まず，本稿では，既存文献と原価改善部管理者へのヒアリング調査に基づき記述を行っているため，原価企画システム設計の意図や原価改善部から見た他部門の動きに関しては明らかになったものの，原価企画に携わる各部門の人々が，実際に，業績責任やそれに関わる管理会計情報をどのように捉え，どのような行動に動機付けられているのかという点について，今後調査していく必要があると考える。

また，企業間関係に分析対象を広げた場合，Simons（2005）の振替価格の議論と類似した形で，サプライヤーから仕入れる際の部品価格やディーラーに売り渡す際の本体価格の設定の仕方がインタラクティブ・ネットワーク形成に影響を及ぼすと考えられる。その点についても分析していきたいと考える。

i　WTAは，溶接（welding），塗装（tosou），組立（assembling）の略である。
ii　WTAについては，「絶対値原価企画」導入後に部品別配分がなされるようになった。
iii　カローラの製品企画統括コードはZE，Zは製品企画統括，Eがカローラを意味する。EQはカローラのQualityの略である（挽，2005c）。
iv　日本では，物流費が少額であった上に，購入部品価格に含まれていた。
v　目標達成のアイデア創出のような創造性を要するタスクに必要な内発的動機付けを高めるのには有意味な目標の設定が有効であるという実証結果が得られている。この点のサーベイについては，諸藤（2004）などを参照されたい。

第8章　自律的組織における予算管理システム

1．組織前提と管理会計ツールとの関係

　日本企業のなかには管理会計論が前提としてきた伝統的な集権的組織とは異なったロジックで設計・運営されている企業が観察される[i]。日本会計研究学会特別委員会（2006）では，こうした日本企業に代表されるような，集権的組織とは異なった組織原理をもった組織を「自律的組織」として概念化している。現在では，欧米でも管理会計理論が生成した当初想定されていた組織（集権的組織）とは異なった組織デザイン（自律的組織）が選択肢として注目されている[ii]。

　管理会計は組織のなかで機能する。その意味では，どのような組織を前提として，管理会計ツールを設計し，運営するかというのは，きわめて重大かつ初歩的な問題である。しかし，従来はどのような組織を前提とするかという視点は，理論化の最前面には出てこなかったという経緯がある。「管理会計研究は，目的適合性を推進力として発展してきた」（日本会計研究学会特別委員会 2006, 25）と指摘されるように，従来，伝統的な管理会計研究は，具体的な経営問題とそれを解決するための管理会計技法・システムの開発という問題意識から発展してきた。理論的な体系化においても，目的と手段という視点が重視され，整理がなされてきた。

　近年になって自律的組織として識別される企業群のすぐれたパフォーマンス

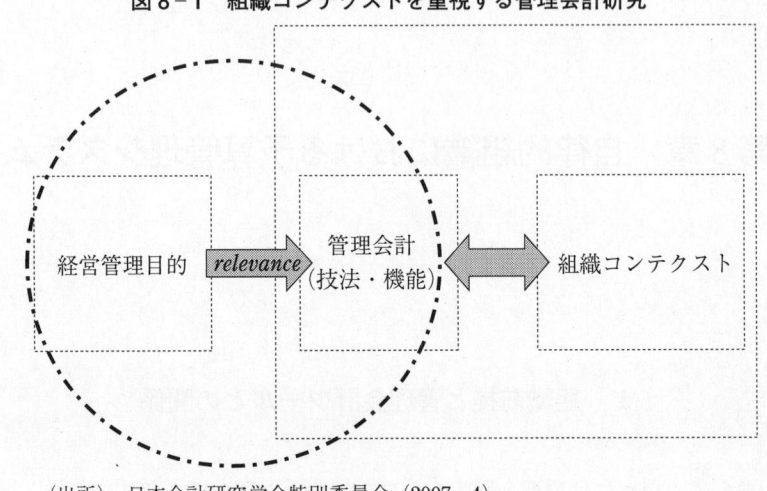

図 8-1 組織コンテクストを重視する管理会計研究

経営管理目的 *relevance* → 管理会計（技法・機能） ↔ 組織コンテクスト

（出所）日本会計研究学会特別委員会（2007, 4）

が観察されるにともない，管理会計論が前提とする組織自体が多様であることを認識し，異なった組織コンテクストのなかでの管理会計について検討する必要性が指摘されている。個々の管理会計ツールの計算構造は同様であっても，組織の状況が異なれば，運用のされ方や機能が大きく異なる可能性がある。同様に，まったく別の経緯で開発されたツールが思いがけず，同じような機能を担うということが現実には起こり得る。重要なのは，経営問題（目的適合性）との関係だけではなく，いかなる組織コンテクスト（経営システム全体）のなかで，それぞれの管理会計ツールがどのような役割を担うかである。この点について，日本会計研究学会特別委員会（2007, 25）では，「要するに，管理会計は目的に対する手段であるとしても，単に目的との関係で説明しようとするのではなく，環境，戦略，あるいは組織など多様な要因に依存していることに注目する必要がある」と述べ，管理会計を経営システムとの関連で理解することの重要性を強調している（図 8-1 参照）。現代の組織状況を考えれば，管理会計ツールを考察する際の視点が，従来の単純な1対1の対応関係ではなく，複眼的にならざるを得なくなっているのである。

このような観点に立って，ここでは，とくに管理会計の中核的な構成要素である予算管理システムと組織前提（企業組織モデル）との関係性に着目し，経営システムの多様性が予算管理にいかなる影響を及ぼすかについて考察する。そのための材料として，とくに総合的な予算管理システムが導入された際に日本企業の組織にすでに存在していた経営管理ツールとしての稟議制度との関係をとりあげ，稟議制度の存在が，日本企業におけるこれまでの予算管理システムの設計および運用状況にどのような影響をあたえたかについて考えたい。

2．双方向の規定関係

ただし，ここで注意しなければならないのは，予算管理システムを含め，個々の管理会計ツールと経営システムとの間の関係は，一方的なものではなく，双方向に影響を及ぼしあう関係であることである。図8-2における第1の規定関係（マッチング）は，経営システムが管理会計ツールを決定する方向での関係性である。さまざまな管理会計ツールが企業に導入されているが，それが，当初期待したとおりの効果をもたらすかどうかは，経営システムとの整合性によって大きく左右される可能性がある。たとえば，経営システムに阻害されて，せっかく導入した管理会計ツールが想定したような機能を発揮しないというケースが実際の企業ではしばしば見られる。経営システムに整合的ではない管理会計ツールは，期待通りの効果を発揮しないために採否を決定する際にフィルターにかけられて不採用となるか，経営システムにマッチするようにカスタマイズされる。その結果，経営システムとマッチした管理会計ツールだけが観察される，または，マッチングの程度によって，企業のパフォーマンスが異なる結果となる。

第2の規定関係（組織文化マネジメント）は，管理会計ツールが経営システムを規定する方向での関係性である。具体的には，経営システムをのぞましい方向に変革する手段として，管理会計ツールを利用するケースがこれに該当する。

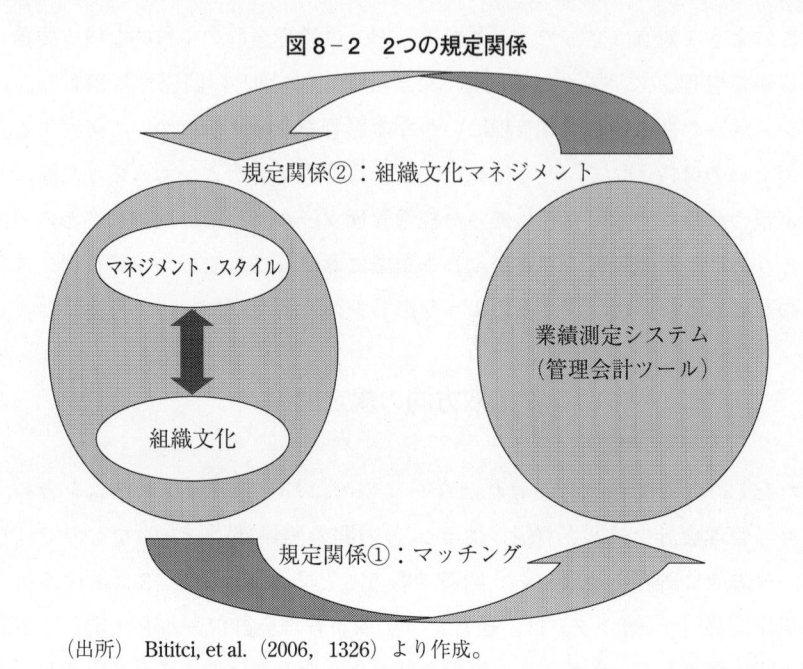

図8-2　2つの規定関係

規定関係②：組織文化マネジメント

マネジメント・スタイル

組織文化

業績測定システム
(管理会計ツール)

規定関係①：マッチング

（出所）　Bititci, et al.（2006, 1326）より作成。

　上記の視点に立脚して，予算管理論研究について検討してみれば，日本企業に特有の予算管理システム運用状況（顕著な特徴としては，報酬制度との分離，転がし方式の普及が見られる）は，予算管理システムを既存の経営システム（稟議制度による集団的問題解決，短期的な成果に連動しない報酬算定制度）に整合的になるように運用した工夫の現れであると解釈することができる。これは，経営システムが管理会計ツールのあり方に影響をおよぼしている現象だと理解できる（規定関係①）。

　これに対して，ここでは詳細には立ち入らないが，予算管理システム自体の改変・撤廃によって，組織文化までも含めた他の経営システムを一気に更新しようとする試みも見受けられる。最近の予算管理研究は，(1)企業予算の精緻化を志向するアプローチ（Better Budgeting たとえば ABB, Activity-Based Budgeting など）と(2)伝統的な予算のあり方について否定的な立場から，これを撤廃しようとするアプローチ（Beyond Budgeting）とに整理されることが多い。経

営システムとの関係性という視点からは，Better Budgeting と Beyond Budgeting の両方とも自律性の高い組織モデルとの整合的な管理会計ツールであり，こうしたツールの導入自体を組織文化マネジメントとして位置づけることができよう。特に，予算管理システムを撤廃（変革）することによって，組織文化を環境変化に適応しやすいものへと移行させることを意図した Beyond Budgeting の考え方や組織のなかに蔓延する官僚主義の弊害を除くことを目指して事業計画制度をスリム化した Welch 時代の GE での取り組みなどは，規定関係②によって解釈することができる[iii]。

3．日本企業への予算管理システムの本格導入時期

　日本企業への予算管理システムが導入された時期についてであるが，実態調査の結果から多数の日本企業で予算が導入されたのは，戦後期であると推察できる。長谷川（1936）では，調査対象とした企業のうちの319社（75.1％）が予算を採用していた。明治期から利用していた企業も49社あったが，注意しなければならないのは，この時期に採用されていた予算は，総合的な利益計画としての体系化された予算管理システムではなく，費目管理を目的とした不完全な予算であったことである。総合予算が普及していることが，調査結果から明示されるのは，さらに後の調査を待たなければならない。戦後に実態調査を行った和田木（1954）によれば，調査対象企業中88％の企業が予算管理システムを採用していたことが示されている。また，予算体系が整備されつつあるとの回答が多く見られること，予算の導入企業のうちほぼ半数の企業が戦後になってから採用していたことがあきらかにされていることから，体系的な予算管理システムが導入されたのは，戦後期であるといえる。

　この時期は，米国からのマネジメント理論が盛んに導入されていた時期でもあり，その影響があったと考えられる。予算管理システムの普及にあたって，特にインパクトが大きかったのは，産業合理化審議会管理部会答申『企業における内部統制の大綱』（1951年7月），『内部統制の実施に関する手続き要綱』

(1953年2月)などの公表であったと指摘されている(沢井 1995)。要するに、日本企業における予算管理システムは、戦前から不完全な形態で実施されてはいたが、戦後期に米国の理論を移入することから導入が本格的に始まり、急速に普及したのであろうと判断できる。

4．経営システムとしての稟議制度の影響

(1) 稟議制度とは何か

日本の企業組織内における稟議の歴史は、予算管理制度の導入よりはるかに古く、今から120年余り前、明治初期に遡る。王子製紙の前身である「抄紙会社」の記録文書の中に稟議書に関する記述がはじめて現れるのは会社設立から1年後の1874(明治7)年であるとされる。日本に企業が誕生した早々から稟議書(稟議制度)は活用されていた訳である。稟議制度には、企業によって様々な呼称、運用形態があるが、共通の基本要素としては、以下の点があげられる。

① 個別の案件が、申請・検討の対象とされる。
② 組織階層の下位者が起案者となって、経営管理上の重要な問題についての最良と考えられる解決策(実施計画)を上位者に上申して(伺い出て)決裁を受ける。上位者に求められる役割は、複数の代替案の中から最適解を選択することではなく、提示された起案内容の是非を判断することである。
③ 起案された内容について職能的に関係のある他の職位に回議する。起案内容を諮問された職位には、拒否権があり、承認しがたいと判断されれば、その時点で起案は無効となる。この回議プロセスによって、起案内容が関連部門にとって、受け容れ可能な案であること、もしそうでなければより適切な提案に修正することが期待される。実際には、回議の前に非公式な「根回し」が実施されることが多い。
④ その伺い出が文書(稟議書)の形式をとり、手続きがマニュアル化さ

第8章　自律的組織における予算管理システム　139

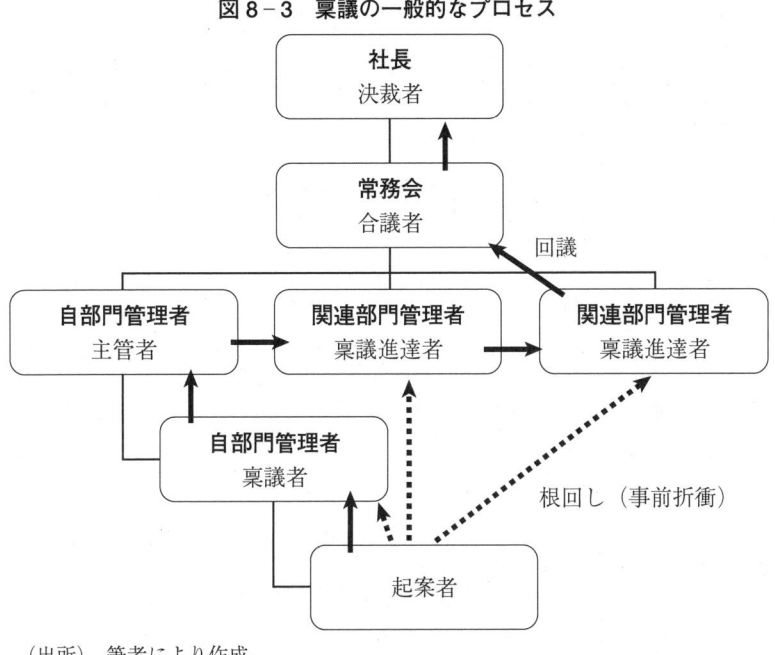

図8-3　稟議の一般的なプロセス

```
                    社長
                   決裁者
                     ↑
                   常務会
                   合議者      ←── 回議
                  ↑  ↑  ↑
        自部門管理者  関連部門管理者  関連部門管理者
          主管者  →  稟議進達者  →  稟議進達者
            ↑
        自部門管理者
          稟議者
            ↑         根回し（事前折衝）
          起案者
```

（出所）　筆者により作成。

れていて，稟議書は事後的な確認ならびに記録のために役立つことが期待される。

　稟議制度は「経営の実際において1つの主流をなしていて，その運用いかんが経営に対して重要な影響を与えている」（小野 1960）と評されるほど，日本企業の経営システムの主要な地位を占めていた。一般的な稟議制度の運用プロセスについては，図8-3を参照されたい。

(2)　経営システムとしての稟議制度の特性

　「稟議制度は，世界に類例を見ないわが国の行政ならびに経営のみに見られる特有の管理方式」であるとされる。稟議制度が日本的経営の特色であることを最初に海外特に米国に紹介したのは，1959年に生産性本部のアメリカ視察団が，訪問先で日本企業の経営の特色として稟議（*ringi*）をあげたのが最初といわれている。米国企業で個人職位に応じた職務分掌が職務記述書によって明確

に定められているのとは異なり，一般的な日本企業の姿として，形式的には個人の職務分掌が明らかなようであっても実質的にはきわめてあいまいないわば流動的な集団執務体制が採られており，それを体現したものが稟議制度であったと考えたために，稟議制度が強調された。その後，稟議制度は日本的経営を特徴づける基幹的な要素として認識され，Drucker (1971) では，合意による意思決定と終身雇用制を日本企業から学ぶべき2つのシステムであるとして積極的な地位が与えられたこともある。Drucker (1971) は，日本企業の意思決定プロセスを合意による意思決定 (decision by consensus) と概念規定し，欧米の企業では最終決定者の不在につながりかねないような意思決定プロセスが，うまく機能していることを評価した。欧米では，意思決定とは問題に対する解答を導くことに重点が起これるが，日本では問題を定義することも重要な要素として位置づけられている。問題を定義づけている段階で，多くの関係者間で問題に対する合意が形成される。稟議制度のもとでは，意思決定に多くの時間と労力が費やされるが，実施段階では，関係部門には周知のこととなっていて，根回しも十分にすんでいるために実施段階での問題が生じにくい。基本的な階層組織が上意下達式の命令系統を前提とするのとは対照的に，稟議制度の下では，下意上達式のコミュニケーションが機能する。

　稟議制度のメリットをあげてみれば，以下のようになるであろう。

- 一度決定がなされれば実行の速度は極めて速く，しかもすでに事前に関係者の了解があることからスムーズに決定が行き渡る。決裁書の回付は，関係者に対する情報・報告・調整の役を果たす。
- 常に第一線の状況にあった決定がなされる。
- 組織成員に経営業務に実質的に参画している意識をあたえる。稟議書の内容について決裁を得ることにより承認され正当化され，稟議制度を通じて組織全体の意思決定に何らかの関与をすることができたという意識が個人のモチベーションを高める。
- 下級者の能力判定の機会とともに管理者としての能力訓練の機会をあたえる。

反面，次のようなデメリットが認識されている。
- 意思決定までの時間が長くかかる。起案内容に不満を持つ管理者は，しばしば，自分のところで稟議書を留め置く。
- 計画や企画などが失敗の場合には責任の所在が不明確であり，責任回避の手段となりかねない。
- 上級者の指導性が弱められる。決定過程が形式化する。

(3) 稟議制度と予算管理システムとの関係

ここでは両者の関係を「結合」と「併存」の2点から記述する。

戦後に予算管理システムが本格的に導入された際には，すでに企業のなかには経営システムとしての稟議制度が定着していた。予算管理システムは稟議制度にリンクする形で導入がはかられなければならなかった。具体的には，稟議の規定のなかに，「予算および決算に関する事項」が設けられ，営業予算の決定変更，予算外支出の決定，決算および決算に重大影響をおよぼす事項の決定などが稟議対象の案件としてあげられている。このような関係は，稟議制度と予算管理システムとの「結合」と見ることができる。

また，稟議制度と予算管理システムの関係はお互いに機能を高めあう併存関係であると位置づけることができる。この点に関して，松本（1973，180）では，次のように述べ，両者の結合について指摘するとともに，2つのシステムは守備範囲が違っているために併存が可能であることを指摘している。

「わが国においては，予算編成の過程において慎重な審議をして決定した予算を実行する際にも，再び一々上司に稟議する慣行が普及している。このために予算責任が曖昧となるのみならず，手続きが重複し手数がかかり実行に手間どる欠点が生じている。確かに，今日しばしばみられるように，ことの大小にかかわらずすべてを社長まで稟議させる制度は，予算責任を不明確ならしめるし，月次実行予算の実行についてまで一々上司に稟議させることは煩わしい。それゆえこの点では稟議制度の再検討が必要である。しかし，『稟議制度は回議および決済を基本的要件とする伺い方式であり，それは経営活動を個別的・直接的に統制するものである』。これに対して予算制度は一定期間における企

業全体の総合的な立場から金額で示された予算で経営活動を総合的に統制する制度である。このように両者は本質を異にするから，互いに排斥しあう制度ではなくて両者を組み合わせることによっていっそう統制効果を高めうるのである。」

予算管理システムが導入される以前，稟議制度が，日本企業の公式のマネジメント・システムとして利用されていた。前節での議論からもうかがえるように，稟議制度が志向していたのは，情報の共有を促進し，集団的な問題解決によるアプローチである。アウトプットを予算数値によって標準化し，それに向けて経営管理者の努力を発揮させることによって，企業全体の目標を達成しようとするアプローチとは対極をなしている。このような意味では，稟議制度の存在は，年功制に依拠した伝統的な雇用慣行ともあいまって，日本企業における予算管理システムの運用状況に少なからず影響を及ぼしていたことが推測される。また，「予算制度が整備されることによって，個別稟議にあたり総合的判断をなしうる利益も見落としてはならない」(松本 1973, 180) とあるように，予算管理システムによって組織全体の文脈情報が提供されることによって，個別案件の是非についての判断の質が向上するという効果も重要である。

5．日本企業における予算管理システムの運用上の特徴

日本企業の予算管理実務について，特に重要だと考えられるのは，報酬算定制度との関係および転がり方式の採用による予測精度の向上という 2 点である。この 2 点は Hope and Frazer (2003) による Beyond Budgeting モデルの主張とも合致している。

(1) 報酬制度からの切断

日本企業の管理会計システムは，従来，短期的な報酬算定プロセスとは分離されて運営されることが多かったとされる[iv]。横田 (1998) では，管理会計システムが報酬算定とは分離されている状況を「日本企業のマネジメント・コントロール・プロセスの2分割構造」と概念化している。Anthony (1988) など

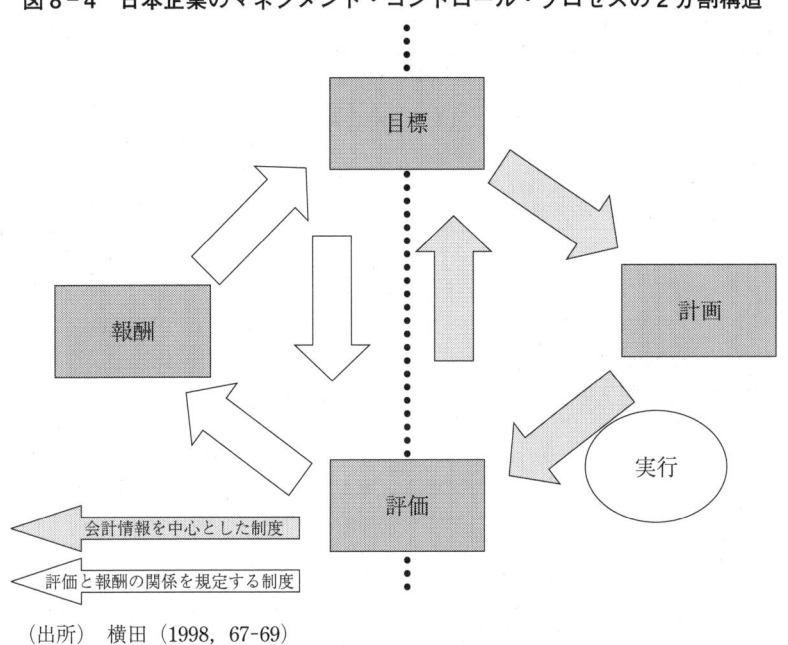

図8-4　日本企業のマネジメント・コントロール・プロセスの2分割構造

目標 → 計画 → 実行 → 評価 → 報酬 → 目標

会計情報を中心とした制度
評価と報酬の関係を規定する制度

（出所）　横田（1998, 67-69）

の代表的な論者が一般的に想定するマネジメント・コントロール・プロセスでは，業績測定の結果に応じて報酬が算定されることが想定されている。これに対して，日本企業の報酬算定は，短期的な財務業績にはあまりとらわれず，管理会計システムとは別個の人事管理システムによって実施されてきたと述べられている（横田 1998, 67-69）。

伝統的なマネジメント・コントロール・プロセスでは，以下のようなサイクルが想定されていた。事前に設定された計画が実行に移されると，その実績がモニターされ，何らかの業績測定基準と比較して業績評価が実施される。その比較結果にもとづいて報酬が算定される。横田（1998）によれば，日本企業に典型的なマネジメント・コントロール・プロセスの状況では，管理会計システムと人事管理システムが別個のものとして存在していると指摘している。

日本企業に多く見られるマネジメント・コントロール・プロセスの状況で

図8-5 転がし予算の構造

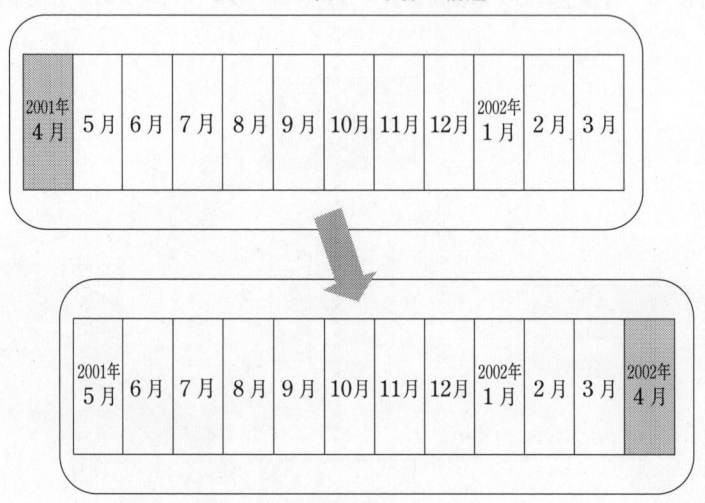

| 2001年4月 | 5月 | 6月 | 7月 | 8月 | 9月 | 10月 | 11月 | 12月 | 2002年1月 | 2月 | 3月 |

↓

| 2001年5月 | 6月 | 7月 | 8月 | 9月 | 10月 | 11月 | 12月 | 2002年1月 | 2月 | 3月 | 2002年4月 |

（出所）筆者により作成。

は，管理会計情報は報酬算定の局面では，それほど重視されていた訳ではない。この意味では，Beyond Budgetingモデルの重要な主張である「年次業績の罠からの解放」については，当初から問題状況そのものが存在していなかったということができよう。

(2) 転がし予算の採用

日本企業では，多くの企業で転がし予算（rolling budget, revolving budget, continuous budget, 継続的予算ともいわれる）が採用されているが，これもBeyond Budgetingモデルで計画精度の向上のために採用すべきであると推奨されているポイントである。たとえば，岡本（2000, 625）では，「最近では転がし予算を採用する企業が増えてきた。転がし予算とは，例えば，2001年4月から2002年3月までの総合予算を編成しておき，1ヶ月が経過した段階で2001年4月を落し，2002年4月を追加して2001年5月から2002年4月までとする予算方式である」との説明がなされている。

たとえば，ニコンでは，3ヶ月を予算期間とするローリング方式のクォーター予算制度が導入されていたが，その導入の経緯は，「1986年から1987年にか

図8-6 文脈情報の重要性

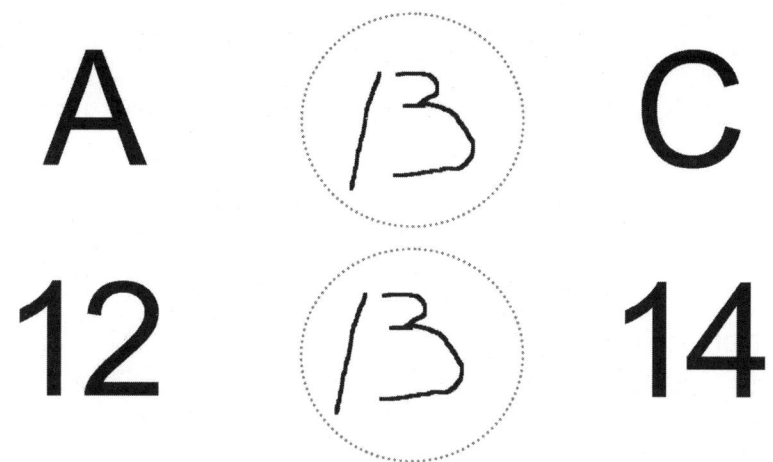

A （B） C
12 （B） 14

2つとも同じ文字であるが、どう読むかは文脈に依存している。
（出所） Spoehr and Lehmkuhle（1982）を元に筆者が作成。

けての円高不況や半導体不況による事業環境の悪化により，売上が大きく減少した。このような状況のなかで，製造部門における外注加工委託や資材の手配，あるいは営業部門における販促・宣伝費について，当初の売上予算を前提に発注あるいは契約されていれば，収益の大幅な悪化は避けられず，在庫増加，資金の圧迫を招くことになる。このような予測のむずかしい激動期における予算管理のあり方が問われ，環境変化に対応する予算制度としてクォーター予算が導入されたのである」（田中 1993, 104-105）とあるように，企業環境の予測が不確実であり，事前の計画設定が困難であるような状況では，予算期間を短縮し，フィードバックの頻度を高めるとともに予算改訂を頻繁に実施する転がし方式による予算編成が有効である。改訂の頻度を増加させることによって，常時最新の情報に予算数値を維持することが期待される。予算編成の基礎となる情報自体についても，報酬とは無関係であるので，予算スラックを混入させる動機は乏しく，正確な予算を参照することができる。

　転がし方式採用の意義は，組織コンテクスト情報の鮮度を高め，フロントラ

インの意思決定の質を向上させることにある。ミクロ・マクロ・ループにおける，文脈情報としてのマクロ情報の鮮度は，全体計画としての予算が改訂される頻度が頻繁であればあるほど最新の状況を反映した新鮮なものとなる。特に自律性の高い組織では，局所的な意思決定において文脈情報の果たす役割が大きいことを念頭に置けば，この効果は軽視できない。

6．結びにかえて—情報志向の予算管理システム

本章では，日本企業の予算管理実務を稟議制度と関連づけて検討した。具体的には，日本企業の予算管理システムに多く見られる業績測定と報酬システムとの切断および転がし方式の採用という特徴が，稟議制度によって形成された情報共有を志向した経営システムによってもたらされたものでないかと考えた。日本企業に見られる「情報志向の予算管理システム」は欧米企業に比較的多く見られる業績測定とタイトに結びついた「コントロール志向の予算管理システム」の対立概念として位置づけることができる。言い換えれば，日本企業に典型的に見られる予算管理システムの運用上の特徴として，少なくともこれまでは，短期的な報酬算定プロセスとは切り離されていたこと（昨今の成果主義の導入によって状況は変わりつつある），転がし予算の採用による計画精度の向上が意識されていた点があげられることから，Beyond Budgetingモデルで推奨されている主要な要素がすでに存在しているのを確認することができた。これは，日本企業に予算管理システムが導入された際に，既存の経営システムである稟議制度との整合性および補完性を保持して，情報の鮮度を高めると共に，情報共有を志向した方向にカスタマイズされた結果だと解釈することができる。

 i 管理会計論の生成当初の事情については，廣本（1993）を参照されたい。
 ii 組織コンテクストの変化（自律的組織）に関しては，様々な文献で論じられている。たとえば，Hamel and Breen (2007), Ghoshal and Bartlett (1997) を

参照されたい。自律的組織（自律分散型組織）をここでは，公式の職位階層を通じた「命令と統制」によって動いている集権的組織と対比させて用いている。特に，自律的組織を特徴づけるポイントとして，ここでは，①経営戦略の創発，②現場業務の分散的な実行（各組織単位の自主的な判断），③フロントラインによる組織ルーティンの更新，の3点をあげておく。

iii　組織文化と予算管理システムとの関係については，伊藤（2007）において検討がなされている。また，Welch時代のGEにおける組織文化マネジメントと管理会計ツールとの関係については，日本会計研究学会特別委員会（2007，第11章）を参照されたい。

iv　1990年代以降の成果主義の普及にともない，報酬算定の基準変数として予算目標の達成度合いを含める会社も数多く見られるようになっている。

第9章　自律的組織の情報システム

1．自律的組織における情報システムの意義

　本書の第1章の4-2「自律的組織——経営哲学を共有して，学習し進化する組織」において，「自律的組織は，市場志向の哲学，更により深い経営哲学を共有しながら，各単位組織が自律性をもち，自らの環境の変化に敏感に適応する組織である」[i]とされている。

　自律的組織においては，各単位組織が自律性をもつことが要求される。そして，そこでいう自律性とは，当該組織の部分組織および構成員が，ある程度の方法の自由度を与えられたうえで，共有された経営哲学に基づいて自発的に迅速に判断を行うことと考えることができる。

　当然，そこで認められた自由度は，一定範囲の自由度であり，企業全体としての戦略，方向性という枠組みのなかでの限定的に認められた自由度である。その意味で自律的組織の構成員に託された判断は，経営者が行う判断とは異質の判断であり，必要とされる情報の種類も異なる

　消化，呼吸，発汗，および代謝のような不随意な機能を制御する神経系を自律神経系と呼ぶように，自律的組織における構成員の行動は，決められたルールに従った予測可能な行動である必要がある。そして，自律的組織の情報システムのひとつの役割は，まさに自律神経系における神経の役割である。

　もっとも，自律的組織と一口にいっても，その構成員に，どのような判断を

どこまでゆだねるのかは組織によって様々であり，構成員の自由度も比較的大きい場合もあれば，相当に限定されている場合もありうる。

そして，自律的組織において求められる情報システムの役割は，自律神経系における神経の役割にたとえられるようなものばかりとはいえない。次項で，自律的組織における情報システムの役割についてみていくことにする。

2．自律的組織に要求される情報システムの役割

2-1　自律的組織に要求される情報システムの4分類

自律的組織における情報システムにとくに求められる役割には，大きく次の4つのものがあると思われる。

　（ア）　部分組織や構成員に判断の材料を提供する
　（イ）　部分組織や構成員の行動をモニターする
　（ウ）　部分組織や構成員同士が交渉し合意を形成することを支援する
　（エ）　経営者の戦略的な意思決定を支援する

最後の（エ）は，自律的組織の情報システム特有の目的ではないが，当然，自律的組織においても経営者のための情報ニーズに対応しなければならない。この役割は，自律的組織以外の組織でも求められる役割であるが，自律的組織の場合には，構成員の判断のための情報，構成員の行動をモニターするための情報，合意形成のための情報などと整合性をもつことが必要である。

以下，上記の（ア）〜（エ）の種類の情報システムについて検討していく。

2-2　部分組織の構成員に判断の材料を提供するための情報システム

自律的組織の構成員が，自律的行動をとることができるためには，そのような行動を可能とするための情報が必要である。自律的組織であるから，構成員が情報をえて，自ら判断する余地がなければならない。しかしながら，構成員に，経営者に要求されるような高度な判断を期待することはできない。

構成員のための情報システムの要諦は，簡潔であり，複雑でないことであ

る。情報が提供された場合，得られた情報の解釈に迷ったり，さらに追加的な情報を得なければならなかったりすることがないものである必要がある。

　自律的組織において，構成員に問題が顕在化され，情報をもらうと同時に，行うべきことがわかるような情報システムが望ましい。まさに自律神経反射にたとえられるような情報システムである。

2-3　部分組織や構成員の行動をモニターするための情報システム

　自律的組織においては，その部分組織や構成員に，比較的大きい自由裁量の余地が与えられる。自律的組織においては，自律的組織における自律的行動の結果を集約して知る手段をもつ必要がある。そのため，経営者は，自律的行動の結果をモニターできるシステムが必要である。

　上位の経営者が，下位の管理者に権限を委譲したあと，下位の管理者の行動が，上位者自らが望む行動から大きくはずれていないことをチェックし，軌道修正するために必要な情報システムであり，2-2よりは上位の判断のための情報システムである。これは，いわゆる自律神経とは異なる機能をもつ情報システムである。

　そして，そのシステムが，自律的に行動するために必要な情報を提供するシステムと整合性をもつことが，部分組織の構成員のモチベーションを高めるために必須の条件となる。

2-4　部分組織や構成員同士が交渉し合意を形成することを支援するための情報システム

　自律的組織においては，市場原理を組織内部に持ち込むために，部分組織間で交渉を行い，合意を形成することが頻繁に行われる。自律的な利益センター間での振替価格の設定の仕方いかんによって，一方の利益センターの利益は，他の利益センターの損失となる。自律的組織では，振替価格の決定を利害が衝突する利益センター間に任される場合がある。そのさい，根拠をもった交渉ができるように合意形成に必要な情報が提供される必要がある。そのような情報

ニーズを満たす情報システムが求められる。とくに重要なのは部門横断的な製品軸についての詳細な原価データと収益データである。当事者間で解決がつかず全社的な調整が入る場合にも同様の情報が必要となる。

2-5 自律的組織の経営者のための情報システム

自律的組織といえども，経営者の戦略策定支援，意思決定支援のための情報システムが必要である。そのような経営者のための情報システムは，経営者が必要に応じて情報をリクエストして，その回答が得られるようなシステムが望ましい。

自律的組織においては，そのような経営者のための情報システムは構成員のための情報システム，モニタリングのための情報システムと無関係ではなく，連携したシステムであるべきである。これは情報の信頼性という意味と，組織構成員の行動と戦略との整合性の確保という意味でも必要である。

3．情報システムの MM ループ（ミクロ・マクロ・ループ）

自律的組織と MM ループは密接な関係にある。自律的組織における情報システムは多層的な MM ループを構成する。MM ループについては，詳しくは本書の第1章の5「MM ループ」を参照してもらいたい。MM ループの存在は，自律的組織において全体を意識した行動をとらせる原動力となる。

部分組織の構成員が自律的行動をおこすためには，そのための情報が必要であるが，その場合の材料は，当該部分組織に関するミクロの情報のみでは不十分であり，組織全体のなかでの当該部分組織の貢献といったマクロの視点からの情報もまた必要である。さらに，ミクロの情報とマクロの情報の関係が明確にされていることが求められる。

3-1 期間損益計算的業績の MM ループ

組織全体の業績を，細かく分けるときに，その細かいセグメントごとに期間

損益計算が必要となる。期間損益には加法性があるため，部分の合計を全体と一致させることが可能である。組織全体の損益をマクロとするならば，その部分組織の損益はミクロである。分割された利益センターの損益業績のみならず，自分自身の業績が組織全体の損益業績にたいしてどれほどの貢献をしているかを相対的に把握することができるならば，部分組織の管理者や構成員にとって非常にモチベーションが上がることが期待されるのである。

なお，自律的組織にとっての期間損益計算は複雑でなく，自ら簡単に計算し確認でき，容易に理解可能なものである必要がある。

期間損益計算を単純なものにするひとつの方策は，費用収益の対応[ii]を行わないことである。全部原価計算による期間損益計算が，在庫を増やすことにより固定費の負担を繰り延べて利益を多く見せることの弊害は，以前より指摘されてきたところである[iii]。その弊害を解消するのに直接原価計算方式の期間損益計算を採用するのもひとつの方法ではあるが，在庫をかかえこむことが利益に影響を与えないというだけであり，在庫をかかえこむことのペナルティを課すには，費用収益の対応を行わないという解決法が有効である。費用収益の対応を行わないことは，期間損益計算を非常にシンプルでわかりやすくする効果があり，自律的行動を促す意味で非常に有効である。

3-2 製品軸のMMループとスナップショット・コスティング

前項で見たように，利益センターの期間損益と企業全体の損益の間の関係は，MMループであるが，それに加えて，製品軸のMMループを付け加えることが重要である。

製品軸を通してみた製品原価の全体と当該部分組織に帰せられる原価部分を明らかにする。製品から市場で得られる収益と製品軸に集計された原価がパラレルに比較されることにより，製品軸全体のマクロにたいして，自工程がどれほどの原価でどれほどの付加価値をつけたかを確認することにより，自らの貢献を確認するのである。この製品軸の計算は，あとで検討する内部振替価格をめぐる合意形成にとっても，きわめて重要な意味をもつ。各部分組織は，製品

軸のプロセス全体のなかで自分が担当する工程を考えるようにうながされ，内部振替価格の設定水準を所与として受け取って部門としての最適な行動をおこすというよりも，常に製品軸の原価情報・収益情報を意識しながら自分たちの行動を考え，それが正しく評価されるように内部振替価格の設定を変更していこうとする考えかたが生まれる。これが製品軸のMMループである。

このようなMMループが機能するためには内部振替価格の設定において，それぞれの部分組織が原価情報などを隠すのでなく，全体として情報をオープンにして，情報ギャップがない状態で，対等の交渉をするようにつとめるべきである。

なお，このさい，かならずしも貸借平均の原理を貫徹する原価凝着を前提にした原価計算を行う必要はない。そのような原価計算を多工程の工程ごとの原価が明らかになるように適用しようとするときわめて複雑な計算となってしまう。

伝統的な原価計算においては，投入額が産出額と等しくなるように構築されており，原価計算手続きのさまざまな箇所で，貸借平均原理が使われている。原価計算における貸借平均原理は，総合原価計算の完成品原価と月末仕掛品原価の配分に端的にあらわれている。たとえば生産期間が3か月の製品があった場合，歴史的原価の立場からは，製品原価は当月の原価，先月の原価，先々月の原価が混じることになる。しかしながら，経営者の関心はカレントなコストであるから，消費量情報と消費単価情報を当月の作業能率水準と当月の価格水準に直したものを利用するほうが有用な場合がある。このとき貸借平均の原理を貫徹せず，現時点での平均的消費能率，平均的価格を組み合わせた実績原価をスナップショットコストとして計算することになる。

4．責任を問われる業績と参考情報としての業績

部分組織ごとの期間損益の情報と，製品軸の情報はいわば直交した情報であるといえる。この直交する情報の流れに注目する組織としてマトリックス組織

がある。一般的にマトリックス組織は，たとえば職能別の指揮命令系統と，製品別の指揮命令系統のふたつをもち，それぞれの軸ごとに2人の上司をもつ組織と考えられている。このような組織形態が選択される理由は，職能別組織のメリットと製品別事業部組織のメリットの両方をもつことができるということが指摘される。マトリックス組織の問題点としては，指揮命令系統を多次元的にもつというマトリックス組織の構造そのものにあると考えられている。指揮命令系統が2つある場合，従業員は，2人の上司をもつことになり，その2人の上司が相矛盾するような指示をだした場合に，従業員がどう行動していいかわからなくなり，混乱するということが指摘される。そのような理由で，マトリックス組織を実際に運用するのは難しいと指摘されることが多い。

そこで，指揮命令系統は一元化したうえで，情報の流れだけをマトリックス化するということが考えられる。その場合，組織構造と整合をもつ情報の流れのほかに，正規の組織構造には規定されない情報の流れがあり，従業員は，自発的に，もうひとつの仮想的組織を意識して行動することが期待されると考えられる。

自律的組織においては，日々の行為について，事細かく指示されるのではなく，大きな自由裁量があたえられるが，そのかわり，結果についてはきびしく責任を問われる。そのため，結果をどのように評価するか，あらかじめ評価基準が明確にされている必要があり，その評価基準は，財務的な数値であることが望ましい。会社全体の利益にたいして，部分組織はどのように貢献しているかが明確にされるような業績測定尺度が用意されることが必要である。その業績測定尺度について責任をとられることによって，とるべき行動が規定されることになる。

そうだとすれば，指揮命令系統とは独立した情報の流れは，どのように使われ，どのような意義をもっているのであろうか。ここで，指揮命令系統にむすびついていない情報の流れがどのように利用されうるのかについて検討してみる必要がある。マトリックス化された情報のうち，ひとつの方向の情報は，組織構造に整合的な情報となる。たとえば1部門1期間の業績をあらわす情報で

ある。それにたいして,製品軸の情報は,部門横断的な情報である。製品軸の情報の部分情報ということでは特定製品の1部門に限定した情報を抽出し,組織横断的製品情報全体のなかで自らの部門の貢献を相対的にみるということである。このようなオフィシャルに責任を問われることのない情報であっても,各部門はその組織横断的な情報を受け取り,自らの部門の全体のなかの位置づけを意識して,行動の目安とする。そのようなことが可能であるためには,従来管理会計で前提とされてきた責任をベースとした考え方,管理可能性を超えた行動原理が介在する必要がある。それは,指揮命令系統やオフィシャルな業績評価システムを離れた価値観の共有である。責任を問われる業績の場合にも全体と部分のMMループは存在するが,仮想的組織を前提にした参考情報の場合にもMMループが存在する。仮想的組織を前提にしたMMループを成立させているのが組織全体での哲学の共有である。管理会計のしくみのなかにこのような自責,他責ではとらえられない哲学の共有が不可欠の要素としてはいってくるのは自律的組織のひとつの特徴である。本書の第1章の4-2「自律的組織 ―経営哲学を共有して,学習し進化する組織」で強調されているとおりである。

5.振替価格をめぐる合意形成

今まで内部振替価格をめぐる合意形成について,何回かふれてきたが,ここでこの問題を詳しく検討しよう。合意形成のために必要な原価情報という視点からすれば,原価情報は,伝統的な原価計算が提供する1本の数字としての要約数字では不十分である。合意形成という局面では,交渉の過程で,さまざまな議論が行われ,その合意点をさぐることになる。取引価格をめぐる交渉の場合,双方に提示する価格に開きがあれば,その間のどこかに価格を決着させるよう双方の妥協点をさぐることになる。最終的に合意に達するためには,合意のためのポイントが複数存在していることが望ましい。最終的に1本の数字で表現される原価ではなく,消費量の情報と価値の情報が分離できるならば,物

量情報と単価情報で別々に合意がとれる可能性がある。たとえば，消費量については標準的な消費量に固定しつつ，材料価格の上昇には柔軟に対応するということがありうる。

製造間接費について正常配賦している場合，正常配賦した部分を回収する配賦率と，配賦もれになってしまう部分をも回収できる配賦率と，代替的な計算ができたほうがよい。さらにいえば，操業度変化の製品原価への影響が明示的に調整可能になっていて，複数の代替的な操業度について，製品原価が計算できるようになっていることが望ましい。

利益センター間の取引に内部振替価格を使用する場合，当該利益センター間の交渉で振替価格を決定する場合が非常に多い。振替価格を当事者間の交渉で決定する場合，必ずしも原価情報を交渉の資料として利用するとは限らないが，交渉が難航する場合には，原価情報を明らかにして，交渉を進めるのが普通であると思われる。そのさい，計算された原価が1種類しかないと，原価情報を参照してもなかなか着地点を見つけることが難しい場合がある。たとえば，操業度変動による製品単位原価の上昇をどちらが負担するかというような問題は妥協点が見出しにくいかもしれない。そこで，内部振替価格の交渉のさいにも，代替的な仮定で原価情報を提示し，できるだけ複数の合意ポイントを提供できるようにしておくことが有効である。

内部振替価格の決定のさいには原価情報が参照されるのみならず，収益情報が参照されることが望ましい。というのは，内部振替価格の決定は，各利益センター間で，どのように利益を分け合うかという問題にほかならないからである。

振替品の内部振替価格を決定するためには，振替品の原価情報と，振替品に帰属させた収益情報があるとよい。振替品が市場で販売することができるものであれば，市価情報を振替品につけることはそう困難ではない。しかしながら，振替品が市場で取引されるものでない場合には，振替品の収益情報を得るのは通常困難であり，従来の原価計算システムにおいて，振替品について原価情報と収益情報を帰属させるような構造にはなっていない。収益は，製品を販

売して実現するので，振替品を受け入れる段階では，いまだ収益は実現していないし，完成品を販売したときに得られる価格が予定できる場合でも，その予定収益を特定の振替品に帰属させることは，収益の配賦という困難な問題をともなう。

収益は製品を販売することによって生じるのであり，その収益のうちのどれだけを当該振替品に帰属させるかは非常に難しい問題である。市場に製品販売をおこなっている利益センターがあるとして，その製品のもととなる振替品にいくらの収益を配分し，その利益センターの活動にたいして，どれだけの収益を配分するかをどのように決めるかという問題を解決しなければならない。

6．多層的MMループを構築する手段としての　オブジェクト指向原価・収益計算

本章で今まで主張してきたような期間損益計算および製品原価計算におけるMMループを実現しようとするときに，筆者が主張するオブジェクト指向原価・収益計算がきわめて有用であると思われる。オブジェクト指向原価・収益計算については，尾畑（2002a；2002b；2003；2004；2005a；2005b；2008）を参照されたい。オブジェクト指向原価・収益計算の特徴は，多面にわたるが，価値情報と数量情報，関係づけ情報を分離して管理するというのもひとつの特徴である。通常の原価計算は，計算プロセスは，金額による集約プロセスと一体化しているため，計算は不可逆的であり，未定の数値があると，それ以上計算を進めることができず，代替的な計算過程にもとづく計算が不自由である。それにたいしオブジェクト指向原価・収益計算においては，価値情報と数量情報，関係づけ情報が分離されて管理されるので，未定情報があっても計算を進めることができ，計算結果のブレークダウンが可能であり，さまざま計算過程に対応することが容易である。GUIと結びつけることにより，経営者自身が体感的に原価・収益計算システムを操作することも可能である。物量情報と財務情報が常に関連づけられているため改善効果の財務的帰結などを計算するのに向いており，広範囲のシミュレーション計算にも対応できる。

第9章　自律的組織の情報システム　*159*

　オブジェクト指向原価・収益計算においては，通常の原価計算とは，異なる構造になっている部分があるので，いくつか注意を要する部分をここにあげておく。

　まず，オブジェクト指向原価・収益計算は，期間損益計算と製品原価計算との関係が，通常の原価計算において仮定されているものと異なる。オブジェクト指向原価・収益計算においては，資源消費の時点においてのみ，期間損益計算と製品原価計算が，同じ資源消費情報を共有するという意味で接点をもち，それ以降，両系統の計算が有機的にむすびつくことはない（図9-1）。ただ，オブジェクト指向原価・収益計算の製品原価が，期間損益計算における期末棚卸資産の評価に援用される可能性はあるが，価値的にみて，トータルの消費額が，製品原価計算を通じて最終的に期間損益計算のなかに構成要素として組み込まれるという保証はない。伝統的な原価計算においては，製品原価計算は期間損益計算との有機的な関係を前提として完結するようになっている。たとえば標準原価計算において実際原価を標準原価に置き換えた場合，標準原価差異は，期間損益計算のなかで吸収される。直接原価計算においても，固定費は期

図9-1　オブジェクト指向原価・収益計算における期間損益計算と製品原価計算の関係

```
┌─────────────────────────────────┐
│      組織軸                      │
│      期間損益計算                │
│                                  │
│  ┌──────────────────────────────┼──────┐
│  │  共有化                       │      │
│  │         ┌──────┐              │ 製品軸│
│  │         │ 作業 │              │ 製品原価計算│
│  │         └───┬──┘              │      │
│  │      ┌─────┴─────┐            │      │
│  │  ┌───┴───┐   ┌───┴───┐        │      │
│  │  │資源消費│   │品目生成│        │      │
│  │  └───────┘   └───────┘        │      │
└──┤                               │      │
   │                               │      │
   └───────────────────────────────┴──────┘
```

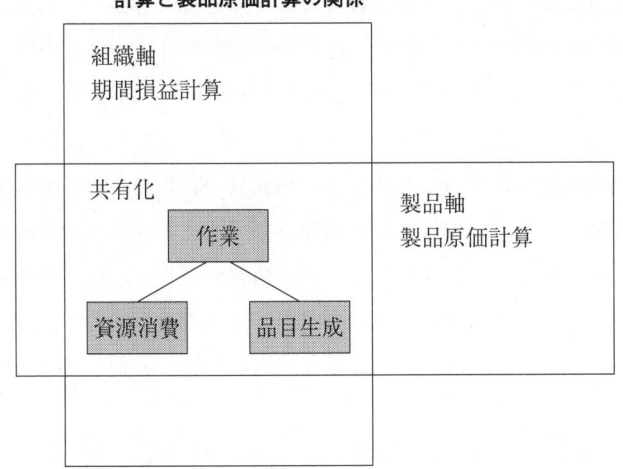

間損益計算のなかで処理されることを前提にして製品原価に固定費を含めないという処理が成り立っている。オブジェクト指向原価計算においては，期間損益計算と製品原価計算は相互に独立しており，期間損益計算の助けを借りて，製品原価計算による未回収部分の回収を完結させるということはしない。これについては図9-1を参照してほしい。

オブジェクト指向原価・収益計算は，3-2で述べたようなスナップショットコストを実現するのにもっとも適した計算方法である。

7．ま と め

自律的組織において必要な情報システムは，組織のなかで自分たちが求められている行動を迷わず選択できる明確でわかりやすいフィードバック情報を提供できるしくみである。そして，組織全体のなかでの自分たちの部分組織の貢献を明確に意識できるMMループが存在することが必要である。具体的には各部分組織が利益センターとして独自の利益計算を行うことである。オフィシャルな業績測定のしくみは，期間損益計算の形態をとることが望ましいが，それとは別に，組織全体で製品軸の情報を共有し，製品軸をとおした収益と原価の関係のなかに自らの部分組織を位置づけてみる見方も必要である。これもひとつのMMループであり，オフィシャルな業績測定システムのほかにこのような組織横断的な見方を行うためには経営哲学など，哲学の共有が求められる。

自律的組織を運営していくためには，構成員の行動のための情報システム，構成員の行動をモニターするための情報システム，部分組織や構成員同士が交渉し合意を形成することを支援するための情報システム，経営者の意思決定のための情報システムは，相互に連携したシステムである必要がある。オブジェクト指向原価・収益計算は，このような連携に非常に有効である。

i 本書，第1章「研究課題と分析フレームワーク」4-2。

ii 費用収益の対応は，ペイトン・リトルトンの会社会計基準序説において「努力と成果」として会計をささえる基本原理と位置づけられている。(Paton and Littleton 1940, 14-18，邦訳 23-29)

iii 管理会計において古くより全部原価計算の問題点として指摘されてきたところであるが，近年 TOC の観点からも同様の批判がだされるようになっている。

第10章　組織文化と管理会計の相互作用
―村田製作所グループの事例研究

1. は　じ　め　に

　1982年に米国で出版された『エクセレント・カンパニー』が世界的なベストセラーとなったことを契機に，実務家のみならず研究者にとっても，社風や組織風土という，組織文化に関する「ソフト」な事柄が組織構造の設計などに関する「ハード」な事柄と並んで最も重要な関心事の一つになっている（佐藤・山田 2004, 3）。組織文化は組織の進化能力を考えるときにも重要な役割を果たす可能性が指摘されている（藤本 1997, 367）。

　管理会計研究においても，組織風土・文化を考慮に入れた研究が蓄積されつつある（Bhimani 2003；Henri 2006；木島 2006；挽 2007）。その結果，組織風土・文化は新たな管理会計システムの導入や浸透に影響を及ぼすが，反対にある管理会計システムを導入し運用し続けていることが組織風土・文化を強め，それが新たな管理会計システム導入の成功要因となる場合があることがわかってきた（挽 2007）。つまり，両者は，図表10-1のように双方向に影響しあうのである。

　しかし，組織風土・文化と管理会計との間に相互作用がみられるとしても，

図表10-1　組織風土・文化と管理会計の関係

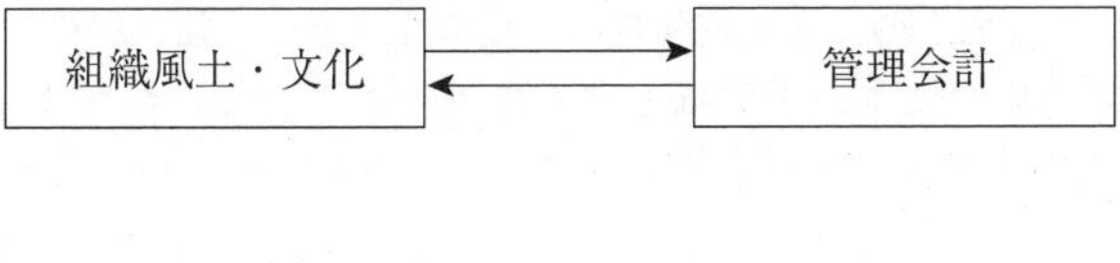

| 組織風土・文化 | ⇔ | 管理会計 |

それは常に好ましいものばかりとは限らない。例えば、既存の組織風土・文化が戦略の実行のために新たに導入された管理会計システム導入の失敗要因となり、戦略展開を制約するかもしれない（挽 2005b, 57）。

組織風土・文化は、次のような問題をもつと指摘されていることに注意が必要である（佐藤・山田 2004, 76-77）。

- 組織文化が効力を発揮するのは状況による。
- 組織文化は意図せざる結果を生むことがある。
- 組織文化は慣性を持ち、ときに組織の活動を阻害する。
- 管理者主導の文化的統制がいつも期待どおりの効果をあげるとは限らない。
- 組織文化やその中身やあり方いかんによっては倫理的に問題のあるものとなる。

さらに佐藤・山田（2004）は次のように述べている。

> 真っ先に浮かんでくるのは、強い組織文化は常にプラスの効果を発揮するのか、という問題です。もっとも単純なことで言えば、たとえば質実剛健をスローガンとして、市場や生産技術など環境面での変動の少ない市場で成功してきた企業が、いきなり別種の市場での新規事業に打って出て大きな失敗を喫するといったことがあります。これはもちろん、同一の事業であったとしても、それを取り巻く環境が激変した時には、いつでも起こりうることにちがいありません。これまで成功を収め続けてきた文化への執着により、企業を取り巻く環境と組織文化との間にミスマッチが生じてしまうというわけです。…
> …
> 状況への依存性と意図せざる結果という問題が最も明白なものになるのは、環境が劇的に変化した際、その変化に文化の方がついていけない場合でしょう。同じ状況がずっと持続すれば、またいつも思惑どおりに事が運べば、いったん成功を収めた文化は長らく安泰ということになるわけですが、今日のように組織を取り巻く環境が複雑で、かつ変化に富んでいる場合は、そううまくはいきません。
> …
> …文化と環境のミスマッチという悲劇に見舞われた企業は、枚挙にいとまがありません。そしてそのような危険性は、皮肉なことに、強い組織文化をもってこれまで成功を収めてきた企業ほど高くなるものと考えられます。（佐藤・山田

2004, 67-70)

　今日，企業を取り巻く環境は激変している。強い組織文化をもってこれまで成功を収めてきた企業ほど，それが障害となって環境適応が遅れてしまう可能性があるという指摘は興味深い。

　本章では，強い組織文化をもってこれまで成功を収めてきたと思われる株式会社村田製作所およびそのグループ会社（以降，オールムラタと称する）を研究対象として，組織風土・文化と管理会計の相互作用について分析する。

　なお，本章では組織文化と組織風土という用語を互換的に使用している。これらの用語を，「組織構成員に共有される価値・信念・規範の集合体」（木島2006による定義）ないし「個々の組織における観念的・象徴的なシステム」（佐藤・山田 2004）といった意味で用いる。

2．研 究 方 法

　オールムラタを研究対象として組織風土と管理会計の相互作用を研究するに当たり，われわれは先行研究の検討ならびにインタビュー調査と質問票調査を実施した。

　インタビュー調査の対象者と調査概要は図表10-2および図表10-3の通りである。

図表10-2　インタビュー調査詳細

Location	Date	Interviewee	Duration
村田製作所本社	07/3/6	経理部部長 経理部主計課・企画課課長	120分
		企画・管理グループ企画部部長	65分
		専務執行役員	67分
		企画・管理グループ統括部長	70分
富山村田製作所	07/3/26	取締役事業所長	200分

		副事業所長・第1製造部長 管理部長 管理部経理課課長	
村田製作所東京支社	07/4/4	上席執行役員営業本部本部長	72分
		営業本部国内営業グループ統括部長	70分
		営業本部海外グループ海外営業部統括部長	70分
村田製作所本社	07/4/20	コンポーネント事業本部本部長	70分
		コンポーネント事業本部積層商品事業部事業部長	70分
出雲村田製作所	07/5/10	取締役事業所長	45分
		コンポーネント事業本部AS商品事業部副事業部長・中高圧コンデンサ商品部部長	45分
		第1製造部部長	40分
		管理部部長	80分
村田製作所八日市事業所	07/5/11	生産本部マテリアル商品企画部次長	50分
		第1セラミック製造部部長	60分
		事業所長 事業所長代理・管理部部長	60分
福井村田製作所	07/5/16	常務取締役事業所長 管理部部長 管理部経理課課長 管理部経理課主任	90分
		副事業所長・第1製造部部長	73分
		第4製造部部長	82分
小松村田製作所	08/2/27	製造部長 製造部製造技術1課長 パワーモジュール商品設計室商品設計1課長 管理部経理課長	180分
金沢村田製作所	08/2/27	取締役事業所長 第2製造部次長	170分

| | 第１高周波部品商品部企画課長 | |
| | 管理部経理課長 | |

　オールムラタでは３次元マトリックス経営を行っている[i]。そのため３次元それぞれの部門の，複数の階層の経営管理者に対してインタビューをまず行い，その結果および先行研究を参考に質問票を作成した[ii]。

図表10-3　インタビュー概要

◇経営環境について
　経営環境をどのように認識されていますか。
◇社是について
　社是をどのように理解されていますか。
　それを浸透させるような仕組みはありますか。
　どの程度自部門内に定着し，実践されていると思われますか。
◇組織文化（大切であると考え重視している価値観）について
　企業全体の組織文化の特徴は何でしょうか。
　所属部門の組織文化の特徴は何でしょうか。
◇組織風土について
　企業全体の組織風土をお教えください。
　所属部門の組織風土をお教えください。
　３年前に発足した組織風土改革委員会について，自部門で改革しようとしている組織風土を具体的に挙げることはできますでしょうか。
　どのような組織風土が望ましいと思われますか。
◇経営管理システム，プロセス
　◇◇方針管理の実際についてお教えください。
　◇◇御社の方針管理の長所と短所についてどのようにお考えですか。
　◇◇目標管理の実際についてお教えください。
　◇◇御社の目標管理の長所と短所についてどのようにお考えですか。
　◇◇予算管理の実際についてお教えください。
　◇◇予算管理の長所と短所についてどのようにお考えですか。
　　　（注）予算管理には，①月次，四半期，半期，年次，中期等の期間を対象とする部門予算管理，②月次，四半期，半期，年次，中期等の期間を対象とする

連結品種別予算管理，③四半期，半期，年次，中期等の期間を対象とする単体およびムラタ製作所グループの予算管理
◇◇方針管理，目標管理および予算管理等の経営管理システムや経営管理プロセスを通じて部下とのコミュニケーションは円滑になされていますか。
◇◇稟議制度の実際についてお教えください。
◇◇御社の稟議制度の長所と短所についてどのようにお考えですか。
◇◇投資経済計算システムの実際についてお教えください。
◇◇御社の投資経済計算システムの長所と短所についてどのようにお考えですか。
◇◇経営を行っていくうえで，経営管理システムに何を期待していますか。
◇◇経営管理システム（とくに管理会計システムおよび原価計算システム）から得られる情報の品質やタイミングは適切ですか。実際にご自身が行う意思決定等の目的別に具体的におこたえください。
◇◇各種経営管理システムの経営管理プロセス（PDCAをまわすサイクルや各種会議の開催や会議でのコミュニケーションや調整）は十分ですか。課題や不満があるとしたら何か具体的におこたえください。
◇◇原価企画（関係する諸部門の方へ）
　　原価企画のシステムやプロセスについてお教えください。
　　御社の原価企画の課題は何でしょうか。
　　御社の製品開発管理の課題は何でしょうか。

新たなシステムの導入
◇新たに導入された経営計画制度について，その必要性，システム設計，導入によって得られた現段階での効果についてお教えください。
◇その他
　部下に対する期待と不満をお教えください。
　本社経理部門に対する期待と不満をお教えください。
　現場の経理部門に対する期待と不満をお教えください。

　質問票は，環境認識（経営環境・経営戦略），オールムラタの強み，経営理念，組織風土，管理会計，組織風土改革，自由筆記欄の8つの部分からなる。
　インタビュー調査から，オールムラタにおいては，拠点によって経営環境や組織文化が異なることが明らかになった一方，他方において，全体に共通する

組織風土の特徴として「まじめさ」が挙げられた。そこで「まじめさ」の本質を理解するために,「オールムラタの強み」の質問に際して,それを複数の具体的な行動レベルに落として聞くことにした。

インタビュー調査によって,組織風土の醸成に対して経営理念としての社是が少なからざる影響を与えていることがわかったが,そのどこを重視しているかについてはインタビュイーによって異なった。そこで社是のどこを重視しているかを問うことにした。

本研究では,組織文化を定量的に測定するために,OCAI (Organizational Culture Assessment Instrument：組織文化評価方法) を採用した。OCAI の理論的基礎は競合価値観フレームワークであり,このフレームワークでは大家族型,企業家型,競争原理型,官僚組織型の4つの組織文化タイプの組み合わせによって組織文化を評価する。この方法は,先行研究 (Bhimani 2003) においても採用されている。

大家族型および官僚組織型の組織文化タイプは,組織内部における関係の維持・構築が重視されるとともに,組織は統合され,結束力が高い点が共通する。前者が現実に即して柔軟にかつダイナミックに行動するのに対し,後者では管理や調整に従うという行動パターンが支配的である。

企業家型および競争原理型の組織文化タイプは,サプライヤー,顧客,競合他社といった外部利害関係者との関係構築が重視され,組織は分化し,部門間の対抗意識が強い点が共通する。前者が激しい環境変化に対応するために次々とイノベーションを生み出す組織を設計しようとするときに支持されているのに対し,後者は多様化する市場ニーズに対応して分権的組織を設計しようとするときに支持されてきた。

このフレームワークは,組織を特定の1つのタイプに位置付けることが目的ではない。むしろ,組織はしばしば競合する価値観を同時に追求しなければならないという認識のもと,各組織の文化は4つのタイプの組み合わせからなるとしたうえで,現在と将来目指す組織文化の両方を評価する。これらの点を評価して,われわれはこれを採用した。

3．既存の組織風土と管理会計の相互作用

インタビューから，同社の社是が組織風土に少なからざる影響を与えていることがわかった。例えば，「社是で謳われていることがうちの組織文化を形成している」「社是が経営理念として判断基準や行動基準になっている」といった趣旨の回答が非常に多かった

質問票調査の結果もそれを支持するものであり，社是が組織風土にある程度の影響を与えていること，組織上の階層が高いほどその傾向が強くみられる。ここでオールムラタの社是は次の通りである。

「技術を練磨し　科学的管理を実践し　独自の製品を供給して文化の発展に貢献し　信用の蓄積につとめ　会社の発展と協力者の共栄をはかり　これをよろこび感謝する人びととともに運営する」

社是が組織風土・文化を醸成している背景には，1979年社是の改訂を機に関係会社にも導入され，毎朝全員が唱和し，オールムラタが拠って立つ精神を確認していることがあげられよう。また，昇格試験においても社是の心を問う問題が出題されている。

しかしながらわれわれが注目したのは，社是が実践されてきた背景には，それを支援する管理システムの設計と運用が存していたことである。ここでは方針管理と予算管理（含む部門別損益計算および連結品種別損益計算）を中心に検討したい。

質問票調査の結果では，現状のオールムラタの組織風土・文化は，全体として，官僚組織型および競争原理型のタイプが強いと認識されている。前述したように，官僚組織型では，組織内部における関係の維持・構築が重視されるとともに，組織は統合され，結束力が高く，管理や調整に従うという行動パターンが支配的である。一方，競争原理型では，サプライヤー，顧客，競合他社といった外部利害関係者との関係構築が重視され，組織は分化し，部門間の対抗

意識が強く，多様化する市場ニーズに対応して分権的組織を設計しようとするときに支持されてきた。

オールムラタでは3次元マトリックス経営を通じての分権的組織経営が是とされてきた。組織的にみると，事業部制のもとで，事業部が企画・開発とマーケティング，製造職能に関しては（一部を除き）独立した子会社が，営業職能に関しては村田製作所の営業部門がそれぞれ責任を負うグループ体制をとってきた。

本社スタッフの役割はオールムラタの経営を支援する管理システムの構築である。システム設計にあたっては，コンポーネント事業本部の商品のように原材料の投入から製品の完成まで非常に長い工程を経て内製される事業を手掛けるがゆえ，部門別損益計算および連結品種別損益計算のように，独自性が重視されてきた[iii]。

システム設計は本社スタッフが行うが，実際の運営は各組織の現場に委ねられてきた。例えば方針管理に関しては次の通りである。

> 「何をやっていくかと考える場合，これは村田全体ではあまり事業所ごとにやり方とか，方向とかを画一的には決めていません。それぞれの部門，事業所の問題意識に即して柔軟なやり方でやってもらって欲しいということになっている。」
> 「方針策定にトップの強い思いはあまり入っていません。事業部が自ら作るというようなイメージです。今回の長期計画の策定においては，一応全社で売上などの目標を出しましたが，今まであまりそういう全社目標というものはなくて，どちらかというと事業部の計画からの積み上げ志向でした。」

つまり村田製作所社長方針のもとではあるが，事業本部・事業部・商品部，事業所[iv]が独自に，主体的かつ分権的に方針管理を行ってきた。本節では詳しくは触れないが，中期計画についても同様であり，村田製作所社長やコーポレートがリーダーシップをとってそのプロセスが展開されてきたわけではなく，積上型であった。

インタビューにおいては，「まじめさ」は全体に共通するが，各商品がそれぞれの特徴をもって独自に成長してきたバックグラウンドがあり，組織風土は

部門によって異なると指摘されていた。この背景には，分権的に運用されてきた方針管理等の影響もあるものと思われる。

オールムラタに共通する組織風土の「まじめさ」は，質問票調査結果によれば，具体的な行動として「規則通りに実行する」「決められたことを実行する」にあらわれている。方針管理は，後述するような問題を抱えながらも，事業本部・事業部・商品部，事業所等それぞれの組織内の縦系列のコミュニケーション，つまり官僚主義型の組織風土の醸成に貢献してきたと言える。

質問票調査によれば，全社的な傾向として，「上司が示す方針は，明確に部下に伝達される」と認識されていたが，インタビューでもそのような意見が聞かれた。

> 「製造部長の方針はほぼ問題なく下部組織まで伝わっていると思います。そういう意味では，方針管理の長所は，上位の方針が下位のメンバーまでストレートにつながっていくところです。」

職能別にみると，製造部門の方が，営業部門よりもより官僚組織型が高くなっている。製造部門における組織風土・文化の特徴である官僚組織型が醸成された背景には，方針管理に加え，予算管理（含む品種別損益計算）の影響があると思われる。管理会計システムの中で，トップマネジメントのみならず，企画部，経理部，製造部門等，多くの部門の経営管理者からインタビューにおいて高く評価されていたのは，子会社の製造部門の予算管理であった。

> 「予実管理は基本的には月1回部門の損益会議というところで実施しています。予算は基本的には年度予算でまとめますが，製造部門の中では月単位にそれを分解して月次単位の予算を持っています。それに照らして月1回の損益会議の中で予算遂行に対して分析，討議を行うということができています。従って予実管理に対しては分析とその影響をその都度把握する仕組みがすでに体質として，風土としてきちんと出来上がりつつありますし，できているのかなという具合に見ています。」
> 「月1回の損益会議の中で，予算遂行に対して討議，分析を行うということができています。」

「損益会議には，製造部門の中の係長以上の役職者はほぼ全員毎月出席します。損益会議は製造部が主催しますが，事業所長，事業部長，それから当然ですが事業所の管理部長・経理課長とか，あるいは生産技術系の部門長，開発の部門長，要は製造系から見て製造部門にかかわる人たちのほとんどの主要メンバーは出席しているのではないかなと思います。」

「本社では，ムラタはPD，PDで，CAがないと言っていますが，工場はPDCAをぐるぐる回しています。これは物づくりの歴史が長いためだと思います。毎月，品種ごとの損益が出てきて，その損益が出ることによって，われわれは嫌でも品種ごと・ラインごと損益を眺めながら活動しますから，考えてCAをまわします。工場ですから，コストダウンがどうなった，品質がどうなった，全部コストにかかわって損益に出てきますから，何とかして黒字にしよう，予算を達成しようとします。それが見えるようになっているというところが一番の強みだと思います。」

「売上とか，生産計画，生産数の設定というのは生産管理課が行います。また，原価の数値，例えば変動材料費がどうなるとかといったところの設定はIEがやっています。…もともと福井県の女性というのは結構忍耐強く，粘り強く，時として家庭を犠牲にして働いてくれるんですが，IEの女性は特に予算時，春と夏はもう本当に我々が頭が下がるぐらいいろいろ頑張ってくれて，残業も遅くまで，休日出勤もやってくれますし，数字にも強く，非常に助かっております。」

「本社経理は制度設計を行いますが，経理が細かくやっているのではなくて，製造部門が経理以上に科学的にやってくれています。」

「日常的に管理会計の知識は大体みんな会話の中でできるようになっています。工場の人はもっと知っています。工場の人は損益計算書のことは当然で，コストダウンなどは自分たちで計画したものの効果見積を算出して日常的に毎月実績管理しています。」

オールムラタでは，インダストリアル・エンジニアリング（IE）認定試験およびST（標準作業時間）・MST（標準設備時間）と呼ばれる原単位（原価標準）設定者認定試験が行われており，この試験に合格した従業員が製造現場で管理会計を担当している。IE係は，組織的には生産技術課に所属するが，製造部長直轄に近いという。

予算管理が製造現場で実践され，風土として定着している。経理の強さは，経理部の強さを意味するわけでは決してない。むしろ，製造現場において管理

会計の重要性が十二分に理解され，予算管理のプロセスを通じて科学的管理が実践されているところこそが重要であろう。そしてそのことが組織風土をより強いものとしている。つまり，ここに組織風土と管理会計の相互作用がみられるのである。

「ムラタは伝統的に工場が非常に力を持っているというか，強くてコスト管理を結構キチンとやっていて，工場が予算を一番厳しく運営しています。」

製造部門が強いのは，同社が生産機能を担当する部門を子会社化して独立採算を図ってきたことにも関係しているものと思われる。例えば八日市事業所（村田製作所内の製造部門）では予算会議における報告・説明はスタッフ部門の経営管理者が行うが，子会社の福井村田製作所のある製造部の損益会議では，製造課長自らが報告・説明を行っている。

「これは社長も言っていることですが，製造現場が強いということでまじめに働く。」
「工場単位で損益法人化していますから，異常とは言わないけども，その損益に対するこだわりはすごく強い。」
「たぶん時代背景にもあると思いますが，小さな工場ベースのときに損益法人になっていますので，今でも工場ベースで損益に対するこだわりが強い。やはり工場ベースでこだわる会社だと思います。実際に，ムラタで何が強いですかと言われたら，実は工場が一番強い。モノづくりが強い。」

もっとも，短期の予算管理が風土として根付き，機能していることは，長所であると同時に，負の側面ももっている。総合的な視点からあるいは中長期的な視点から考えなくなり，短期的な志向のみを助長する危険があるからである。

また，子会社の予算管理も完璧なわけでは決してない。営業本部は村田製作所内におかれ，子会社で製造した製品はすべて村田製作所が買い上げる仕組みになっていることもあり，市場の生の声が子会社に直接伝わる仕組みになっていないと思われるからである。

「市場の生の情報を工場にまで板を通すように流していただくということが最も大事だと思っています。現在は、市場の状況は直接工場に流れてくるのではなく、営業で1回フィルタリングがあり、事業部で1回フィルタリングがあってようやく工場に予算の売上計画が出てきます。今の市場の生の情報を得ながら、それを理解して、さらにスタッフ部門の評価・判断のフィルタリングがかかった状態がこうだという2つの情報を受けながら、われわれ工場は物を考えるべきだと思っていますので。」

顧客が変化したことからその取引方法も変更され、販売予算が大きく実績と乖離する中で、既存の予算管理システムは緻密すぎるという批判もあった。

「ムラタの場合はマーケットの動向を予算に反映させることに非常に力を入れており、率直に言うと少し緻密すぎると思えるほどです。商品ごとにどのくらいの売上が立つのかを計画して、その売上に対して費用がこれぐらい掛かるとか、人員がこれぐらい掛かるとか、変動費、固定費あたりを展開していくのですが、その売上予算と実績がよく狂います。非常に早い時期に大振れに狂ってしまう場合が結構あります。その場合、予算がその時点で少し形骸化してしまうことがあります。みんな売上を基準にして予算を展開していますので、売上予算と実績が非常に大きく違ってしまった場合、予算を前提にして当月の基準、当月の実績を比較検証することにあまり意味がなくなってしまいます。

また、期の初めには、上半期と下半期の投資予算というものを決めるのですが、上半期の終わりにもう一度、下期だけの修正予算をまた組み直していますが、修正予算でも年初の予算と同じように相当な時間と労力をかけて作成しますので、少しコストを掛け過ぎではないか、もう少し包括的な予算でもよいのではないかなという気がします。とは言えずっと昔からこの仕組みでやってきていますので、半ば硬質化しています。」

事業本部・事業部・商品部では、予算管理がうまく機能していないとする意見もあった。

「予算は半期とか1年で区切りますが、事業部にいると、半期で締めようが、1年で締めようが、常に問題が出てくるため、終わりのないゲームのようなものです。一方、製造部門は1年が終わればまた新しい計画でやり直しというところがあって、事業部とのギャップを感じます。例えば、1年で目標のコストダウンができなければこれは事業にとっては今後の価格政策に対してすごく大きな影響

を及ぼすのですが、製造部門から見るとそれはこの1年の実績であり、また新しい計画でやり直しをすればよいと感じているような気がします。その辺をどううまく事業部と製造部門で整合性を取っていくかというのは永遠の課題だと思います。予算管理のいい面であり、悪い面であると思います。」

4. 組織風土改革と管理会計の相互作用

質問票調査結果によれば、理想とする組織文化は企業家型と大家族型である。現状の組織文化の認識に比べて、理想とする組織文化の方が標準偏差は小さかった。つまり、理想とする組織文化についての方が、ベクトルの方向が一致していた。

企業家型は激しい環境変化に対応するために次々とイノベーションを生み出す組織を設計しようとするときに支持されており、一方、大家族型も現実に即して柔軟にかつダイナミックに行動する。理想とする組織文化は、いずれも積極的な環境適応を志向する組織風土である。この認識には、2004年から開始された組織風土改革が影響を与えているものと思われる。組織風土改革を開始した当時のコーポレートレベルのトップマネジメントの問題意識は次の通りである。

> ITバブルといわれた2001年3月期に売上5,800億円、税前利益1,740億円の過去最高利益を計上した翌年に、売上3,950億円、税前利益520億円まで落ち込み、その後3年間では、利益こそ回復したものの売上は7％しか伸びず、売上成長がとまってしまった。この間でも売上高営業利益率は15％前後を確保しており、世間や同業からの業績数値の評価は高かったと思うが、経営トップは会社の実態について大きな危機感を抱いていた。売上が低迷している原因に少なからず当社の組織風土が影響しているのではないかとして、経営トップで議論した。その結果「顧客の要求・変化に十分応えきれず、顧客の当社に対する評価は、決して高くないのではないか。また、従業員は勤勉によく働いてくれているが、満足度は決して高くないのではないか。」との結論に至った。

組織風土改革の目的は、売上を増大させる新たな成長戦略を実行する素地を

作り上げることにおかれていたといえる。

　組織風土改革では，以下の4つの望ましい組織風土を規定したうえで，その実際の展開はこれまで通りに分権化され，事業本部・事業部・商品部，各事業所，子会社，営業本部に一任されている。

　(1)　顧客本位
　(2)　現場指向
　(3)　環境変化にスピーディに対応する
　(4)　自由闊達な議論で，創造性，チャレンジ精神を大切にする

　複数の経営管理者へのインタビューを通じて明らかになったことは，オールムラタ全体にわたって少なからざるコミュニケーションの問題を抱えていたことである。そのため組織風土改革委員長も含めて，複数の経営管理者が，「皆がやる気を出して，自由闊達に意見が言い合えていきいきとした風土を目指したい」と述べていた。

　既存の方針管理は，前述のように，各組織内の縦のコミュニケーションには役立ったものの，双方向というよりも，上から下へのコミュニケーションが主であった。マトリックス組織の場合，事業本部・事業部・商品部，事業所や営業部門等異なる組織間のコミュニケーションが重要だと思われるが，従来の方針管理のプロセスではそれが欠けていた。

　中期計画は積上型で編成されてはいたが，各部門においてその編成に携わる人物はきわめて少なく，また予算管理と連携させてそれを実行させることはなく，両者があたかも別物のシステムとされていた。人事異動もあるため誰も中期計画の実行に責任を負うことはなかった。

　本社企画部は事業部などが編成した中期計画を回収するだけに過ぎず，中期計画にはトップの意思が十分に織り込まれていたとは言い難い。生産ラインの設備投資など一部の項目については部分的に中長期の見方ができていたが，既存の中期計画に関して同社の抱えていた課題は多かったといえる。

　そこで既存の管理会計システムが抱えていた課題を解決するとともに，長期構想実現のために企画部が音頭をとってバランスト・スコアカードを導入し

た。また，バランスト・スコアカードの導入に先立ち，稟議の決裁基準の見直しによる権限委譲，予算管理プロセスの見直しなどが行われてきた。

「今までの予算や中長期計画ではかなり売上・利益に重点を置いてそういうところをフォーカスしてやってきましたが，BSCはもう少し幅広く内部プロセスや，学習と成長といった構成員の能力の増強ということにも視点を当てていこうとしています。決して利益を犠牲にしたりというつもりではなく，従来どおり予算制度というのはきちんと動かしますが，あまりにも過去は予算制度だけに頼っていましたので，今後はもう少しBSCで経営全体のところに視点を当てて行きましょうということを今考えているところです。」

「事業部ごとにきちんと成功要件をはっきりさせて，それを目標にみなさんが事業活動をできるようになっていくような取り組みをやっています。これまでと少しずつ見方を変えざるを得ない状況になっていますし，今が変わっていく過程にあると感じています。」

「方針管理のPDCAをどう回すのかというところを今，バランスト・スコアカードで改善しようとしています。」

「これまでは連携が必要なところとの調整が，共有化も含めて，少し動きが弱いと感じられました。部長たちがそういう関係であるため課長も当然そういう範疇のなかで活動してしまう。

今は事業本部を核に開発部門と生産本部，営業などの間でバランスト・スコアカードを回しています。これからは事業推進部門にスポットを当てて，バランス・スコアカードの展開のなかで調整や，コミュニケーションをとるということが強化されると思います。」

「方針というのは，やはりもう少しＢＳＣという概念で，トップに対してモニタリングの会議を設定していかなければいけません。いわゆるPDCA（Plan—Do—Check—Action）のところのCAのところの，チェックが今までもう少し足りなかったと思います。

工場と商品部はできていたのですが，やはり開発なり，スタッフには文化として十分根付いてない部分もあったので，そのチェックのところをやっていくように人事部も考課システムを変えようとしていました。

方針管理と考課システムがそれぞれ独立していると，ユーザー部門が2度手間になったり，コンフューズしたりしますので，そういうことのないようにと企画部と人事部で一緒に議論をして，一つの仕組みを作りました。特に管理職の方針書にはBSCの4つの視点がきちんと織り込まれた制度になりました。

さらには組織としてのアウトプットは方針書でわかるのですが，しかし管理職自身は個人で何をするのかということをはっきりさせるために『行動計画書』というものを1人1人作ることとしました。」

中期計画は企画部，方針管理は総務部，目標管理は人事部，予算管理は経理部と主管部門が4つに分かれていた。バランスト・スコアカードの主管部門が企画部となったことで，方針管理の主管部門も総務部から企画部に変更された。企画部は，これまでのように商品部と営業部門が策定した中期計画や方針を単に回収するだけではなく，より積極的な役割を担うようになった。

バランスト・スコアカードは，トップマネジメントが設定した望ましい組織風土にマッチしたシステムである。商品部と営業部門等のバランスト・スコアカードを作成した側と，主管部門としてそれを推進したスタッフ部門ともに，その導入効果として，第1に横のコミュニケーションが活発化したこと，第2に財務の視点に偏らずにバランスのとれた視点が盛り込めたこと，第3に計画が可視化されてわかりやすくなったこと，第4に定量的な目標設定が充実したことを挙げている。

「BSCの導入の過程において，やはり当社は成長と学習の視点とか，あるいは内部のプロセスの視点に関する議論が弱いということがわかりました。BSCを導入してみんながウェルカムと言ったポイントは，1つは確かにバランスよく書けるようになったということです。

これまでもいろいろなことをやってきてはいるのですが，きちんと話し合いができていなかったため十分バランスの取れた目標設定になってなかった。特に人の成長とか，学習とかっていうところに関しては十分書ききれてなかった。自分たちではこれまでやってきたと言うんですが，制度を変えてみてその効果は十分出てくるのではないかと思っています。」

「関係部門とのコミュニケーションという意味では，予算よりもBSCの擦り合わせというところで，コミュニケーションの機会は格段に増えてきました。

まず基本になってくるのはBSCで，それにしがみついてみんなで挑戦して頑張っていきましょうというふうになってきました。そのためBSCによるコミュニケーションは増えています。

当社の場合，これまで方針が決まる前に予算編成が始まってしまっていて，後

先逆転現象みたいなところで,みんな苦労していました。実は予算の時期にもう方針は頭の中では整理されているんですが,内容について議論されていないとかで,タイミング的に方針が整理されるのが後になっていました。そういった,ちょっとした仕組みがおかしいというのもみんな気付いていますから,変えていこうということをBSCの導入の中で行っていますので,コミュニケーション力というのはいやが応にも増えてきており,すごくいいことかなと私自身は思っています。」

「BSCの導入の中で,視点を単年度から中期に持ってくとか,あるいは事業部間の壁を取り払っていく活動とか,従来ちょっと弱いと思われていたところがBSCでクリアになっていくという面があります。また,全体の目標や方向性がわかりやすくなってくるのかなという期待感が大きい。」

「今までは事業部だけでその絵を描いてしまう傾向があったので,今回,バランスト・スコアカードを持ち込みました。これで一応,戦略マップのようなものが出来上がって,戦略が見えるようになりました。以前には中期方針は文章で書かれていて,全部読んでも何を言っているんだかよく分からないという状態だったんですが,少なくともマップができてどんなところに力を入れてやるのかわかるようになりました。」

「事業全体をもう少し幅広くとらえて,お客さん・顧客の視点だとか,内部プロセスだとか学習と成長とか,バランスというか総合的な経営として捉えられたという点ではそれなりによかったと思います。」

「BSCはみんなで議論しながら作っていくというところあります。関与している人は少なかったけれど今回はいろんな視点が出てきますから,やはり議論する人も増えたし,そういうことを考える機会にもなりました。割と幅広く経営というものや,全体を見ていくということを考える機会にもなったと思います。」

「例えば事業所にこんなストーリーでやりたいのだけれど,この部分は製造部で請け負ってもらえますかという話し合いにまで進展しました。だいぶ,昔に比べると,そういう意味での目標の共有化や,目的意識を変える環境は整ったなと思います。

去年1回パイロットでマップは提示したんですが,事業所の方は聞くだけというところで終わっていました。しかし,今年はもう1つ進化して,説明してどの部分は請け負ってもらえますねという話につながってきたので,今年の結果がどんなふうに出てくるかが楽しみです。」

それではバランスト・スコアカードの導入や既存の管理会計システムの変更

と組織風土改革との関係はどのように受け止められているのだろうか。営業本部海外グループ海外営業部統括部長は，次のように説明していた。

> 「これまでは年度方針はちょっと硬いものでしたが，今回，私はまじめな硬い方針書において，ちょっと上から怒られるかなと思いながら，その中で職場の活性化というテーマで，1年後に1年たったあとに全員が振り返って楽しくてやりがいのある1年でしたね，と言い合えるそんな職場にしましょうというようなことをちょっと書いて上司に提出しました。去年くらいだったら，何をわけのわからないこと書いているんだと怒られるところが，今回はそれがすっと通りました。トップが組織風土改革というの，2年間やっているんですけど，最初はちょっと言っているだけだと思っていたものが，本当に何か変わってきたかなというのを感じます。われわれも，上がそういう風に変わってきてくれているんで，動きやすくなってきたのは実感しています。これまでは，まじめなだけで本当に硬い会社でしたので，少し柔らか味が出てきたかなというような感じです。」

事業本部長は，バランスト・スコアカードの導入が組織風土改革につながると述べていた。

> 「ある程度バランスをよくということは，例えば内部プロセスを変えている最中の半期の結果であれば，ここまでは許容できるとかいう議論につながるので，マイナス面よりも，バランスのいい運営という意味でプラス面に働いている方が大きいのかなと思います。それが風土改革にも確実につながると見ています。」

事業所自体へのバランスト・スコアカードをトップマネジメントは考えていないが，出雲村田では自発的にバランスト・スコアカードを導入した。同社の社内報においても，事業所方針の中に，4つの視点が組み込まれている。

> 積層商品事業部の「お客様に愛される世界最高のCapacitorメーカー」とAS商品事業部の「自然環境の蘇生に役立つ事業活動」という2事業部の中期方針ビジョンを融合させるべく，出雲村田においても事業所中期方針の検討を行いました。その前には，出雲村田のありたい姿として「出雲発　源流からサプライズ！グローバルに卓越した領域へ」というビジョンを制定しているので，この実現に向けた中期方針でなければなりません。そのために，BSCの4つの視点で方向付けを行っています。

…

　ものづくりの源泉である優秀な人材を確保し，育成するしくみを構築して企業文化を醸成していきたいと考えます。(IMC 社内報 (240), 1)

　自発的に4つの視点を導入した出雲村田でも，管理会計の仕組みを構築・運用することで新たな組織風土を醸成しようと考えていることに注目したい。

5. ま と め

　本章では，オールムラタをリサーチ・サイトとして，強い組織文化をもってこれまで成功を収めてきた企業における組織風土と管理会計の相互作用について検討した。

　同社ではまず2004年7月から組織風土改革が開始された。これはオールムラタを対象とし，まさに環境適応と自らの成長に向けての組織風土改革である。改革を開始して1年後位から，トータル・システムを構成する管理会計システムのさまざまな見直しが行われるようになった。この見直しの音頭をとったのはトップマネジメントと本社の企画部や経理部などスタッフ部門である。スタッフ部門においても組織風土改革が行われてきたが，時系列でみれば，組織風土改革を進めてきたことが，管理会計システムとプロセスの変更につながったと捉えることもできる。

　管理会計の変更は事業部門，営業部門および事業所の経営管理者にとっては組織風土改革の一環であると認知されている。管理会計システムやプロセスの変更がなされたことにより，組織風土改革が単なる掛け声ではなく，本気であることを強く認識するようになった。管理システムの導入が組織風土改革につながるとみられている。

　組織風土を変えるには時間がかかる。インタビューでは，強い組織文化が組織風土改革の活動そのものをともすると阻害する危険があること，強い組織文化を変えるのは相当大変であることが指摘されていた。

「人事制度面では，チャレンジ課題設定シートを取り入れて，人事部は躍起になって，ちゃんとコミュニケーションを取りなさいよ，とある意味やらせています。そのため一番危ないと思うのは，そういった制度がある一方で，本当にその制度が導入されている本筋のところ，背景なりをきちんと上の者が理解しているかという点です。親身になって部下と接することができているのが，本来あるべき姿です。人事がこういう制度を導入したから仕方なしにやるみたいに思ってしまうと，結局何も変わりません。それでは結局ツールが変わっただけで，本筋は何も変わらないことになりますから。そういったのが結構，まだまだあるのではないかなと，私自身は危惧しています。」

もちろん，組織風土改革委員長藤田専務（当時）もそのことをはっきり認識している。

　風土改革は，スタートさせてから3年が経過したが，10年計画と思っている。（藤田専務（当時）からいただいた資料より抜粋）

現時点においても組織風土がかわりつつあること，組織風土と管理会計には相互作用がみられたこと，相互作用を通じてそれらが一定の効果をあげていることを明らかにしたことが本研究の貢献である。本研究では組織風土改革の阻害要因の解明にメスを入れていない。今後の課題である。

i　3次元マトリックスについては泉谷編著（2001）を参照されたい。
ii　質問票調査の詳細は次章を参照されたい。
iii　部門損益計算と連結品種別損益計算は予算管理の中核を担うシステムである。詳細は泉谷編著（2001）を参照されたい。
iv　事業所は，村田製作所の製造部門（八日市事業所）と子会社を意味する。

第11章　経営哲学のもとでのマネジメント・コントロール・システムの再設計

1. はじめに

　マネジメント・コントロール・システム (Management Control System ; MCS) が利用される組織コンテクストを構成する要素の1つに経営哲学がある。経営哲学は，理念，信条，社是など様々に呼称されるが，組織の存在意義に関する基本的な価値観をあらわすものである（日本会計研究学会特別委員会 2007）。日本企業が経営哲学を重んじる経営を行っているということは，1980年代から広く知られるようになっていたが (Ouchi 1981)，わが国で経営哲学と MCS の関係が注目されるようになったのは京セラのアメーバ経営が紹介されてからのことであろう。

　本章で取り上げる村田製作所とその企業グループ（以下，ムラタとする）も，経営哲学が深く浸透している組織の1つである。また，MCS がその経営哲学と深く結びついて利用されてきただけでなく，近年，MCS を変化させようとしていることでも注目される。MCS はどのように経営哲学と結びつけられるのか，そして経営哲学と結びついた MCS をどのように変化させることができるのか。このような問題意識のもとに，本章ではムラタの事例を検討する。

　本章は次のように構成される。次節では，ムラタの事例を解釈するための MCS の枠組みと経営哲学との関係を説明する。第3節では，リサーチ・デザインとして事例研究の具体的な方法とリサーチ・サイトの概要を説明する。第

4節から第6節ではムラタの事例を詳しく説明し，第7節ではその事例からのインプリケーションを抽出し，本章のまとめを述べる。

2．MCSの枠組みと経営哲学

本章では，MCSの設計変数として，コントローラビリティとアカウンタビリティを識別する。ここでコントローラビリティとは，どのような経営資源をどのくらいの期間でどれだけ利用する権限をもっているかということであり，アカウンタビリティとは，その経営資源を利用して遂行する業務の結果として，アウトカムのどのような側面に責任をもっているかということである。

伝統的に，コントローラビリティとアカウンタビリティは，原則として一致させるべきであると考えられてきた。しかし，近年では，コントローラビリティよりも大きなアカウンタビリティを割り当てることによって，組織構成員の自律的な行動を喚起することができるとされている (Simons 2005, 94-95)。

それでは，限られたコントローラビリティのもとで，組織構成員はどのようにより大きなアカウンタビリティを果たすのか。その鍵は，組織能力 (organizational capability) と組織目的へのコミットメント (commitment to organizational objectives) である。

組織能力とは，組織構成員が一定の経営資源を利用して業務を遂行する能力である。それがどれだけ効果的であるかは，組織によって異なる。あらかじめ設計することのできない組織能力は，MCSの実践のなかで獲得するものである。

また，組織は様々な属性をもった個人からなる有機体である。その有機体において，個々の組織構成員が経営資源を業務に変換しようとするときには，自らの技能を組織目的のために活用しようとするやる気や意欲といった心理的な状態がかかわってくる。それが組織目的へのコミットメントである。

経営哲学は，このような組織能力とコミットメントを支援するものである。経営哲学によって，組織的な探索や発見が促進され，導かれる (Simons,

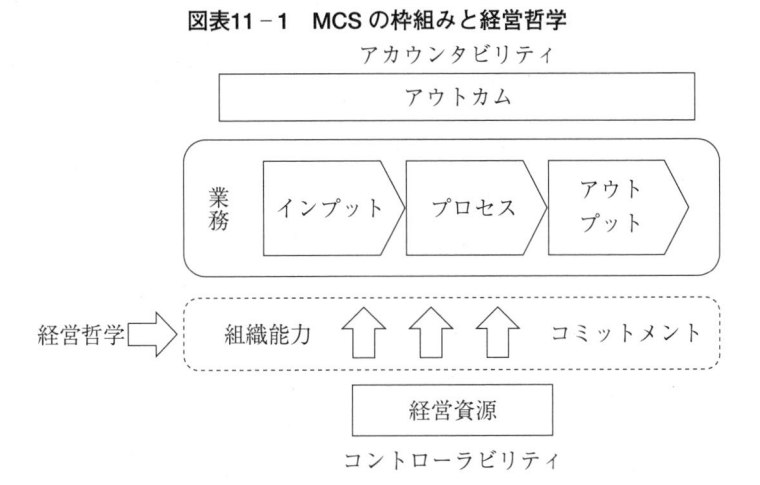

図表11-1　MCSの枠組みと経営哲学

```
                    アカウンタビリティ
        ┌─────────────────────────────┐
        │          アウトカム           │
        └─────────────────────────────┘
      ┌──────────────────────────────────┐
      │ 業  ┌────┐  ┌─────┐  ┌─────┐ │
      │ 務  │インプット│→│プロセス│→│アウト  │ │
      │    │    │  │     │  │プット│ │
      │    └────┘  └─────┘  └─────┘ │
      └──────────────────────────────────┘
経営哲学⇒ ┌──────────────────────────────┐
          │ 組織能力  ⇧ ⇧ ⇧  コミットメント │
          └──────────────────────────────┘
        ┌─────────────────────────────┐
        │          経営資源             │
        └─────────────────────────────┘
                コントローラビリティ
```

1995b, 36)。また，心理的な側面に影響を与えて，集団帰属意識や信頼感を醸成する (Simons 2005, 170-174)。しかし，経営哲学は，通常，組織のあらゆる局面で参照されるように，抽象的にしか表現されないものである。そのため，経営哲学がどのように組織構成員に解釈され，組織構成員がどのように組織能力に変換し，組織目的へのコミットメントを高めているのかについては，注意深く理解しなければならない。

　以上のようなMCSの枠組みと経営哲学との関係は，図表11-1のように描くことができる。業務は，インプットをアウトプットに変換するプロセスである。図表11-1は，その業務のなかで，経営資源を利用し，結果としてアウトカムを生み出すまでの流れを示している。図表11-1には1回かぎりの流れが描かれているが，MCSを実践していくということは，アカウンタビリティを果すことによって経営資源が蓄積され，それを利用することによってさらなるアウトカムが生まれるという再帰的なサイクルを形成することである。そのサイクルのなかで，経営哲学は組織能力やコミットメントを高めたり，弱めたりする。

3. リサーチ・デザイン

3-1 リサーチ・サイトの概要

　本章のリサーチ・サイトであるムラタは，セラミックスを主要素材とする電子部品の開発・製造・販売を主たる事業としている。本社は京都府長岡京市にあり，国内およびグローバルに多数の拠点を展開している。

　ムラタの組織構造には3つの特徴がある。第1に，製造部門が一部を除いて子会社化されていることである。製造子会社は工場がある拠点ごとに設立され，現在では20社近くある。子会社化の歴史は古く，本社の会社設立の5年後には，すでに最初の製造子会社が設立されている。それ以外の主要な製造子会社も，ほとんどが設立からすでに四半世紀以上を経ている。

　第2に，その製造子会社が，タテヨコの2系統からなるマトリックス構造になっていることである。子会社の実質的なトップである事業所長から製造部長への階層構造をタテとすると，ヨコは本社にある開発部門や営業部門とつなが

図表11-2　ムラタの組織構造

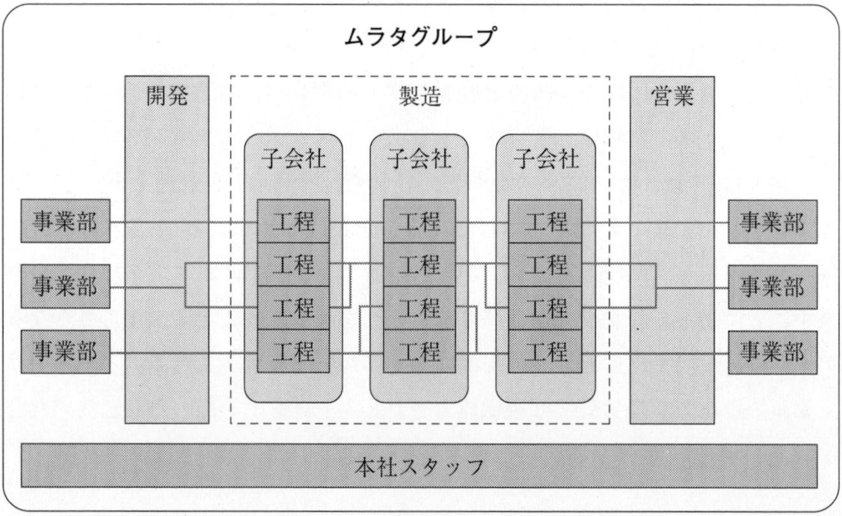

```
ムラタグループ
┌─────┬──────────────┬─────┐
│ 開発 │     製造      │ 営業 │
│     │ 子会社 子会社 子会社 │     │
│事業部│ 工程  工程  工程 │事業部│
│事業部│ 工程  工程  工程 │事業部│
│事業部│ 工程  工程  工程 │事業部│
│事業部│ 工程  工程  工程 │事業部│
└─────┴──────────────┴─────┘
          本社スタッフ
```

第11章　経営哲学のもとでのマネジメント・コントロール・システムの再設計　189

図表11-3　インタビュー調査の概要

場所	職位	人数
本社	専務執行役員	1
	人事部長	1
	企画部長	1
	経理部長・経理部員	2
	事業本部長	2
製造部門（6ヶ所）	事業所長	5
	製造部長	8
	商品部長	5
	管理部長・管理部員	9
営業部門	営業部長	3
	合計	37

る事業本部の系統である。ヨコの系統にも事業本部長から商品部長への階層構造がある。

　第3に，経理，企画，人事などのスタッフ部門は本社に集中していることである。製造子会社を含めて各事業本部と各職能部門は，すべて本社スタッフ部門の支援を受ける。ムラタでは，上述の2系統に本社スタッフ部門を加えて「3次元マトリックス」という表現がしばしば用いられる。

　以上のような組織構造を図示すると，図表11-2のようになる。

3-2　研　究　方　法

　次節以降で述べる事例のデータは，ムラタにおけるインタビュー調査，公表資料，社内文書から収集した。インタビュー調査は，2007年の春から夏にかけて行われた。

　インタビュー調査では，事前に質問項目を送付した。質問項目は，経営環境の認識，社是の理解，重視する価値観（組織文化），MCSの長所と短所からなる。しかし，インタビューでは，質問項目以外にも，業務のなかで日常的に抱えている課題について多くの話を聞くことができた。インタビューの平均時間

は約50分である。インタビューは録音され，後日文字に書き起こされた。
　インタビュイーは，マトリックスの2軸を構成する職能部門と事業部門におけるそれぞれ階層の異なるマネジャー，本社のトップマネジメントおよび管理スタッフ，製造子会社の管理スタッフである。場所別・職位別に分けたインタビュイーの数は，図表11-3のとおりである。

4．社是とMCS

4-1　社　　　是

　現在は好業績企業の1つとして知られるムラタであるが，創業から間もない頃には経営危機に陥って人員整理を行ったことがある。そのとき，創業者の村田昭は，二度とそのようなことが起きないように，会社を成長・発展させていく方向性を明確にしなければならないと考えたという。それが「社是」と呼ばれるムラタの経営哲学になった。1954年のことである。
　社是には，創業者がそれまでの商売で培った経営に対する思想が凝縮された。ムラタの社是は次のとおりである。

　　「技術を練磨し　科学的管理を実践し　独自の製品を供給して　文化の発展に貢献し　信用の蓄積につとめ　会社の発展と協力者の共栄をはかり　これをよろこび感謝する人びととともに運営する」

　その後のムラタの成長は，社是が実践された結果として説明することができる。「技術を練磨し」はものづくり企業にとって当然のこととしても，「科学的管理を実践し」て他社に追随を許さないコスト競争力を備えつつ，ムラタにしかない「独自の製品を供給し」て高いマーケット・シェアを獲得・維持することができる。また，安定供給力を確保することによって顧客からの「信用の蓄積につとめ」れば，その信用が将来の市場動向をいち早くとらえることにつながる。
　ムラタでは，古くはラジオやテレビ，最近ではパソコンや携帯電話といった

新しい電気機器の普及によって電子部品市場が急成長するたびに，このような好循環が形成されてきた。その結果，現在では売上高の90％以上が，世界のマーケット・シェアの1位あるいは2位を占める製品によって生み出されるようになっている。

現在もムラタでは，毎朝全従業員によって社是が唱和される。また，新入社員の研修でも，社是を理解するためのメニューが組み込まれている。われわれのインタビューにおいても，以下のように，社是を尊重する発言が階層や場所を問わず異口同音に聞かれた。

> 「（社是は）いつも何かを考えるときに出てくるんです。…判断基準になったり，行動基準になったり，いろんな場面の基本的な考え方の基準に…なりますね。…どうしても頭の中や体に染み付いてしまっているんですよ，われわれの年齢は」（事業所長）

このように，社是を守り続けてきたことが，これまでのムラタの発展を支えてきた。それと同時に，逆もまた真なりであり，社是を実践することで会社が発展してきたという成功体験を積み重ねてきたことが，ムラタに社是が深く根づいてきたゆえんでもある。

以下では，ムラタのMCSが社是にある「科学的管理」を実践するものの1つと位置づけられていることから，社是のなかでも「科学的管理」の部分に焦点をあてる。

4-2　MCSの設計

MCSのなかでも，「科学的管理」をもっとも忠実に実践しているのが，製造部門のMCSである。

> 「科学的管理を実践し…これはもうきちっとだいたいできていると思うんですね。もう性格的にめちゃめちゃ細かいですから。経理もそうですし，工場の管理もそうですけども，そこまでやるかと」（本社スタッフ）

製造部門のMCSでは，アカウンタビリティが細分化され，製品別・工程別

という詳細なレベルで利益が算出されるようになっている。とはいえ，社是が確立された当初から現在のようなMCSが存在したわけではない。製造部門のMCSは，ムラタの成長とともに必要に応じて段階的に細分化されてきた。細分化は3つの段階に分けられる。

第1段階は，前にも述べたとおり，各地にある製造拠点をそれぞれ子会社化したことであった。製造拠点の子会社化は創業間もない頃からはじまっているが，当時は「科学的管理」の実践もさることながら，本社に工場を管理していくだけの人材が不足しており，子会社化せざるをえないという側面もあった。

製造子会社では，利益責任はもちろんのこと，キャッシュフローと投資についての管理責任も求められる。しかし，各製造子会社は営業部門をもたない。製品の販売は営業部門に委託する形をとって，営業部門に販売手数料を支払っている。したがって，この段階からすでにムラタのMCSには，コントローラビリティよりも大きなアカウンタビリティを求める仕組みが組み込まれていたといえる。

細分化の第2段階は，製造子会社の各工程をプロフィット・センター化したことであった。事業規模の拡大とともに，工程の数が増加し，工程間の関係も複雑化してきたことに対応するためである。工程間に内部振替価格を設定し，工程別の利益を明らかにすることによって，長く複雑な製造プロセスのなかで問題のある工程を特定することができるようになった。

第3段階は，工程をさらに製品ごとに細分化し，工程別・製品別利益を算定することであった。製品の種類が増加し，同一の工程で複数の製品が製造されることも多くなったためである。工程別・製品別利益が，製造部門のMCSにおけるもっとも小さなプロフィット・センターである。

なお，工程別・製品別利益は，子会社をまたがって事業部利益に集計していくこともできるという点で，アカウンタビリティの連結化の側面もあわせもっている。しかし，ここでの説明は製造部門のMCSに限定し，事業部制のためのMCSについては後述することとする。

以上のように，製造部門のMCSは，細分化の各段階においてアカウンタビ

第11章　経営哲学のもとでのマネジメント・コントロール・システムの再設計　*193*

リティがコントローラビリティよりも大きく設定されることで一貫している。ムラタでは，このようなMCSが社是の「科学的管理」を実践するものとされているが，ここで社是とMCSの関係を確認しておきたい。

　社是に「科学的管理を実践し」という文言が盛り込まれたのは，次のような創業者の経験に由来する。

> 　創業者は当時外回りの営業の仕事で価格見積りができず困ったことがありました。見積りは勘と経験がなければできないのが当時の常識で，素人では無理と考えられていました。そこで，職人の作業を観察して生産の能力を数値で把握し，素人でも科学的に見積りができるように工夫した。この考えが科学的管理を実践するという経営へ進んできたものです。（泉谷編著 2001，発刊によせて）

　このように，「科学的管理を実践し」は，勘や経験に頼らず，数値によって客観的に検証することを求めている。それが特定のMCSの設計，例えば，アカウンタビリティの細分化を規定するものではなかったことに注意しなければならない。

　「科学的管理を実践し」がアカウンタビリティの細分化と関連づけられたのは，一貫生産体制のもとで製造プロセスが長く複雑になっていったことに対応するものである。長く複雑な製造プロセスにおいて，数値による客観的な検証のためには，アカウンタビリティの細分化によって問題の所在が特定されなければならなかった。

　したがって，「科学的管理」の本質は数値による客観的な検証にあり，アカウンタビリティを細分化したMCSを設計するだけでは，「科学的管理」の実践として十分ではない。細分化されたアカウンタビリティのもとで，数値による客観的な検証をどのように実践するのかが重要である。

4-3　MCSの実践

　「科学的管理を実践し」は，他社に追随を許さないコスト競争力を実現することによって，ムラタの成功を支える歯車の1つになっている。そこで，数値

による客観的な検証の出発点になるのは,「コストダウン目標」と呼ばれる原価低減目標である。

コストダウン目標は,予算管理のプロセスをつうじて,全社予算から子会社予算,工程別・製品別予算へと細分化されたアカウンタビリティの各段階に割り当てられていく。製造部門のコストダウン目標は,厳しい水準で設定されることが多い。その原因は,製造部長自らがあるべき姿を描いてコストダウン目標を設定するためである。

「どうしても(組織階層の)上位の人がある程度その数値目標を明確に示しているというのが実態かなと。どちらかというと厳しい方向を示してしまっているかなと。厳しいという言い方よりも,部門があるべき方向に,ありたい姿のほうにもっていってしまうというところが大きいかなと思っております」(製造部長)

割り当てられたコストダウン目標を達成するために,各工程では能率や不良率などの原単位を引き下げようと努力する。各工程の努力がコストダウン目標の達成とどのように関連づけられるのか,数値による客観的な検証を実践する場になるのが月例の損益会議である。損益会議の中心となるのは製造部長である。製造部長は,損益会議をつうじて,コストダウン目標の達成を厳しく追及することによって,自らに割り当てられたアカウンタビリティを果そうとする。

「製造系の目標管理というのはめちゃめちゃはっきりしておりまして,部門の損益であったり…きちんと計量的に表現できるような数値目標が明確になっておりまして,非常に素晴らしいというか,むしろ逃げ場がないというぐらい」
「予算管理に対しては,分析とその影響をそのつど追っかけられる仕組みがもうすでに体質として,風土としてきちんとできあがりつつあります」
「(損益会議の)テーマになるのは,コストダウン率…そこが一番大きな議論…値下げ率の見込み値と実態との差,およびその要因は何かというところについて分析が足りないとか…追及する時間がけっこう多い」(製造部門)

製造部長が,自らのアカウンタビリティに対して,与えられたコントローラビリティだけでは対応しえない問題に直面したときには,他部門に支配的な影

響を及ぼすことによって，その支援を引き出すことができる。例えば，商品の企画を司る事業部において，製品設計に問題があったために，製造段階において損失が発生したとする。このときも製造部門の損益会議が舞台となる。

「そのときには製造部長さんが損益会議のときに（商品部長などを）呼びます。…呼び出しをくらうという形ですね。何でこんな作りにくい設計にしたのとか，こんなに何で見積り甘いんだっていう…」（本社・経理部）

以上のように，製造部門のMCSは，製造部長が厳しいコストダウン目標を設定し，損益会議をつうじて自らその目標の達成を厳しく検証するというように実践されてきた。社是の「科学的管理」は，このような製造部長を中心とするMCSの実践によって，ムラタの高いコスト競争力を実現させてきた。

5．社是の実践にともなう副作用

社是の実践としてのMCSには，環境が変化するなかで，次第にひずみもみられるようになっていた。ムラタで近年認知されるようになった環境変化は，第1に，海外売上高比率が70％を超え，不確実性の高いグローバルな市場に直面するようになったこと，第2に，アジアの競合他社の追い上げによって，圧倒的な技術の優位性を築くための十分な時間を確保することができなくなったことである。

これまでは国内の比較的安定した顧客基盤に支えられて，市場のライフサイクルを的確に把握することができたのに対して，環境変化によってライフサイクルそのものがスピードアップするとともに，ライフサイクルの動向が不確実になってきた。

ただし，以下で述べるのは，環境が変化したためにひずみが生まれたという直接の関係は想定していないことに注意してほしい。環境の変化は，昨日今日のことではない。環境は常に変化してきたのであり，われわれにとっての問題は，変わりつつある環境のもとでのひずみが，組織内部の問題としてどのよう

に認知されるようになったのかということである。

5-1　予算管理の機能不全

　ムラタでは，半期に1回予算を編成する。ムラタの予算編成プロセスは，どの企業もそうであるように，売上予算からはじまる。売上予算は営業部門の需要予測にもとづいて作成され，それを事業部がいったん取りまとめてから製造部門に送る。こうした予算編成には数か月間かかる，完成した予算は数か月前の需要予測にもとづいたものになる。需要の変化が激しいときには，予算期間がはじまった瞬間に需要予測から乖離してしまうこともあった。

　予算管理の機能不全は，このような市場の変化に対する予算の硬直性として認識された。

　　「売上予算をベースに工場で作ったけれども，先を見通したときにちょっとこれは乖離が大きいと。製造部でそれで管理していくの？　という状況…」（製造部長）
　　「大きな環境変化によって，予算値とかけ離れたことになったときに，予算値を修正する手段がないといいますか…。環境の変化を予算値にフィードバックする手段がないというのが非常に難しいところなので，いい方向に向かうときもあるし，悪い方向に向かうときもありまして，そのへんはどう対応したらいいのかなというのを…感じるときがあります」（製造部長）

　需要予測が乖離すれば，予算に示されるコストダウン目標を達成できなくなるリスクも高まる。しかし，製造部門によるコストダウン目標を達成するための努力が停滞したわけではなかった。製造部門では，予算が正確であるかどうかにかかわりなく，原単位レベルの改善を積み重ねていた。問題は，原単位レベルの改善をコストダウン目標のなかに反映させることが難しくなってしまったことである。

　　「生産性は44％ほど1年間で上がってますよ。…個々でみたらホント小さな改善なんですよ。…ああいうの…予算のときにどこまで織り込むんや，どんな形で織り込むんや，非常に難しい形になってます」（事業所長）

第11章　経営哲学のもとでのマネジメント・コントロール・システムの再設計　197

　予算編成が半期に1回であるのに対して，損益会議は毎月開催される。前節で述べたように，予算のコストダウン目標の達成を検証していくのが損益会議であるが，需要予測の乖離があると，目標の達成を検証することに加えて，その乖離を確認することが必要になる。

　　「予算の段階で，年間のコストダウン計画を出します。…それにもとづいて実行していきますけど，当然ながら計画どおりうまくいかないケースもありますし，計画段階ではまだ動いていなかったものだとか，あるいは追加のコストダウン計画だの，いろいろ増減出てきます。それを月々のコストダウン会議のなかで確認し，フォローしていっている」（製造部長）

　製造部門では，予算のなかで設定されるコストダウン目標を達成することが社是の「科学的管理」を実践することであり，社是を実践しているということは，ムラタの成功を支える歯車の1つを動かしているという感覚が形成されてきた。この感覚は，コストダウン目標の達成はもちろんのこと，それを組み込んだ予算の正当性を高めることにつながった。

　しかし，半期に1回しか編成されない予算は，市場の変化を直接に反映するものではなくなりつつあった。それでも製造部門では，予算のコストダウン目標によって，市場からの情報がもたらされることを期待しつづけていた。その期待の裏返しとして，インタビューでは，次のように，予算をなくすことに対する不安が表明されることがあった。

　　「予算をなくしてしまうと，よりどころを何にするかですよね。出たところ勝負になってしまうので，やっぱりそれはそれなりの，まったく何も根拠のないところから予算ができているわけじゃありませんから。いわゆる営業の作る時点での市場見通しとか，予算からの情報を得て作っていますので，よりどころの何もない状態でやるのはまた問題だろうと思います」（製造部長）

5-2　まじめさ

　ムラタでは，製造部門のコストダウン目標がそうであったように，上司が主

導して目標が設定されることが多い。それが部下にとって厳しい目標であっても着実に達成しようとするのは、目標を達成することが社是の実践であり、それが会社を成長させてきたという成功体験に支えられているためである。また、目標は数値目標であり、それを達成したかどうかもはっきりする。ムラタでは、数値目標の達成を基礎として、上司による評価も客観的で公正に行われてきた。

こうして、ムラタでは目標が厳しいものであってもそれを達成する能力が研ぎ澄まされてきた。われわれがインタビューで頻繁に耳にした「まじめさ」は、与えられた目標をきっちりと達成するという美徳をあらわしている。

しかし、数値目標とその検証を重視しすぎると、かえって検証できないものには取り組まないという保守的な傾向を助長することがある。インタビューのなかでも、職能に関係なく「まじめさ」についてプラスとマイナスの両面が指摘されることが多かった。

「何と言っても本当にまじめなんです。…右を見て、左を見て、足が出ていたら足を下げる。なかなか出ないんですね」（製造子会社）

「まじめで。よくいえば実直。…どうしても内内に押さえ込んでしまっていると言うんですかね…。…壁みたいな殻みたいなものを破ったらものすごい力が出る会社です。個人も組織もですけどね。そこを何とかしたい。…そういう意味では非常に一見、保守的に見えるんですね」（上とは別の製造子会社）

「長い期間培ってきた営業風土というのはございます。一言で言えば、けっこう指示待ち的なところ。…あとは現状維持的なところ。あと内向きっぽいところ。…お客さんの目からアンケートなんかで…聞くと、やはり村田製作所の営業人というのはまじめである、実直であるという結構固めの意見が入ってくるんですね」（営業部門）

このような保守的な傾向があらわれはじめたことを全社レベルで認識することになったのは、皮肉にも数値による検証であった。ムラタでは、製造子会社も含めてグループ全体で従業員満足度調査を実施した。その結果、これまで社是の「科学的管理」をもっとも忠実に実践してきたはずの製造部門で、もっとも満足度が低い傾向にあることが明らかになった。

「まじめさ」の保守的な傾向は，上司による部下の人材育成にとっても問題が多いと認識されはじめていた。上司は部下がそれなりに目標を達成していればあえて部下の問題に踏み込むことはなく，部下も上司の評価によほどの不満がないかぎりは自分の仕事に疑問を抱かなくなっていた。

「部下と上司がコミュニケーションして，その結果，目標が決まって実際に動いて，『君ってこういう能力が足りないよね。もっと強くしないとならないよね』とか，『今回頑張ってくれたけど，業績には至らなかったよね』とか，ある意味ハードなフィードバックをしていかないとならない。そのなかから部下が自分を振り返ってみて気づいて，自分ではいいと思っていたけど，ここはまずいかなということに気づいて動機づけにする。そういう成長の視点が弱かったのかなと思いますね」（本社スタッフ）

5-3 対照的な予算と中期計画

これまでの説明では，もっぱら製造部門のMCS，予算管理に焦点をあててきた。それが社是の実践と関連づけられていたためである。しかし，ムラタのMCSには，製造部門の予算管理だけでなく，事業部のためのMCSとして中期計画がある。

中期計画は，一般に，長期的なミッションやビジョンを実現するための具体的な方法を策定するもので，おおむね3年間を範囲とすることが多く，その実行は単年度の予算によって確保されるものである。しかし，ムラタでは，これまで中期計画が長期目標から導かれることもなく，単年度の予算との関係もはっきりしていなかった。

中期計画が形骸化していたことは，事業部のアカウンタビリティ（利益責任）があいまいであったことと関連している。製造部門のMCSのところで，工程別・製品別利益についてはすでに言及した。これを製品の軸にそって集計していくと，商品部利益，さらには事業部利益が算定される。しかし，事業部利益は算術的に算定されるにすぎず，事業部はその利益責任を果たすための努力を，ほとんど各職能部門，とくに製造部門に委ねるしかなかった。

> 「予算が一番厳しく運営されているのが工場のとこなんで，事業部はやはり縦の損益となると営業の粗利と工場の損益と自分たちのコストと足したものなんですよね」（本社スタッフ）

　製造部門の製造部長と事業部の商品部長は，組織階層のなかで同列に位置づけられているが，実質的には，損益会議の場などで製造部長が商品部長に対して支配的な影響力をもつことはすでに述べたとおりである。
　このように，ムラタでは，同じ MCS でありながら，中期計画と予算が対照的な位置づけにあったことがわかる。予算・製造部門には社是にもとづいて数値による厳格な検証があるのに対して，中期計画・事業部にはあいまいなアカウンタビリティしか求められていなかった。また，本社のスタッフ部門のなかでも，予算を管轄する経理部と中期計画を管轄する企画部とでは，ライン部門に対して対照的な関係にあった。

> 「いわゆる科学的管理を追求するというのは，数値結果が…実績ベースでほぼ毎月きちんと出てきてしまうので，今までの経理部門はそれをつつくことを生きがいとしているような部分もあるので，製造部門とか商品部からしたら愚痴を言う舅・小姑が毎月何か言ってくるという感じなので，社内プレッシャーがけっこう強かったと思う」（本社スタッフ）

> 「あまり指針がないなかで，例えば，何年になんぼ，何年になんぼ，これをやるのにどうするという問いかけじゃなくて，5年間の売上計画を作ってくださいと，小さいユニットに尋ね回るんですよね。それぞれのくくりで企画部にあげてくる。それを紙でずっとファイリングして，企画部が表紙つけてね。これが中期計画ですってやったりしてたんですね」（本社スタッフ）

6．MCS の再設計

　前節までに，ムラタの MCS が社是を実践するものとしてどのように設計・利用されてきたのか，また，その反面でどのような副作用をもたらしたのかをみてきた。本節では，その副作用を克服するためにはじまった様々な取り組み

と，その取り組みによってMCSがどのように再設計されていくのかをみていく。

6-1 組織風土改革

前節で述べたように，従業員満足度調査によって，「科学的管理」を実践するなかで培われてきた「まじめさ」が，かえって従業員の満足度を低下させていることが明らかになっていた。そこで，ムラタでは，グループをあげて組織風土改革に取り組むこととなった。なお，組織風土改革はMCSそのものの再設計ではないが，後述するように，MCSの再設計にあたって重要なコンテクストの一部となったため，ここで取り上げることとする。

組織風土改革は，本社のトップマネジメントの1人を責任者として展開されている。しかし，本社が関与するのは基本方針を設定するだけにとどまる。基本方針は4つあり，顧客本位，現場指向，環境変化へのスピーディな対応，自由闊達な議論で創造性・チャレンジ精神を大切にすることであった。

組織風土改革の具体的な取り組みは，すべて現場の自主的な発案に委ねられた。われわれのインタビューで聞かれたのは，例えば，部下との対話をキャッチフレーズにしたバッチを胸につけたり，掲示板を作ったり，他部門の朝礼に出て話をしたり，好きなようにビジョンを語り合う場を設けたりと，現場ごとに千差万別であった。しかし，いずれも本社の設定した4つの方針のうち4番目の方針「自由闊達な議論で創造性・チャレンジ精神を大切にする」に関係するものであったことに注意しなければならない。

ここに現場が取り組む組織風土改革の限界があるといえる。組織風土改革はその取り組みが現場に委ねられたために，部門内で取り組みやすい4番目の方針には多様な工夫がみられたが，部門間に範囲を広げなければならない顧客本位や環境変化へのスピーディな対応といった基本方針については取り組みが十分とはいえなかった。このことが後述するMCSの再設計にも重要な問題前提になる。

6-2　予算に代わる情報の流れ

　予算は「科学的管理」の実践と関連づけられてきたために，ある製造部門では，予算が機能不全に陥っているにもかかわらず，予算をつうじて市場情報を入手することを期待しつづけていた。しかし，主力でない製品や競合の激しい製品を扱っていたために，予算の機能不全を早くから認識していた一部の製造子会社では，自ら予算に代わる情報の流れを探索するようになった。

　　「製販会議のほうには商品部のほうからも担当の人，来てもらってそのトピックみたいなことをしゃべってもらうように，何か月か前からやりはじめました。…それとは別に，商品部あるいは事業部と一緒になって，いろんな名称を作って，連絡会議とか…，部門によって違う名称作ってますけど，それはまた別に月に1回やってます」（製造部長）

　　「量産をしているグループが昨年からはじめましたのは，まずは生産管理が，それから生産管理と一緒に，例えば，製造スタッフが，部門長が，営業さんのところを回り，なおかつ，営業さんと一緒にお客様の工場を回り…ということをはじめまして」（製造部長）

　なお，後述するBSCの導入によっても，同じような新たな情報の流れが形成されるが，このインタビューの時点では製造部門にBSCが導入されていなかったため，ここにあげた発言の動きはBSCの導入よりも前に着手されたものである。BSCの導入は，このような情報の流れの形成をさらに広く浸透させるものであったといえる。

6-3　中期計画の再生——BSCの導入

　予算には「科学的管理」を実践するものとして数値による検証が備わっていたのに対して，中期計画には社是による規範的な裏づけもなく，あいまいなアカウンタビリティしか求められていなかった。また，予算を管轄する経理部とそれを実践する製造部門は，中期計画を管轄する企画部とそれを実践する事業部に対して，非対称的に大きな影響力を有していた。そのなかで，企画部は中期計画の再生とそれにともなうBSCの導入を進めていくことになった。

中期計画の再生は，予算に取って代わろうとするものではなく，予算との連動を強めることによって，中期計画を着実に実行するものであると位置づけられた。また，中期計画そのものにも顧客や市場の変化に対応する内容を盛り込み，その進捗度を明確な指標によって測定するために，BSC を導入することになった。

「従来どおり予算制度というのはきちっと動かすんだけど，あまりにも過去は予算制度だけに頼ってましたね。もう少し BSC で経営全体のところに視点を…あてて行きましょうという」(本社スタッフ)

「結局十分機能しているのは，経理の主導している予算制度なんですよね。予算制度って何かというと単年度計画ですよね。実は1年といってもほとんど半期見直しなので半期の計画。これが中心でこの会社は動いているという状況だったんです。これでいいのかというと，やはりさっきいった BSC じゃないけれども下の3つの視点，欠落してますよね。顧客の視点なかったですよね。成績だけでしょと。そういう視点入れないといけないというのがありましたし，やはり中期で考えてやるべきことをはっきりしないと，単年度なり半期単位で業績最大化ねらってしまうと，先の仕込みが何もできないという心配ありますよね」(本社スタッフ)

それまでの事業部に求められるアカウンタビリティは，前述の算術的に求められる事業部利益のみであったのが，非財務業績も含むようになって大幅に拡充された。一方で，事業部のコントローラビリティには何も手が加えられていないため，事業部にも，これまで製造部門にみられたコントローラビリティよりもアカウンタビリティを大きくする仕組みが導入された。

このように，中期計画にも BSC によって数値による客観的な検証を組み込むことによって，社是の「科学的管理」との整合性が高められる。前述のとおり，「科学的管理」は特定の MCS の設計を規定するものではなく，数値による客観的な検証を求めることがその本質とされるためである。しかし，それでも予算のように，社是を実践するものという認識が浸透するまでには，成功体験を積み重ねるだけの時間が必要である。

そこで企画部では，トップマネジメントに働きかけることによって，中期計

画や BSC をトップマネジメントが自らの目標の客観的な検証のために利用するものとして位置づけた。

　「(BSC は企画部だけではできないので) 上の人もかなりそこに参画するようになったと思います。まあトップ自身がリーダーシップもってやれということで，旗振ってやってますからね。(BSC が) 自らの成績表ですよ，ということ言ってますんで」(本社スタッフ)

　すでにムラタでは，2015年までに売上高1兆円を目指すという長期ビジョンが社長の名で公表されていた。しかし，当時はトップマネジメント間でも，その目標をどのように達成するのかについて合意は形成されていなかったという。中期計画を再生するためには，中期計画がこの長期ビジョンを反映したものにならなければならない。

　そこで企画部では，社長を含めたトップマネジメントを集めて，自らがファシリテーターとなって，1泊2日のキャンプを企画することになった。社長までがこのようなキャンプに参加するのは，ムラタでは極めて珍しいことであった。社長を参加させることには社内の一部に反対意見もあったとされるが，キャンプは企画部の思いのままに敢行された。以下のコメントは，キャンプでの一幕を紹介したものである。

　「今後はこうしたい，要はあなたら (トップマネジメント) どんな思いもってはんのと…。1兆円になりたいかなりたくないか。そこからはじめましょうと。次，いつごろなりたいっていうそういう思いをぶつけ合う。ほなもう，思いがバラバラやっていうのが最初認識されるんですね」(本社・企画部長)

　キャンプをつうじて，トップマネジメント間には長期的なビジョンとそれを実現するための方針について合意を形成することができた。そして，BSC には，社長自らのコメントをつうじて，前述のトップマネジメント間で共有された目標とのリンクが図られた。

　「中期に関して BSC を導入するところは…例えば，どこどこの商品部長レベ

ルまでは社長の直筆コメントを出すと,半期に1回はフェース・トゥ・フェースで,会議体で運営していくということで」(本社スタッフ)

6-4 BSCの効果

BSCの効果を説明する前に,なぜムラタはMCSの再設計にあたってBSCを選択したのかということについて追加的に触れておきたい。BSCの導入目的としては,上述のような中期計画の再生というのがもっとも大きいが,それだけではなかった。

BSCの導入を企画したのは,本社スタッフの人事部と企画部であった。人事部の意識にあったのは,前節で述べた人材育成の停滞という問題であった。そこで,BSCでは学習と成長の視点が重視されることになったが,そうしたBSCの設計だけではなく,導入プロセスにおいても試行錯誤によって上司と部下のコミュニケーションが図られることが期待された。

> 「今回BSC導入したという話のなかでも,KPI(Key Performance Indicator)というのはある意味,もがいてもがいて考え抜いて作るもの…。…やはり皆さん実態は,…KPI設定で苦労している,なかなかいいKPIがみつからない。でも皆さん努力して…僕はそれ自身がいい試みだと思う」(本社スタッフ)

このようなBSCの導入アプローチには,予算に代表される従来のMCSの導入アプローチとの違いを際立たせるという効果もあった。BSCの導入にあたっては外部のコンサルタントが使われたが,これも従来のMCSの設計にはないことであった。以下のコメントは,予算のシステム設計に対して聞かれた批判的な見解であるが,BSCはこれと対極的な導入アプローチをとったといえる。

> 「やってみて直せばいいやないか思うんですけどだめなんです。…細かいところまで求めすぎてるなという。システムつくるときに。…予算も予算システムどうしようかといったときにあれやこれやといろんなもの集まってああしようこうしようと取り込むもんやからどんどん複雑な予算システムになってるんですね」

(製造部長)

また，組織風土改革で十分でなかった顧客本位や環境変化へのスピーディな対応を強化するためにも，BSC が適しているとみなされた。顧客本位は BSC の顧客の視点，スピーディな対応は内部プロセスの視点とぴったり対応していた。

「単年度志向的なところ強かったし，…やはり財務に力点を置きすぎてきた。…それ中心にやってきましたから，もう少し内部プロセスの改革とか，やはりお客さんの視点とか，顧客満足とか，やはり当然そういうことが重要になって，まあそれは今の村田にとってはちょうどそういう風土改革も含めて手法としてはいいのかなと」(本社スタッフ)

組織風土改革では，主体が現場レベルにあったために，取り組みの範囲は部門内にとどまりがちであった。BSC では，積極的に部門間のコミュニケーションを図ることが重要なねらいの1つであった。

「今回僕ら（企画部）から仕掛けて BSC の導入のために，この部門とこの部門とこの部門と話してくださいって言って，後ろから背中がんがん押してますんで，彼らもうっとうしいなあと思ってると思うんですよ。しかし，話すると，あ，話してよかった。今まで十分できてなかった」(本社・企画部長)

「BSC やってからとくに重視しているのが事業部と営業と開発とかの，部門間のコミュニケーションですね」(営業部長)

当初の BSC は，中期計画との関係で事業部のアカウンタビリティを強化する意図があったため，事業部，商品部の系統にだけ導入された。製造子会社は BSC の導入対象にならなかった。しかし，製造子会社のなかにも自らの意思で BSC を導入したところがあった。その製造子会社は，他社との競合の激しい製品を担当していたために危機意識の強いところであった。現在では，製造子会社からの要請が出たこともあって，本社から事業部に対して製造子会社と協力して BSC を作成するように促している。

7．事例からのインプリケーションとまとめ

　ムラタでは，製造部門の予算管理が，社是にある「科学的管理」を実践するものとして位置づけられてきた。製造部門の予算管理は，アカウンタビリティがコントローラビリティよりも大きくなるように設計され，上司が部下に対して厳しい目標を設定する。目標を達成したかどうかは，損益会議の場で上司から数値による客観的な検証が求められる。それでも，その目標を達成することが社是の実践であり，ひいては会社の発展に寄与するという認識の共有がある。部下はまじめに与えられた目標を達成するための努力を続ける（図表11-4）。

　このように，ムラタの予算管理は，経営哲学が浸透するなかで，個々の組織構成員が目標を達成するように行動し，その行動が経営哲学をいっそう浸透させるとともに，組織業績に貢献するというミクロ・マクロ・ループを形成するものであった。

　しかし，社是を実践するものであったはずの予算管理は，いつの間にか社是を離れて独り歩きをはじめるようになっていた（図表11-5）。予算編成時の目標は硬直的で，市場の変化を反映するものではなくなり，損益会議は予算編成時の目標よりもその後の前提の変化を追いかけなければならなくなった。それ

図表11-4　予算管理による社是の実践

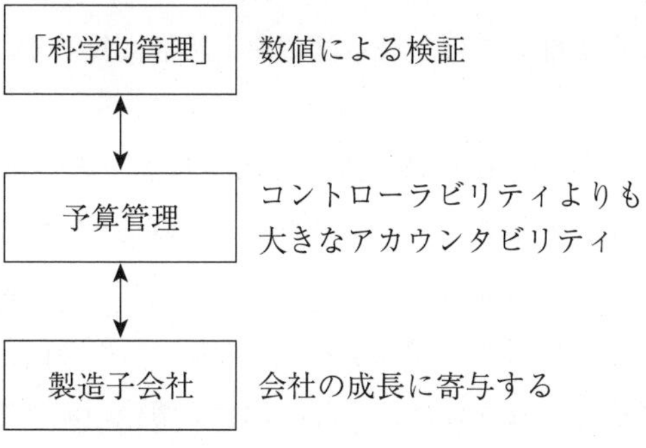

「科学的管理」	数値による検証
↕	
予算管理	コントローラビリティよりも大きなアカウンタビリティ
↕	
製造子会社	会社の成長に寄与する

図表11-5 社是と予算管理の矛盾

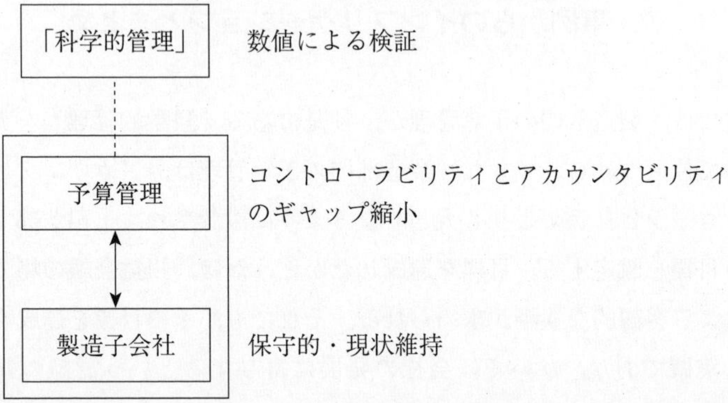

「科学的管理」	数値による検証
予算管理	コントローラビリティとアカウンタビリティのギャップ縮小
製造子会社	保守的・現状維持

でもなお，製造部門は予算管理がなくなれば市場からの情報が入らなくなることを心配していた。

　まじめさは，厳しい目標であっても達成するという能力の高さを示すものである反面，目標さえ達成していればいいという保守的な傾向を帯びるようになった。現状に満足して成長の余地には目を向けなくなってしまい，人材育成が停滞することになった。

　予算管理には，製造部門にそのコントローラビリティよりも大きいアカウンタビリティを求める仕組みが組み込まれていたが，事業部などに対する製造部門の支配的な関係が定着するようになると，両者のギャップは次第に小さくなっていった。一方，事業部が作成する中期計画には，明確なアカウンタビリティが求められていなかった。本社スタッフ部門間でも，予算管理を担う経理部と中期計画を担う企画部とでは，製造部門や事業部に対するスタンスが対照的であった。

　そのなかで，ムラタはMCSの再設計に着手した。その担い手になったのが，製造部門のなかでも主力でない製品を扱っていたり，他社との競合の激しい製品を扱っていたりする製造子会社，そして本社スタッフ部門のなかでもそれまでラインに対して積極的に関与することのなかった企画部であった。

　そうした製造子会社のなかには，予算に代わる情報の流れを探索するところ

第11章　経営哲学のもとでのマネジメント・コントロール・システムの再設計　209

図表11-6　再設計されたMCS

| 「科学的管理」 | 数値による検証 |

↕

| 長期目標 | トップの思い |

| 中期計画・BSC | コントローラビリティよりも大きなアカウンタビリティ |

↕

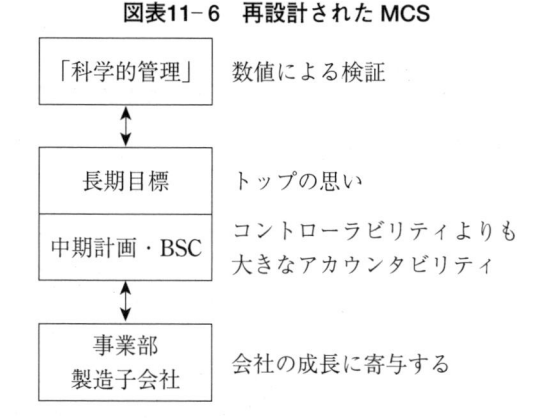

| 事業部 製造子会社 | 会社の成長に寄与する |

が現れ，事業部を参加させる会議体を設けたり，営業部門と一緒に得意先を回ったりするようになった。

　企画部は，自らイニシアティブをとって，中期計画の再生とBSCの導入を進めることになった。BSCの導入は，中期計画にも業績指標による検証を組み込むことによって，中期計画と社是の「科学的管理」との整合性を高めた。中期計画を作成する事業部では，従来よりも大きなアカウンタビリティが設定されることになった。また，企画部は社長を含めたトップマネジメントに働きかけることによって，中期計画とBSCが長期目標の達成状況を検証するものであるという位置づけを明確にした（図表11-6）。

　ムラタがMCSを再設計する手法としてBSCを選択したのは，BSCにある顧客の視点，内部プロセスの視点，学習と成長の視点が，ムラタの抱えるひずみを可視化するものになると考えたためであった。顧客の視点と内部プロセスの視点は，MCSの再設計に先駆けてはじまっていた組織風土改革の基本方針のなかで取り組みが十分でない部分を補完するものであった。学習と成長の視点は，人材育成の停滞を解消しようとするものであった。

　BSCの導入にあたっては，はじめから完全なシステムを設計しようとするのではなく，例えば，業績指標の設定をめぐる試行錯誤のなかで，部門内・部門間で創造的なコミュニケーションが生まれることを織り込んでいた。BSC

の求めるコミュニケーションは，すでに製造子会社が取り組んでいた情報の流れの探索と同じ方向に進もうとするものであったし，個々の現場レベルにとどまっていた組織風土改革の限界を打破しようとするものでもあった。BSCは，当初は事業部だけに導入されたが，製造子会社のなかに独自にBSCを導入しようとするところが現れるようになり，事業部は製造子会社と協力してBSCを作成することとなった。

　以上のように，ムラタの事例をつうじてみてきたのは，経営哲学が浸透するなかで実践されてきたMCSが，いったんその副作用とみられる矛盾を抱えてしまったものの，その矛盾のなかに芽生えた変革の担い手が，どのようにしてMCSを再設計したのか，ということである (Seo and Creed, 2002)。それは，予算管理を中心に形成されてきたミクロ・マクロ・ループが，予算管理に代わって中期計画やBSCを導入することによって，どのように新たなミクロ・マクロ・ループを形成するにいたったかというプロセスでもあった。

　一連の取り組みのなかで，ムラタは社是を変えていない。しかし，社是を実践するMCSが，予算管理から中期計画とBSCに変わろうとしている。社是が変わらないなかで，いったんはその社是を実践するものとして位置づけられたMCSを変えるのは容易ではないが，社是のような経営哲学が浸透するなかで生じる矛盾に着目すると，その変化のプロセスを解明する手がかりが見出せるのではないか。本章での考察が，そのプロセスの一端を提示することになれば幸いである。

第12章　組織文化と管理会計システム
―㈱村田製作所におけるサーベイ・データを中心に

1. はじめに

　組織文化に焦点を当てた実証的な管理会計研究は，現在まで比較的少数であると言える。かつては，文化とりわけナショナル・カルチャーが管理会計に与える影響に関する実証的な研究が比較的多くなされてきた。しかし，ミクロ的な個別の企業文化あるいは組織文化と管理会計システムに焦点を当てたものは，比較的少数であると言える[1]。そこで，本章では，欧米における先行研究であるHenri（2006）およびBhimani（2003）を参考にしながら，日本企業における実態を㈱村田製作所におけるサーベイ・データを中心として，分析を行う。

　特に組織文化の相違が，管理会計システムの有用性および利用に与える影響について明らかにする。

2. 先行研究の考察

2-1　Henri（2006）の研究

　Henri（2006）は，マネジメント・コントロール・システムが，フレキシブルかコントロールかという組織的なジレンマのバランスをとり，両者の緊張関係を管理するものであるというSimons（1995b）の主張に基づいて，フレキシ

図表12-1 競合価値観モデル

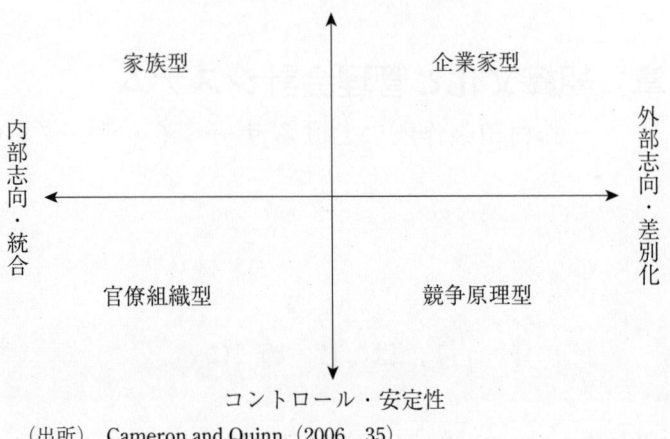

```
              フレキシビリティ・自発性
                      │
         家族型        │       企業家型
                      │
  内部              ───┼───              外部
  志向                 │                 志向
  ・                   │                 ・
  統合                 │                 差別化
                      │
         官僚組織型    │      競争原理型
                      │
              コントロール・安定性
```

（出所）Cameron and Quinn（2006, 35）

ブルな組織文化とコントロール的な組織文化が，業績測定システム（Performance Measurement System：PMS）にどのような影響を与えるのかを，サーベイ・データに基づく仮説検証型の実証研究を行っている。

ここで，フレキシブルかコントロールかという組織文化の定義については，Cameron and Quinn（1998）等において用いられている競合価値観モデル（Competing Value Model）に依拠している。対比を行っている2つの組織文化の特徴としては，コントロール型は，予測可能性，安定性，公式性，厳格性，一貫性という特徴を持っており，フレキシブル型は，自発性，変化，オープンさ，適応能力，敏捷性などの特徴を持っているとしている[ii]。

競合価値観モデルについて図示したものが図表12-1である[iii]。競合価値観モデルにおいては，フレキシブル対コントロール，内部指向対外部志向という2つの軸で，企業文化を類型化し，4つのタイプ（「家族型」「企業家型」「官僚組織型」「競争原理型」）を提示している。

Henri（2006）では，組織文化と業績測定システムの関係について，その測定尺度の多様性と利用のされ方について，仮説検証を行っている。

第12章 組織文化と管理会計システム　213

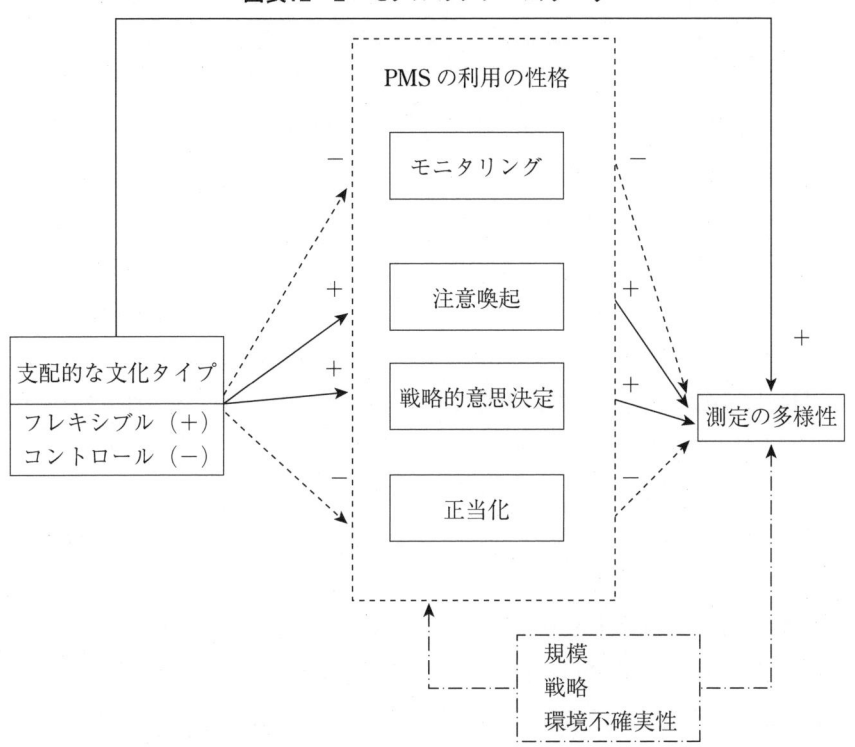

図表12-2　モデルのフレームワーク

(出所)　Henri (2006, 83)

Henri (2006) において設定および検証されている仮説は，図表12-2のとおりである。

Henri (2006) では，先行研究の成果を踏まえた上で，フレキシブルな組織文化が測定の多様性を増加させ，逆にコントロール的な組織文化が測定の多様性を減少させるとしている。また，業績測定システムの利用のされ方については，モニタリング，注意喚起，戦略的意思決定，正当化の4つについて，仮説が設定されており，フレキシブル型は，注意喚起および戦略的意思決定とプラスの関係，コントロール型は，モニタリングおよび正当化に関して，プラスの関係があるとしている。さらに，これらの4つの業績測定システムの利用方法

と，測定の多様性について，モニタリングおよび正当化が，多様性の減少につながり，注意喚起および戦略的意思決定が多様性の増加に関係するという仮説を構築した。

なお，企業規模，戦略，環境不確実性は，業績測定システムの利用の性質と測定の多様性の双方に影響を与える可能性があるので，このモデル内では，コントロール変数として取り扱われている。(図表12-2を参照)

サーベイ・データは，2157社のカナダの製造業を対象としたものであり，売上が2千万カナダドル以上，従業員150人以上の企業である。回収率は，24%であり，この種の最近の調査と比べても，比較的高いと言えよう。

結果は，図表12-2のうち，実線で示した部分については，統計的に有意な関係が存在するということが明らかとなった。

結果としては，組織文化（フレキシブル型かコントロール型か）により，PMSの利用の仕方が一部で異なり，測定の多様性はことなるという仮説が実証された。

仮説の一部が実証されなかった理由として，PMSのモニタリングという機能は，長く組織内に定着した利用の仕方であり，組織文化による相違が出にくいのではないかという，考察を行っている。このことは，管理会計の技法として組織内で長年にわたり利用されており，一種の「当たり前」の技法になっているものは，組織文化による相違が出ないあるいは，出にくいということである。

このことは，後の分析にも示唆を与えるものである。逆に言えば，組織内に新規に導入されて，利用があまり定着してない技法については，組織文化により利用の状況が異なるという仮説が成立しよう。これは，管理会計技法の導入においても，それを促進あるいは阻害する組織文化があるということも考えられる。

2-2 Bhimani (2003) の研究

2-2-1 研究の概要

Bhimani (2003) では, ドイツ企業の Siemens 社における新規の管理会計システム (原価企画；原文では, process based target costing；PBTC とされている。) の導入に対する評価に関わって, 部門ごとの組織文化の違いが, 新規の管理会計システムへの評価に影響を与えていることをアンケート調査による定量的分析とインタビューや社内文書に基づく定性的分析を併用することにより, 明らかにしている。

研究対象となったのは, Siemens の半導体事業の 1 つの部門である光ファイバー事業単位 (Fiber Optics business unit；HLFO) である。Siemens 全体としても企業文化の転換に取り組んでいた中で, さらに HLFO では, 原価企画の導入を行っていた。この原価企画の導入に対して, 2 つの職能部門 (技術部門と経理部門) が対極にある組織文化を持ち, それぞれが新規の管理会計システムである原価企画に対して, 全く異なった評価を持っていることが実証されている。

1993年初頭から Siemens は全社的な組織文化の転換プロジェクトとして, 時間最適化プロセス (time optimized process；TOP) というプロジェクトが開始された。このプロジェクトの狙いは, 業務のフレキシビリティを高め, 外部志向のマネジメントを行うことであった。具体的には, 顧客, プロセス志向, 意思決定の迅速化, チーム志向のマネジメント, 自発性, 自律性を高めることなどである。

これらと並行して, HLFO 事業部門では, 低価格による外国企業の参入により, 従来は独占的な地位を占めていた市場が, 侵食されるようになった。このため, HLFO では, 1995年9月に, 異なる製品の機能ごとに市場から要求される許容原価に関する会計情報を, 提供することを目的とした目標原価に基づく会計情報システムの開発に着手した。このプロジェクトは, 設計担当の技術者が経理担当者と連携しながら行われた。

さらに, HLFO では, これと同時に Phoenix というプロジェクトも立ち上

げられた。このプロジェクトは，製造プロセスのリエンジニアリングを目的とするものであった。

　HLFO では，伝統的に設計技術者は，製品の売価に関する情報や製造プロセスに関する情報を求めてもいないし，またその提供も受けていなかった。また，HLFO の会計システムは，Siemens 全社の会計手続きに則って，ラインごとに原価を跡付けるというよりも，原価計算対象に原価を配賦するという目的のために設計されていた。

2-2-2　仮説の導出

　仮説の導出に当たって，対照的な組織文化を持つ技術部門と経理部門の背景について説明がなされている。すなわち，経理部門は，組織内の経済的資源を勘定科目に配分するという教育訓練を受けてきている。これは，ドイツの大学教育における経営経済学の伝統を色濃く反映したものである。そして，この伝統は，科学的側面を強調するあまり産業界や実務界との関係は，希薄である。このような教育的背景のため，Siemens の経理担当者は，会計情報に他の業務的データを統合することに対して，抵抗感を持っている。さらに，経営経済学で強調される数値データによって，原価，職能，部門を区別するという原則からは，TOP プロジェクトで推進されてきた諸概念には，奇異な感じさえ抱くものであった。

　これに対して，技術部門は，エンジニアの教育的な背景である柔軟性に満ちたものであった。これは，ドイツにおけるエンジニア教育が，実用性を追求したものであることと関係している。また，大学の工学系の教授も産業界と非常に強いつながりを持っている。

　このような部門の特徴に言及しながら，以下のような仮説を導出している。

　仮説 1：技術系管理職は，PBTC プロジェクトの実施以前は，経理系管理職よりも，競合価値観モデルにおける企業家型文化の要素が強い。

　仮説 2：技術系管理職は，PBTC プロジェクト実施後も，経理系管理職よりも，競合価値観モデルにおける企業家型文化の要素が強い。

仮説3：競合価値観モデルにおける企業家型文化の要素が強い管理職は，企業家型文化の要素の弱い管理職よりも，PBTCプロジェクトが成功したと認識している。

アンケート調査の結果からは，仮説1～3は，いずれも支持されている。すなわち，技術系管理職では，原価企画の導入プロジェクト（PBTC）の実施以前も，また実施以後も，企業家型の文化の要素が経理系管理職よりも強く，企業家型文化の要素が強い管理職は，企業家型文化の要素が弱い管理職よりも，PBCTプロジェクトが成功した認識していることが明らかとなった。またこの結果を裏付けるためのインタビューの結果も随所に引用されている。

3．仮説の設定

上記の2つの研究からは，いずれも組織文化が管理会計システムの利用目的，受容に影響を与えているとの結果が検証されている。このことから，以下の2つの仮説について検証を行うこととする。

　仮説Ⅰ：組織文化により管理会計システムの有用性に関する認識に差が存在する。
　　仮説Ⅰ－1：フレキシブルな文化は，新規の管理会計システム，あるいは管理会計システムの変更を受け入れやすい。
　　　　Ⅰ－2：コントロール的な文化は，新規の管理会計システムあるいは管理会計システムの変更を受け入れにくい。

　仮説Ⅱ：組織文化により管理会計システムの利用の仕方に相違が存在する。
　　仮説Ⅱ－1：フレキシブルな文化は，管理会計システムを自律性・柔軟性の観点に注目して利用する。
　　仮説Ⅱ－2：コントロール的な文化は，管理会計システムをコントロールの側面に注目して利用する。

仮説Ⅰは，Henri（2006）およびBhimani（2003）においても検証された問題である。特にBhimani（2003）においては，新規の管理会計システム（原価企画）の導入に関して成功であるか否かという認識に関するものであるが，これは既存の管理会計技法の改変等についても，拡張して適用できる可能性がある。また，Henri（2006）では，業績測定システム（performance measurement system）に限ったものであるが，その利用目的ごとに差異があることが実証されたので，個別の管理会計の技法ごとに相違があるかどうかを確認することに，意味を見出すことはできよう。

仮説Ⅱは，主としてHenri（2006）の検証結果に基づくものである。Henri（2006）では，前述のように業績測定システムに検証の対象を限定しているが，その利用の目的についても差異が確認された。同様の結果が得られるかどうかを，日本企業において確認することは，重要であると思われる。

4．仮説の検証

4-1　問票調査の実施

上記の仮説を検証するために，アンケート調査を実施した。アンケート調査は，日本会計研究学会特別委員会（「企業組織と管理会計の研究」（委員長：廣本敏郎一橋大学教授））が，㈱村田製作所の本社に依頼を行い，本社を含む7つの事業所（本社以外の事業所はすべて工場であるとともに生産子会社である。）に，合計380通の質問票を2007年10月12日に発送した。紙媒体で送付されたところもあれば，電子メールを通じて送付された所もあった。回収は，都合4回にわたって行われた。第1回の締め切り後（2007年10月31日）に，会社側の担当者から督促を行った。基本的にはアンケートの配布先は，依頼された事業所に一任されていたので，未回答者を特定しての督促は行われず，全体として，督促の通知にとどまった。回収締め切り毎の回収率の経緯は，図表12-3のとおりである。

回収した質問票は，合計301であるので，回収率は，79.2％であった（図表

図表12-3　全体の回収率

事業所	配布部数	第1回回収数	第2回回収数	第3回回収数	第4回回収数	回収総計	回収率
A	32	30				30	93.75%
B	19	18				18	94.74%
C	24	17	7			24	100.00%
D	12	12				12	100.00%
E	40	4	7	12	2	25	62.50%
F	95	52	14	2		68	71.58%
G	158	35	19	33	37	124	78.48%
合計	380	168	47	47	39	301	79.21%

12-3）。

4-2　検証の方法

　検証方法については，Henri（2006）の方法を踏襲することとした。組織文化の判定の方法は，Henri（2006）およびBhimani（2003）がともに依拠しているCameron and Quinn（1998）の競合価値観モデル（competing value model）による4つのカテゴリーを利用した。この4つのカテゴリーは，家族型，企業家型，官僚組織型，競争原理型というものであるが（前掲の図表12-1を参照），これらの4つのカテゴリーは，フレキシブル―コントロールという軸と内部志向―外部志向という2つの軸で説明されている。

　Henri（2006）では，4つのカテゴリーをそのまま利用するのではなく，フレキシブル―コントロールの軸のみで検証を行っており，Bhimani（2003）においても同様の処理が行われている。そこで，本章においてもこれらを踏襲して，フレキシブル―コントロールの軸により，組織文化を説明することとする。具体的には，質問票においてフレキシブルに関する要素の得点合計からコントロールに関する要素の得点合計を差し引くことにより，組織文化の変数と

図表12-4 仮説Ⅰの検証モデル

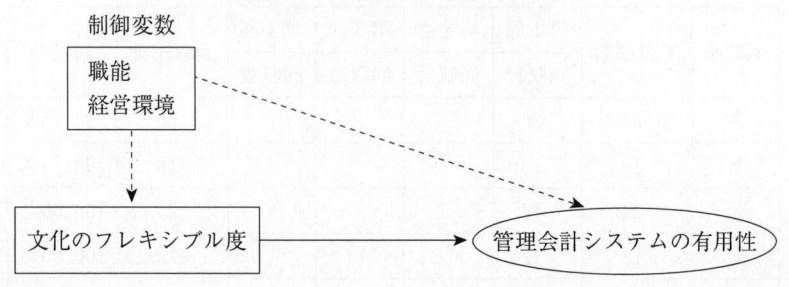

制御変数
┌──────────┐
│ 職能   │
│ 経営環境 │
└──────────┘
     ┆   ╲
     ┆   ╲
     ▼   ╲
┌──────────────┐   ┌────────────────────────┐
│文化のフレキシブル度│ ──→ │管理会計システムの有用性│
└──────────────┘   └────────────────────────┘

する。

　このことにより，この得点が大きくなればなるほど，フレキシブル志向の文化であることを示しており，得点のマイナスの値が大きくなればなるほどコントロール志向の文化であることを示していることになる。（図表12-4）

4-3　分析結果の概要

4-3-1　仮説Ⅰの検証

　文化のフレキシブル度を示す変数を独立変数，個別の管理会計技法（中期計画，予算管理，標準原価計算，品種別損益管理，方針管理，BSC，目標管理，稟議システムの8つの技法）の有用性を従属変数とした回帰モデルを作成し，その適合度を検証した。

　ただし，職能の変数（製造か非製造かを示している）および一部の経営環境を示す変数が，管理会計技法の有用性の変数と有意な相関関係を持つことが確認されたので，これらの変数をコントロール変数としたモデルで分析を行った。（図表12-5を参照されたい。）

　結果は，以下のように中期計画，方針管理，BSCに関しては，文化のフレキシブル度が高いほど，これらの技法の有用性が高いと認識しているとの結果が得られた。なお，有用性については，1＝非常に役立っている～5＝全く役立っていない，の5ポイントのリッカートスケールで示されている。（図表12-6を参照のこと）

図表12-5　文化のフレキシブル度と職能との相関

	相関係数	自由度	p（両側）
文化と職能の相関	0.166	251	0.008

※職能は，非製造＝1，製造＝0としたダミー変数を用いている。

図表12-6　文化のフレキシブル度と管理会計技法の有用性

管理会計技法	標準化係数	t	p
中期計画	−0.170***	−2.786	0.006
予算管理	−0.041	−0.658	0.511
標準原価計算	0.007	0.106	0.916
品種別損益管理	−0.078	−1.260	0.209
方針管理	−0.127**	−2.064	0.040
BSC	−0.131**	−2.122	0.035
目標管理	0.076	1.223	0.222
稟議システム	−0.046	−0.739	0.461

　図表12-6からは，文化のフレキシブル度と中期計画の有用度との関係においては，1％未満の水準で文化のフレキシブル度が高くなればなるほど，中期計画が有用であると認識しているという関係が見られる。

　また，文化のフレキシブル度と方針管理の有用性との関係において，5％水準で，文化のフレキシブル度が高いほど，方針管理が有用であると認識している。

　さらに，BSCについては，5％水準で文化のフレキシブル度が高いほど，BSCが有用であると認識しているという結果になった。ただし，BSCについては，商品部（製品の開発，設計，販売を統括する部門）と一部の工場においてのみ導入されており，全社的には実施されていない。

図表12-7 仮説Ⅱの検証モデル

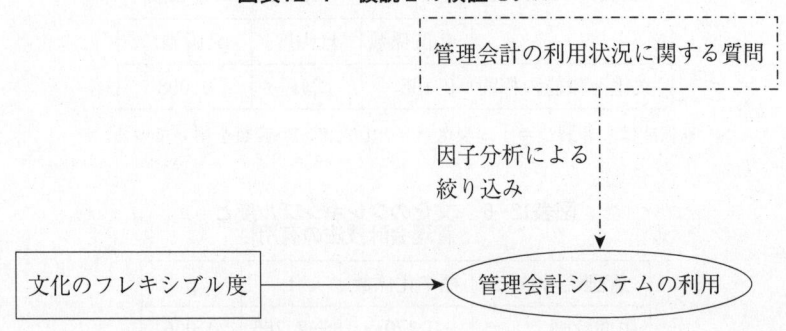

```
                    ┌─────────────────────────┐
                    │ 管理会計の利用状況に関する質問 │
                    └─────────────────────────┘
                               │
                        因子分析による
                          絞り込み
                               │
                               ▼
  ┌──────────────┐      ┌──────────────────┐
  │ 文化のフレキシブル度 │─────▶│ 管理会計システムの利用 │
  └──────────────┘      └──────────────────┘
```

4-3-2 仮説Ⅱについての検証

仮説Ⅱの検証は，質問票にあるそれぞれの技法に関する利用の状況についての質問項目が多岐にわたるため，因子分析を行い，利用の目的・方法に関して因子の絞込みを行った。これによって得られた潜在変数と文化のフレキシブル度との関係を，パス解析によって分析を行った。（図表12-7）

(1) 中期計画

中期計画に関しては，村田において，従来の中期計画に関して，「報告を求められない。」「予算とリンクしていない。」等の問題が指摘されていた。そこで，このような問題点を改革する意味で，商品部を中心にBSCの導入が行われた。また，組織風土改革の動きと連動して，部門横断的な連絡会議を行うことで，形骸化していた中期計画の再生が図られた。このような状況の下での中期計画に関する役立ちに関する質問である。

図表12-8の結果から，因子1を「コミュニケーションを通じた自己関与」，因子2を「ダブルループ学習」とした。これらの潜在変数と文化のフレキシブル度を示す変数とのパス解析の結果は，図表12-11のとおりである。

なお，当初のパスモデルは，文化のフレキシブル度から潜在変数へのパスのみであったが，モデルの適合度があまりよくなかったため，潜在変数間のパスを追加することにより，適合度が向上した。そこで，潜在変数間のパスを追加したモデルを採用した。以下の分析においても同様の処理がなされている。

図表12-8 中期計画の内容に関する質問と因子負荷量

質問項目	因子1	因子2
(1) 策定時に，部門内の意見交換が活発になった。	.892	−.074
(2) 策定時に，他部門との意見交換が活発になった。	.898	−.111
(3) 自らのこうありたいという意思が強く反映された。	.741	.052
(4) 策定時に，スタッフ部門から情報提供などの適切なサポートがあった。	.674	−.012
(5) 中期計画を意識することが多くなった。	.461	.393
(6) 目標を達成できない場合には，その原因を詳細に分析して長期の問題解決に役立てる。	−.017	.762
(7) 目標を達成できない場合には，厳しく責任が問われる。	−.160	.693
(8) 経営トップおよび上司の意思が強く反映された。	−.032	.577
(9) 長期的な方向性を予測することができる。	.174	.545
寄与率	34.9	14.8
累積寄与率	34.9	52.7
クロンバックの α	0.814	0.552

図表12-9 中期計画に関するパス解析の統計量

	推定値	標準誤差	検定統計量	確率
コミュニケーションを通じた自己関与 ←──フレキシブル度	−.057	.021	−2.776	.006
ダブルループ学習 ←──フレキシブル度	−.014	.012	−1.164	.245
ダブルループ学習 ←──コミュニケーションを通じた自己関与	.216	.051	4.198	0.00

※ $x^2=63.5$, 自由度$=25$, $p=0.000$, CFI$=0.932$, RMSEA$=0.050$

質問票のスコアは，1＝まったくそのとおり～5＝まったくそのとおりではない，という5ポイントスケールとなっているので，数値が小さいほど状況が適合することになる。(以下の質問でも同様である。) 図表12-9の結果からは，

図表12-10　中期計画の利用に関するパスモデル（1）

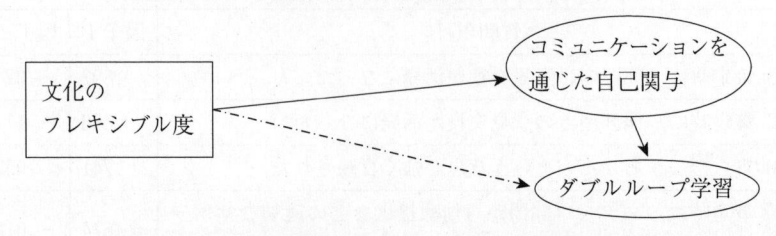

図表12-11　中期計画に関するパス解析の統計量（2）

	推定値	標準誤差	検定統計量	確率
ダブルループ学習 　　　←──フレキシブル度	−.026	.012	−2.065	.039
コミュニケーションを通じた自己関与 　　　←──フレキシブル度	−.033	.020	−1.611	.107
コミュニケーションを通じた自己関与 　　　←──ダブルループ学習	.919	.221	4.152	.000

※ $x^2=63.5$，自由度$=25$，$p=0.000$，CFI$=0.932$，RMSEA$=0.050$

図表12-12　中期計画の利用に関するパスモデル（2）

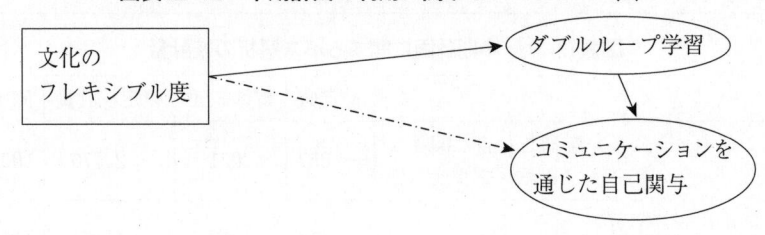

　文化のフレキシブル度が「コミュニケーションを通じた自己関与」にプラスに作用していることが明らかとなった。

　さらに，「コミュニケーションを通じた自己関与」から「ダブルループ学習」へのパスの係数が，非常に大きいため，逆方向のパスを設定したモデルについても検証を行った。その結果は，図表12-11に示されるように，今度は，文化のフレキシブル度からダブルループ学習へのパスが有意となった。

　両モデルともに，モデルの適合度を示す数値は，全く同じであり，信頼でき

図表12-13　予算編成についての因子負荷量

質問項目	因子1	因子2
(1) 他部門から適切なデータが提供された。	.890	−.065
(2) スタッフ部門から情報提供などの適切なサポートがあった。	.788	−.030
(3) 他部門との意見交換が頻繁に行われた。	.788	−.005
(4) 予算には自らの意見が反映された。	.253	.374
(5) 予算には部門長の意見が反映された。	.167	.108
(6) 中期計画との連動が図られた。	−.106	.939
(7) 予算編成方針は明確に示された。	−.015	.773
(8) 高い予算目標を設定した。	.097	.133
(9) 多くの時間と労力を要した。	−.167	−.158
寄与率	36.0	13.4
累積寄与率	36.0	49.4
クロンバックの α	0.788	0.628

図表12-14　パス解析の結果

	推定値	標準誤差	検定統計量	確率
公式システム変更への対応 ←――フレキシブル度	.027	.016	1.673	.094
コミュニケーション ←――フレキシブル度	.007	.018	.361	.718
コミュニケーション ←――公式システム変更への対応	.532	.115	4.623	.000

$x^2=8.35$, 自由度=7, p=0.303, CFI=0.996, RMSEA=0.018

るレベルに到達している。これらの結果からは，潜在変数である「コミュニケーションを通じた自己関与」と「ダブルループ学習」との間に存在する相関関係が影響していると思われる。いずれにしても文化のフレキシブル度が「コミュニケーションを通じた自己関与」および「ダブルループ学習」にプラスに作

図表12-15　予算編成に関するパスモデル

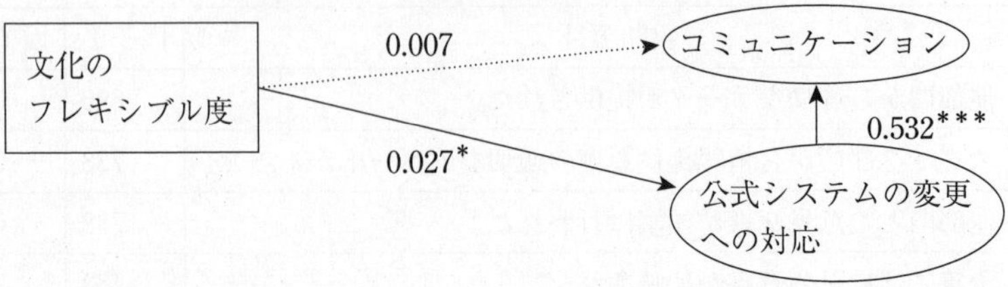

文化のフレキシブル度 —— 0.007 ……→ コミュニケーション
文化のフレキシブル度 —— 0.027* → 公式システムの変更への対応
公式システムの変更への対応 —— 0.532*** → コミュニケーション

用していることが明らかとなった。

(2) 予算編成

予算編成については，上記と同様の分析を行った。因子分析の結果は，図表12-13に示されている。

図表12-13の結果から，因子1を「コミュニケーション」，因子2を「公式システム変更への対応」と名づけた。これらの潜在変数と文化のフレキシブル度とのパス解析の結果は，図表12-14のとおりである。

図表12-14の結果からは，10％水準ではあるが，文化のフレキシブル度が「公式システム変更への対応」にプラスに作用していることが明らかとなった。

(3) 予算統制

予算統制については，質問票には8つの質問項目が含まれていたが，クロンバックの α の値が，0.6を下回ったので，一部の質問項目を削除したが，それにより，α の値が0.6を上回ったので，削除した項目を使って因子分析を行った。その結果，2つの因子が抽出されたが，クロンバックの α の値が，いずれも小さくなったため，抽出する因子を1つにして，再度，因子分析（主成分分析）を行った。その結果は，図表12-16のとおりである。

結果から，主成分を「予算の達成」と名づけた。これらの潜在変数と文化のフレキシブル度とのパス解析の結果は，図表12-17のとおりである。

図表12-17の結果からは，5％水準で文化のフレキシブル度が低い，すなわちコントロール型の文化であるほど，予算の達成に対してプラスに作用すると

図表12-16　予算統制についての主成分

質問項目	成分
(1) 定期的に検討する会議（損益会議など）を設けている。	.787
(2) (1)の会議はチェックとアクションに有意義である。	.750
(3) 予算目標は必達である。	.570
(4) 差異が生じたときは厳しく追及される。	.561
(5) スタッフ部門から情報提供などの適切なサポートがある。	.445
(6) 予算が想定している予想数値（売上高など）は大きく外れることがある。	.405
(7) 差異が生じたかどうかよりも，そこに至るまでのプロセスが重要である。	.356
説明済み分散	33.0
クロンバックの α	0.664

図表12-17　パス解析の統計量

	推定値	標準誤差	検定統計量	確率
予算の達成　←──フレキシブル度	－.046	.021	2.145	.032

※ $x^2=24.5$，自由度＝5，p＝0.00，CFI＝0.899，RMSEA＝0.080

図表12-18　予算統制のパスモデル

文化のフレキシブル度 ──－.046**──→ 予算の達成

いう結果になった。

(4) 方針管理

　方針管理に関する因子分析の結果は，図表12-19のとおりである。

　図表12-19の結果から，因子1を「方針の徹底」，因子2を「財務数値」，因子3を「プロセス重視」と名づけた。これらの潜在変数と文化のフレキシブル

図表12-19　方針管理に関する因子負荷量

質問項目	因子1	因子2	因子3
(1) 方針策定時に，予算との連動が図られた。	.735	−.095	.056
(2) 方針で示した目標は，必達が原則である。	.698	.141	.075
(3) 方針が達成できない場合には，責任が問われる。	.688	.319	−.020
(4) 方針設定には，上司の意向が強く反映される。	.624	.104	−.279
(5) 上司が示す方針は，明確に部下に伝達される。	.610	−.223	−.077
(6) 方針策定時に，中期計画との連動が図られた。	.409	−.343	.395
(7) 方針は，財務的な数値がほとんどである。	.101	.904	.133
(8) 方針を達成できたかどうかという結果よりも，結果に至るまでのプロセスが重要である。	−.135	.170	.935
寄与率	30.8	14.8	12.8
累積寄与率	30.8	45.6	58.7
クロンバックの α	0.640		

図表12-20　パス解析の統計量

	推定値	標準誤差	検定統計量	確率
方針の示達　←──フレキシブル度	−.009	.013	−.712	.477
プロセス重視　←──フレキシブル度	.062	.019	3.354	.000
財務数値　←──フレキシブル度	.017	.019	.887	.375

※ $x^2=12.3$, 自由度=7, p=0.090, CFI=0.975, RMSEA=0.035

図表12-21　方針管理のパスモデル

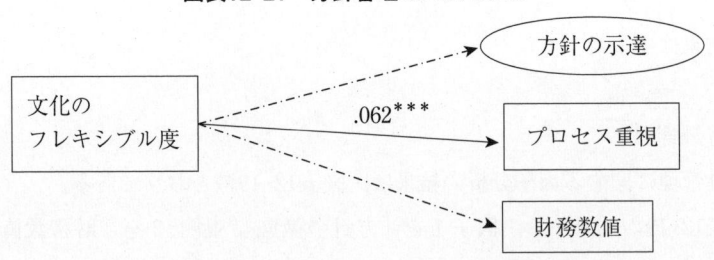

文化のフレキシブル度 → 方針の示達
文化のフレキシブル度 →.062*** プロセス重視
文化のフレキシブル度 → 財務数値

図表12-22　目標管理の因子負荷量

質問項目	因子1	因子2
(1) 目標設定時に，中期計画との連動が図られた。	.740	－.227
(2) 目標設定時に，予算との連動が図られた。	.672	.115
(3) 目標設定時に，方針管理との連動が図られた。	.603	－.078
(4) 目標管理で示した目標は，必達が原則である。	.592	.008
(5) 目標設定には上司の意向が強く反映される。	.562	.290
(6) 上司が示す目標は，明確に部下に伝達される。	.307	.305
(7) 目標は，自ら表明したものであるから達成できて当然である。	－.431	.742
(8) 目標は，財務的な数値がほとんどである。	.055	.741
(9) 目標が達成できない場合には，理由が問われる。	－.014	.605
(10) 部下への適切なフィードバックを行っている。	.320	.489
(11) 目標管理のシステム変更の目的は，明確であった。	.325	.377
寄与率	29.8	12.9
累積寄与率	29.8	42.7
クロンバックの α	0.677	0.563

図表12-23　パス解析の統計量

		推定値	標準誤差	検定統計量	確率
目標の連動性	←──フレキシブル度	.049	.011	4.385	.000
目標の達成	←──フレキシブル度	－.021	.010	－2.188	.029
目標の達成	←──目標の連動性	.409	.116	3.527	.000

※ $x^2=65.6$，自由度＝25，p＝0.000，CFI＝0.884，RMSEA＝0.052

度とのパス解析の結果は，図表12-20のとおりである。

　図表12-20の結果からは，文化のフレキシブル度が高いほど，プロセスを重視するが傾向が強いという結果になった。

図表12-24　目標管理のパスモデル

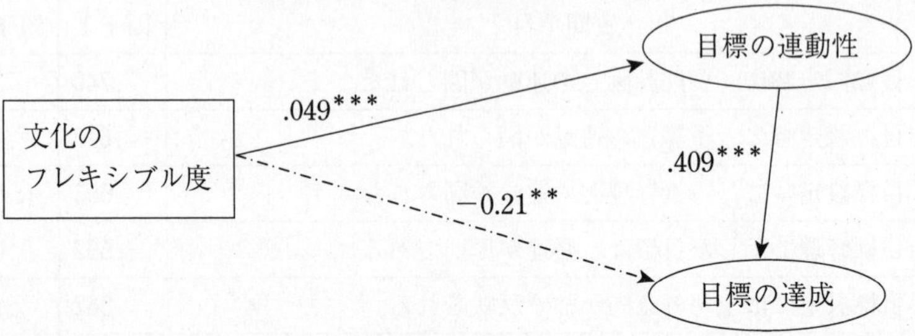

```
文化の              .049***         目標の連動性
フレキシブル度  ─────────────→  
              ╲                      │
               ╲  −0.21**            │ .409***
                ╲                    ↓
                 ╲────────────→  目標の達成
```

(5) 目標管理

　目標管理に関する因子分析の結果については，図表12-22のとおりである。当初の因子分析では，因子が3つ抽出されたが，3番目の因子のアルファ値が低かったために，抽出する因子を2つに限定して再度分析を実施した結果が，図表12-22のとおりである。

　図表12-22の結果から，因子1を「目標の連動性」，因子2を「目標の達成」，と名づけた。これらの潜在変数と文化のフレキシブル度とのパス解析の結果は，図表12-23のとおりである。

　図表12-23の結果からは，文化のフレキシブル度が高いほど，目標に連動性

図表12-25　稟議システムについての因子負荷量

質問項目	因子1
(1) 権限委譲は十分である。	.492
(2) 起案時に他部門との意見交換が図られる。	.604
(3) 起案時には代替的な選択肢と十分に比較考慮されている。	.803
(4) 潜在的な代替案と比較考慮して決裁されている。	.782
(5) 投資の事後評価は適切に行われる。	.698
(6) 投資案の提出時の予測が大幅に違った場合には，責任を問われる。	.300
寄与率	40.7
クロンバックの α	0.674

図表12-26　パス解析の統計量

		推定値	標準誤差	検定統計量	確率
合理的意思決定	←──フレキシブル度	.042	.018	2.348	.019

※ $x^2=5.30$, 自由度=5, p=0.380, CFI=0.999, RMSEA=0.010

図表12-27　稟議システムのパスモデル

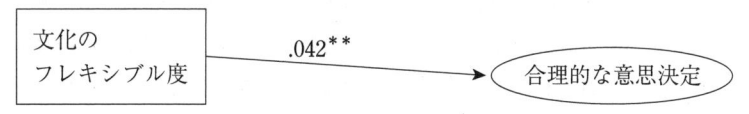

```
┌──────────┐
│ 文化の    │  .042**
│ フレキシブル度 │────────────→ （合理的な意思決定）
└──────────┘
```

があると認識しており，目標の連動性が高いことが，目標の達成につながるという結果になった。その一方，コントロール型の文化では，目標の達成が強調されているというという結果になった。このように，文化の違いが，目標達成に至る経路の相違として現れたことになる。

(6) 稟議システム

　稟議システムとは，村田においては，設備の更新や拡張などの案件等の起案から承認までの投資決定のプロセスを指している。因子分析の結果は，図表12-25のとおりである。

　図表12-25からも明らかなように，因子は1つしか抽出されなかった。この因子を「合理的な意思決定」と名づけることにした。この因子と文化のフレキシブル度を示すパス解析の結果は，図表12-26のとおりである。

　図表12-26の結果からは，文化のフレキシブル度が高いほど，合理的な意思決定プロセスを選好するという結果になった。

　なお，BSCについては，ごく一部の製造部門と商品部（製品別の開発・設計と販売を担当）において，実施されているので，全社的には実施されていない。特に製造部門については，ごく一部で自主的に導入している事業所を除いて実施されていない。このため，分析の対象からは除外することにした。

5. 結果の考察

仮説Ⅰについては，管理会計の技法により，文化のフレキシブル度が利用の程度に関係するものと関係しないものの相違が明らかとなった。特に，村田においてシステムの変更が行われた中期計画とそれに関連性のある方針管理とBSCについては，文化のフレキシブル度が高いほど，有用性が高いと認識されている。その一方，標準原価計算，予算編成，予算統制などの技法については，文化のフレキシブル度の影響を受けていない。これは，文化のフレキシブル度が高いことが新規の管理会計システムの受容度が高く，さらにこれを評価する傾向にあると考えられる。このことは，Bhimani (2003) の結果とも一致する。また，標準原価計算，予算編成，予算統制などの技法は，伝統的な管理会計の技法であり，品種別損益管理も村田独自の管理会計手法として，村田グループにおいては長期間にわたり利用され，定着している。Henri (2006) では，管理会計の技法として長く組織内で用いられている手法は，使うことが「当たり前」になっており，文化による利用程度の差は，出ないと考えられるという解釈が行われている。上記の結果もこのような解釈が成り立つ可能性が高い。

仮説Ⅱについては，個別の管理会計手法の利用目的・方法については，文化のフレキシブル度により，すべての技法について，抽出された潜在変数の少なくとも1つは，異なるという結果が得られた。特に文化のフレキシブル度が管理会計技法の利用に関して，対照的な側面に注目していることが明らかとなった。特に，目標管理に関しては，文化の相違が管理会計技法の異なる面に注目をしながらも，最終的には，目標の達成に帰着しているのは，注目すべき結果であろう。このため，仮説は支持されたと考えてよいと思われる。

6. まとめと課題

　仮説ⅠおよびⅡについては，支持された。特に，管理会計システムの変更が行われたり，新規に導入された場合には，それらを受け入れやすい組織文化と受け入れにくい組織文化があることが確認された。これは，過去の実証研究の結果とも一致する。

　しかし，本研究では，特定の管理会計システムが組織文化を規定するという逆の作用があるかどうかは確認できていない。また，これらの因果関係を特定することは，質問票調査においては，ある程度限界があると言わざるを得ない。

　本研究は，サーベイ・データによる分析であるが，リサーチサイトが１社に限定されたものである。したがって，直ちに結論を一般化することはできない。しかし，過去の実証研究の結果と一致する部分も多く，今後さらに他の日本企業についても調査を行う必要があると思われる。

i　組織文化と管理会計の関係に関する実証研究のレビューについては，日本会計研究学会特別委員会（2007，第16章）を参照されたい。
ii　Henri (2006, 77).
iii　原文では，clan, adhocracy, hierarchy, market となっているが，その内容から判断して，それぞれ「家族型」「企業家型」「官僚組織型」「競争原理型」という名称にした。

第13章　村田製作所のマトリックス組織と管理会計

日本会計研究学会特別委員会は，2008年9月14日に，株式会社村田製作所（以下ムラタともいう）より代表取締役副社長藤田能孝氏を招いてシンポジウムを開催した。本章は，シンポジウムでの藤田氏の講演と講演後の質疑応答からその内容を抜粋してまとめたものである。（藤野文責）

1．3次元マトリックス組織と連結経営

　管理会計の前提になっている当社の組織概念についてご説明します。当社の場合は事業本部というのがあります。そのなかに事業部という組織を置いています。それに加えて，研究開発，営業というのが全社を統括している組織です。これらはすべて，オールムラタで仕事をしています。生産本部というところもそうです。例外的なのは，事業所という，いわゆる工場です。工場はすべて子会社にして独立採算になっています。ただし，そこでできあがった製品はすべて本社が買い上げて，本社の営業を通してお客さんに販売するということにしています。

　当社の組織はこのような形態をとっており，そのうえにまた本社の機能スタッフがあります。これは人事，総務，経理といったところですけれども，子会社間であまり重複しないようにするとともに，かなり専門分野ということもあ

りまして，本社に集中させて全社をみています。海外を含めてそうなっています。そうした組織で会社全体の効率化を図っています。

マトリックス組織というのは，管理組織と経理制度によって運営しているわけです。この経理制度のなかでは，とくに製品別の損益と投資経済計算。投資経済計算では，個別の投資案件について，例えば，どの製品にどれだけ投資していくんだということを，つねにすべての投資プロジェクトについてチェックしております。そのとき，投下資本に対して何パーセントの利益率となるのか，あるいは何か月で回収できるのか。さらに予算です。予算制度をけっこう緻密に運営しております。あとは原価計算。このような体系を完結させて，経理制度として運営しているということです。

なぜこのような経理制度ができあがったのかという背景についてお話します。元々は単一商品からはじまったわけですけれども，非常に品種が拡大してきまして，原価管理が難しくなったということがあります。先程申し上げましたように，工場をすべて子会社にしておりますので，そこで村田製作所が子会社から買い上げる価格を設定する必要がありまして，これについて内部振替価格としてルールを決めてやってきました。こういうことをやることによって，原始的なところではしっかりと対応ができたわけですけれども，さらにその利益を工程別に分けるために，工程間の仕切り価格を設けました。原料から製品までの加工のプロセスが非常に長いものですから，プロセス間に責任を設けて，価格を設定して，取引してやっております。今でもそういう形でやっておりまして，どこの責任かということを明確にしております。個別製品の原価計算のようなものを実績では把握できません。といいますのは，品名でいいますと，アクティブなもので約100万の製品があり，そのうち常時20～30万が毎月動いている状況ですので，個別の原価計算はできないわけです。そこで，このような原価の単位で把握するということをやってきたわけです。

そういうことでやってきましたが，だんだん子会社の数が非常に多くなってきて，あるいは，製品の処理が非常に複雑になって，いろいろなところで同じようなものを作るということが出てきました。さらに，販売部門である村田製

作所の営業というのは，子会社から買って，それを得意先に売るわけで，そこには通常いわれる営業粗利というのが出てくるのですけれども，営業がこれだけをみていますと自分たちの粗利率だけを追求してしまいます。粗利率を維持しようとしたり，あるいは逆に，安値販売したりします。そういうことで，生産活動に配慮しないような営業活動が出てきたりします。商社とメーカーの販売部門の違いというのは，やはり全体最適で動かなければいけないということです。あまり高く売って工場の操業度が落ちると，固定費が回収できません。逆に安売りして，そういうことをしてもらっても困るということです。わが社の振替価格というのは原則的に原価ベースで設定されています。売価から差し引く方式はとっていません。売価から差し引く方式でやりますと，非常に値下げ競争しますので営業部門の責任というのが明確になりません。安値競争に走ってしまわないように，わが社では，原則的に売価から差し引く方式はとっておりません。工場の操業度責任なども含めてみたトータルで判断するような体系，これが必要だということです。

　その結果，最終的にできあがってきたのが，子会社の損益，村田製作所の損益，海外子会社の営業の損益という3つに分かれるということです。海外へは，トランスファー・プライスで出て行きます。工場の損益も，さらに窯業や原料など，いくつかに分かれます。これを連結でみていかなければならないということで，連結ベースのものを最終的にはつくるようにいたしました。世界ベースで連結しておりまして，これは約20年前からになると思います。毎月の決算が締まりますと，10日か二週間くらいで，品種別に，全世界のどこでどういう利益になっているかということがすべて出るようになっています。

　製造部門でどうなっているのか。製造から村田製作所に行ったところの粗利がいくらあるのか。そこで発生している費用がいくらあるのか。トランスファー・プライスで出て行くところ，例えば，アメリカで売って，そこでどれだけの粗利があって，そこにどれだけのコストがかかっているのか。それがすべて，最終的に製品として利益が出てくるかどうかというのがわかるようになっています。それを実績でもやっていますし，予算でもやっているわけです。

次に，マトリックスといっていますのは，製品としての縦割りという組織と工程としての横割り，いわゆる事業所としての生産しているところの損益とその2つのことです。あともう1つは，先ほど言いましたように，本社機能スタッフです。これを踏まえて，縦横の2次元，あるいは3次元のマトリックスというようなことをいっています。

とくに意識しているのは，子会社が非常に多いですから，重複した機能を子会社がそれぞれもちますと，非常にコストがかさんでくるということです。そこで，かなりの権限を本社サイドに集中しています。管理組織は，本社が統括してやっているということです。

大きく分けますと，事業部長，事業本部長（事業部長を束ねたもの），こういう製品としての責任を負う人，すなわち製品開発からマーケティング，販売促進，そういったことを考える人と，それを受けてつくる人，工場でつくる人という2つの機能があります。あとは，今申し上げましたように本社機能です。これは今でいうシェアードサービスです。そういうことを意識して，財務的なコストはすべて，例えば，資材の購買ですとか，コンピュータ費用ですとか，そういうものは子会社に用役提供ベースで配賦して，全額を回収する。いわゆるシェアードサービス，そういうことを意識してやっているわけです。

その結果，1つの特徴として，製造機能を独立採算の子会社にしたということがありましたが，創業以来，子会社は北陸を中心にやっておりました。これは結果論かもしれませんが，結果的に，北陸・出雲の人材をきちっと活用できたということがいえます。とくに北陸は，この時期に繊維産業が衰退していきましたもので，ちょうどその受け皿ということでもないのですが，非常に勤勉で優秀な人材を確保できました。とくにその勤勉性というところです。やはり北陸というのはとくによかったと思っています。

加えて，独立採算ということで，仕切り価格で村田製作所に売りますので，いわゆる会社としての体裁をもたせています。そこで，資金繰りが全部子会社の責任になったということで，製造機能が非常に強くなったというように思っています。そこに，先ほどの管理会計制度をきちっと入れ込みましたので，製

造業にとって必要な原価ですとか、損益ですとか、さらには投資の前にプロジェクトごとに採算計算しますので、いわゆるキャッシュフローの概念を入れていたというようなこともいえます。これらを自ら考える。製造現場で自ら考えることができたということです。そういうことで、当社が独立採算の子会社にしたことによって、足腰が非常に強くなったということです。

今でも私自身、当社の特徴といわれれば、製造現場が強いことだということができます。日本のメーカーの一番重要なところは、やはり現場が強いこと。これは日本を代表されるトヨタさんもそうだと思いますが、やはりアングロサクソンのように、いろんなことを考えて独創的なことで狩猟民族としてやっていく民族ではございませんので、基本的に農耕型といいますか、コツコツということで、現場が強いということは非常に重要なことというように思っている次第です。

2．市場や顧客をめぐる環境変化

そのようなことで、過去10年くらい前まではどちらかというと原始的にやってきたわけですけれども、当社の業界もだんだん変化してきております。まず、図13-1の棒グラフは1989年から約20年間の売上と利益の推移です。図13-1の折れ線が利益率です。当社の場合、電子工業の発展とともに裾野が広がっていきました。80年代ですとテレビとかビデオとか、90年代からはとくに携帯電話やパソコンが出てきました。99年と00年はITバブルといわれた異常時期でして、この2年間は異常な動きをしましたが、このあと非常に停滞したということで、ここはなかったというように見ていただければいいと思います。また、最近では部品の多機能化といったことで、また成長しております。とくに、パソコンや携帯電話が高機能化したということが、われわれの業績につながっております。以上のような推移になっております。利益は、今年は低迷するんですが、利益率でだいたい平均すると20％前後で推移しているということです。

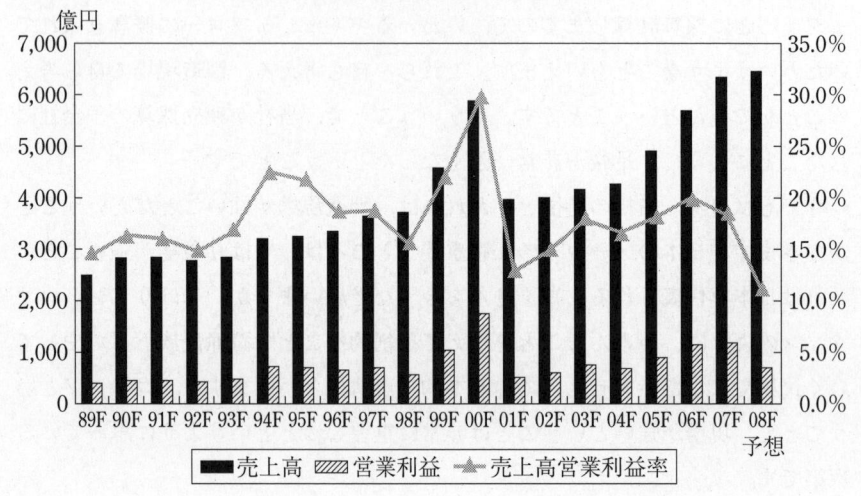

図13-1 連結業績の推移（過去20年）

（グラフ：1989F〜2008F予想の売上高・営業利益（億円、左軸）と売上高営業利益率（％、右軸））

■ 売上高　▨ 営業利益　△ 売上高営業利益率

　次に，地域別の売上構成ですけれども，これは過去20年でみますと，実は20年前というのは日本が6割弱を占めておりました（図13-2）。欧米といいましても，まだ非常に少なかったわけです。当社が国際化していなかったかというと，そんなことはなく，欧米企業を買収したりして，昔から海外販売網を築いておりました。今でこそM&Aも一般的ですけれども，当時そういうものがあまりなかった時代から同業を買収して海外に先手を打ちましたので，決して海外の取り組みが遅れていたというわけではなかったのです。しかし，20年前は日本のセットメーカーが強かったということもありまして，日本が電子工業の地の利，有利な地を占めていました。それがだんだんと，韓国メーカー，あるいは携帯ですと北欧メーカーが出てまいりました。とくに携帯電話というのは，テレビやビデオと違って地域によって方式が違ったということで，日本でつくった日本の製品が海外で売れないということになりました。そこでだいぶ構造が変ってしまったと思います。今では，売上構成比で75％が海外となり，日本は25％しかない。図13-2ではアジアとなっていますが，この伸びのほとんどが中国で発生していますので，もうアジアが売上構成比の6割くらいとい

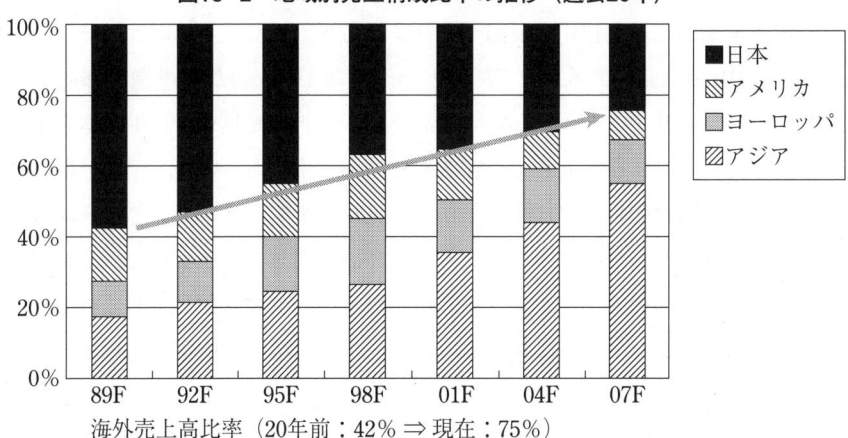

図13-2 地域別売上構成比率の推移（過去20年）

海外売上高比率（20年前：42% ⇒ 現在：75%）

うことになって，構造がまったく変わってしまいました。ただし，日系のメーカーが海外でやっておられるというのを入れますと，約35％になりますので，全体の3分の1くらいが日系基盤のお客さんで，それ以外がすべて海外ということになります。

　変化はもう1つあります。わが社がスタートした当時は，コンデンサだけでしたけれども，コンデンサはいわゆるスペックが標準品として決まっているものであって，同業が何社かおられます。お客さんは特性が決まれば，別にムラタから買わなくても，どこからでも買えるというような代替可能な製品です。これは汎用製品というように我々は定義しておりますが，こういうものを中心にスタートしまして，だんだん事業を用途特化型のほうにシフトさせてきました。用途特化型とは，汎用製品がある程度はベースなのですが，お客さんのスペックに合わせて納めるものです。例えば，このジャイロセンサというのは，デジタルカメラの手ブレ防止になるものです。もともとはビデオカメラからはじまったのですが，今はもうデジタルカメラの高級機種にはほとんど入っています。あるいは，携帯電話の基本的な部品としてのフィルターがあります。電波を選り分けるためのものです。携帯電話に不可欠の部品になります。これも

ベースは同じですが，やはりお客さんのスペックに合わせてつくります。だんだん汎用製品から用途特化型製品へシフトしてきました。最後には，モジュール製品。Bluetooth，あるいは WiFi という無線 LAN のための機能部品などです。これになりますと，わが社の部品をいろいろ寄せ集めて，半導体も載せて，そうしたモジュールとしてお客さんに納めます。あるいは，テレビ用の電源や携帯電話。携帯電話では今，テレビが見られます。ワンセグという。そのワンセグのチューナーなどのようなものに商品展開していきました。これはお客さん自身の技術のシフトがあって，だんだんハードよりもソフトにいかれるようになり，部品メーカーに対してモジュールとしての提供を求められるということです。

　以上のように，だんだん汎用製品から，用途特化型製品，さらには機能モジュール製品へという方向へ会社が変化してきました。汎用製品もまだけっこうウェイトはありますが，モジュール製品は20年前10％だったのが今は28％，約3分の1にまで構成比があがってきています。こういうことによって，会社の中の顧客基盤がかなり変わってきたということと，お客さんの内容が変わったということと，製品が変わったということ。そういうことが起こっています。

　さらに，まさに今，どのようなことが起こっているかというと，お客さんの要求の変化があります。お客さん自体がグローバルに展開されていて，お客さん自体が世界のなかで，例えば中国で調達することがあります。購買機能がある本社と実際に調達するところ（中国）が違うことになります。お客さんは世界中のいろんなところに点在しているのですが，注文を受けるほうのムラタが一本の窓口でやるというのは，非常に難しいというか，酷なことです。お客さんはグローバルに，モノを買うのを決めるところと調達するところが違うということだけれども，ムラタのほうは，AさんならAさんにいえば，すべて解決してくれるようにしなさいという，もっとも先進的なところはそういうことをいってきます。従来のエリア概念で仕事をするということができない時代です。

　あるいは，SCM の問題です。今はもう，事前に確定の注文というのはきま

せん。昔は注文していただいたら，1ヶ月前なりに確定注文として，注文書をいただいて，いついつに納めますと回答して，それで商売ができていました。しかし，今は確定注文というのはもらえなくて，ほとんどが予測情報になります。13週ぐらい前から，だいたいこれだけのものがこれだけ要りますという予測情報が毎週出されまして，それが毎週リニューアルされていきます。確定注文が出るのはだいたい3日前です。3日ぐらい前に，本当にこれだけ納めなさいというのをいわれます。それが当然アップダウンしますので，非常にフレキシブルな生産体制を用意しなければいけないということが起こります。お客さんの引取責任などについて契約で交渉はするのですが，原則的には，こちらの納入側がリスクを負わなければいけないということです。

さらには，お客さんのほうで設計・企画するところと生産するところがまったく違ってきています。設計というのは，だいたい欧米での製品企画です。それに対して，生産というのは今ほとんどが中国です。欧米のお客さんが中国で生産をやりますので，こういう企画でこういう設計をしますというのを受けて部品が認定されますが，商売は違うところで起こるということになります。非常にビジネスモデルが複雑になっているということです。そういうことですから，一番大事なことは，われわれ自体が情報を共有してそれにフレキシブルに対応しないと，今の最新のビジネスモデルになかなかついていけないということです。いわゆるビジネスの種まきをするところと，刈り取りが発生するところが違うのですから，欧米での仕事がしっかりと引き継がれないといけません。あるいは，その製品については非常にフレキシブルなことに対応していかなければなりません。このようなことが起きています。こういう背景が1つあるということです。

3．組織風土改革

そのなかで，マトリックス経営ということで，組織を細分化してずっとやってきたのですが，どうもそれが染みついてしまって，一番悪いのは部分最適に

なるということです。マトリックスとして，工程別に細かく分けていって，あるいは，事業部と事業所ということで，ある程度，事業企画と生産を分化してやってきました。そういうことから非常に部分最適になったということと，組織が大きくなったためにコミュニケーションがとれなくなってきたということです。先ほど申し上げたグローバルな展開になかなかついていけなくなったということが，1つの大きな問題として起こってきました。

　もう1つが今日の組織風土のテーマに関係するところです。ITバブルの時期に1年で3割ほど売上が増えまして，その後1年で36%落ちました。この急激な変化の後，何年か非常に停滞しまして，このときにわれわれでその原因をいろいろ探ったところ，目指す組織風土というのと実際には逆のことが起こっていたわけです。顧客本位でなかった。現場志向でもなかった。先ほど申し上げたような変化に対応しきれていない。もう1つは，創造性やチャレンジの精神を失ってきたのではないか。

　ということで，実は2004年ぐらいからそういうことを議論しはじめまして，今回のシンポジウムにありますように，今，組織風土改革ということをやっています。これはいろいろな意味でもっと風通しをよくするということです。今のわが社の位置づけというのは，戦略活性度と組織活性度ということでみるとその両方が低いところにありまして，世の中ではいい会社のようにいわれているのですけれども，実際，中からみると典型的な大企業病のようになっていまして，けっこう管理とか手続きとかが細かいのです。経理制度がびしっと出来上がっているものですから，当社の売上は今約6,000億ありますが，製品単位で100くらいに分けて，先ほど申し上げましたように，全世界ですべてわかるような仕組みになっています。このように，非常に細かくやっているということですが，どうもそちらの管理志向に走りまして，少しダイナミックな動きができなくなってきてしまいました。ということで，今，新たな成長のほうへ会社の舵取りを切りましょうということです。それが日本会計研究学会特別委員会との今回の共同研究になったということもあります。これから目指しているのは，顧客本位，現場指向，環境変化へのスピーディな対応，自由闊達に創造

性，チャレンジ精神を大切にするという組織風土をもった組織に移行するということです。そこに売上1兆円構想ということを掲げております。

4．管理会計改革

　最後になりますが，今まで経理制度ということに非常に力を入れて，完璧なもの，きちっとしたものができあがってしまっています。一方で，中長期計画などの計画制度というのは，あるにはありましたが，実際は経理制度の管理会計だけに頼りすぎていました。計画といっても予算にかなりひっぱられていました。毎月の予算は精緻につくるんですが，そのなかでの議論のほうが大きくなって，どちらかというと中長期の視点が欠けていました。

　事業部，技術部門，営業部門がそれぞれの中期計画としてのロードマップをつくることはやっておりまして，それがあったから製品の値下げにも対応して，今まで生き残ってこられているわけです。しかし，3つのロードマップの整合性がとれているかというと，なかなかそうもいきませんし，遂行責任を追及するという面も非常に弱かった。そういうことがありまして，実は僕はこれがいいとは思っていないのですが，いろいろ世の中探してみたところ，バランスト・スコアカードというのがたまたまありました。バランスト・スコアカードには財務の視点がありまして，次に顧客の視点というのがあって，内部プロセスの変革，あと学習と成長というのがあります。とくに今，人材育成ということを気にしておりまして，そういう意味では学習と成長ということがあてはまります。あるいは，顧客の視点というと，先ほどの組織風土改革の顧客本位やもともとの社是にある信用の蓄積という点がどうも欠けていた。そういうことでは，バランスト・スコアカードがいいのではないかと。私自身は別にバランスト・スコアカードはいいともなんとも思っていないのですが，その考え方はやっていくのにいいのではないかと。加えて，実はいろいろな数字をもっていまして，KPIというキー・パフォーマンス・インディケーターをわが社の場合は新たにつくらなくても，どこかからもってきたらすべてありまして，非

常にやりやすかったということです。さらには，遂行責任などを議論させることもできます。組織風土改革で出てきたような問題，すなわち非常にコミュニケーションが悪かったとか，事業部と事業所の関係で風通しが悪かったとか，そういう問題がありましたが，本来，モノを開発してつくっていくというのは，1つの機能であって，それをみんながバラバラに運営していたという問題があるということで，バランスト・スコアカードでは計画策定にスタッフみんなが入っていくということになります。組織間の横の連携ということを考えて，今，始めています。バランスト・スコアカードは，まだ2年目で成果が出ていませんが，徐々にこういう計画制度に対する効果は出てきています。

最後に残っていることとしまして，組織間の横の連携ということでは，従来マトリックス組織ということでやってきたわけですが，やはり分割してやっていることの弊害のようなものがありますので，そこで組織構成員の参画と方針の共有を図るようにしています。また，業績評価というのは，わが社の場合は，社長方針が出ますと，あとは階層にしたがって部長，課長というように展開しまして，最終的には一般スタッフがすべて自分で設定する目標のところにまで落とし込んでいきます。ボーナスにも反映させています。結果をボーナスに反映させて，できたか，できなかったかの基本の1つにしています。しかし，それも重要ではあるけれども，もっと人材育成という側面から，業績評価だけではない特徴が出せるようにということで，先程のバランスト・スコアカードの導入や管理職の評価制度の改定を行っています。管理職の評定にも，業績だけではなく，その他の要因をどのように入れていくかということです。人材育成のための管理者教育の強化ということも進めています。

もう1つは，先ほど申し上げたように，予算管理というのをかなり精緻にやっておりまして，これは管理会計の一環ですが，予算管理は単年度に偏りすぎています。とくに中期計画との関係を，先ほどのBSCとの関係でやっていくということです。さらに，製造部門というのは，組織の損益を追及されて，損益という結果が出ますので，それはそれで機能しているのですが，逆に事業を

している事業部門は遂行管理がよくない。責任が明確でないのか，事業部での遂行責任に対する意識は非常に弱いということがあります。加えて予算管理にはその策定に時間と労力がかかりすぎるということもあります。これは大きな問題ではないと思うのですが，IT化などもいろいろやっているのですが，これも1つの課題というように考えております。

　以上が，取り止めなくて申し訳ないのですが，私なりに，当社の経営理念としての考え方なり，その実践と，そこでやってきたマトリックス経営，それと管理制度と今後の課題と今どういうことをしているかについて申し上げました。以上でございます。どうもご静聴ありがとうございました。

5．講演後の質疑応答より

Q：モジュールのような開発にスピードが求められる事業では，「独自の製品を供給し」という社是をどのように実践すべきか，苦しんでいるということはないのでしょうか。

A：社是は会社が動きながらできてきたものです。「いいものをつくれば売れる」という創業者が起業したときの思いが込められています。あるとき創業者は，製品そのものがセールスマンにならないといけないということを言われたことがあります。それが「独自の製品を供給し」という社是になっています。
　顧客志向ということを言うようになったときには，社是を見直すべきかどうかということは議論いたしました。しかし，やはり社是は憲法のようなもので，容易に手を加えられません。その解釈で補っていこうということになりました。モジュールというのは確かに，スピード感が必要になりますが，それでもやはり差別化がなければ，利益が出せません。これはもう厳然たる事実であります。ただし，「独自」というのは，必ずしも自分でやるという意味ではないという解釈を加えようとしています。アウトソーシングでもいいということ

です。アウトソーシングしたものでも，それを組み合わせるのがモジュールという事業です。

　解釈論でいろいろ対応していって，創業者が深く考えた偉大な社是を変える勇気はないというのが経営陣で議論した答えになっています。

Q：BSCは事業部を中心に展開されているが，事業所との関係はどうなっているのでしょうか。

A：組織構造をお話ししましたように，わが社は事業部の系統と事業所の系統に分かれています。商品の強さの根源は事業所にあります。あくまでも事業所の製造部門が強いということです。一方，これまで，どちらかというと事業としての企画や戦略についてはなおざりになっていました。トップはそのように思っておりましたので，BSCは事業部のほうから導入しはじめたわけです。

　そのうえで，今，取り組んでいるのは，BSCのなかで製造機能にかかわるところに事業所を巻き込むように，ということを言っています。事業所を巻き込んで，一緒に議論させるということです。従来は，事業部の企画部門がはじめたものですから，事業所が置き去りになっておりました。すると，事業所からは，なぜ私たちを放っておくのかという声が出てまいりました。事業部と事業所は並列のような関係になっておりますので，トップの目が事業部のほうに向いているように感じられました。そこで，BSCの製造機能については，事業所と一緒になって作成するように，と言っています。

　BSCのなかで，顧客の視点はもちろん，内部プロセスの視点や学習と成長の視点については事業所にも共通するところがあります。実は，事業所で独自にBSCに取り組んでいるところもあります。わが社のいいところは自由度がけっこうあるということでして，やりたいところは自由にやるという発想でみています。

　BSCに事業所も巻き込むようになったことで，とくに大きな弊害はないと思っています。それはあくまで事業部と一緒に，共同作業で取り組むというこ

とが前提です。別個にやるのは問題がありますので，共同作業でやるようにということは言っております。それ以外には，とくに問題はないと思っています。

Q：事業の企画や戦略が相対的に弱かったということと，中期計画が機能していなかったということとはどのように関係するのでしょうか。各職能にはロードマップもあり，製造に密着した形で管理会計も組み込まれているようですが，そうした管理会計がどうこうということとはどのような関係にあるのでしょうか。

A：個人的な見解になるかもしれないですが，わが社はプロダクトが非常に強いといいますか，他社にない製品力をもっています。それに加えてコスト競争力があります。やはり電子部品というのは，大量に安くつくるという技術がないとやっていけません。例えば，コンデンサですと，驚かれるかもしれませんが，普及品は1個10銭です。材料から一貫してやって，最終的にできあがったときに10銭でしか売れません。もちろん高いものもありますが。そういう世界ですから，いかに大量に安くつくるかが重要です。

　そこが強いために，かえって顧客戦略や同業との競争に目が向きません。おごりというか，何でも「世界一や」と豪語しているのです。世界一であるはずがない。同業との競争や顧客戦略を考えると，お客さんの構造が変わっていることに気づかなければなりません。なかには商売がしにくいようなお客さんも出てきます。それでも，そういうところに顧客基盤が移っていっています。そのような顧客戦略などがやや弱いのです。

　これは事業そのものの問題であって，あまり管理会計にとっての影響はないというように思っています。

Q：社是にある「科学的管理」は，事実にもとづいて合理性を追求していくということで，その事実をつかまえるための細分化ということかと思いますが，

各部門において，この考え方の浸透度に違いはみられるのでしょうか。違いというのは，例えば，事業所には原価率のような指標もあってかなり浸透しているのに対して，事業部では難しいというようなことがあるのかどうか。また，一般に目標管理が難しいとされるスタッフ部門ではどうでしょうか。

A：「科学的管理」が，各部門でできる，できない，ということはあまりないのではないかとみております。ただ，事業にはみえにくい部分もあります。例えば，マーケットシェアということをとってみても，なかなかわかりにくいところがありますし，同業者との力関係をどうみるか，なかなか数値化しにくいという面があります。そこで，科学的管理の根拠のようなものを何におくのか，悩ましいことがあります。

スタッフ部門ですと，例えば，何かをやることができたか，できないか，ということがわりとはっきりしてきますが，事業部ですと，それを数値化したり，あるいはその結果を評価したりするのは，非常に複雑な要因が絡みあっていて難しいものです。

ただし，事実にもとづいてというところは定期的にいっていますので，その考え方は浸透していると思います。

Q：戦略をどのようにとらえていらっしゃいますか。ムラタでは，明確に意図した中期計画があり，それをブレークダウンして実行していったというよりも，ある程度の大きな目標をもち，それを予算のレベルではきっちりとやることによって善循環が生まれたということで，どちらかというと実践をつうじてつくりあげられてきた戦略になっているように思いますがいかがでしょうか。

また，それに対して，現在取り組まれているのは，どちらかというとトップダウン型の意図した戦略として展開しているのかとも思えますがいかがでしょうか。そういった戦略のつくられ方というのは，意識して変えられているのでしょうか。

A：戦略については，繰り返しになりますが，プロダクト・ロードマップをしっかりつくっていて，市場の変化と，それによってどのような製品が要求されるのかということをそこに凝縮しております。3年先，5年先を見据えながら，そのロードマップを毎年着実に実行していきます。電子部品には軽薄短小という言葉がありまして，軽く，薄く，小さくつくっていけるのが，当社の強みです。そこに特化してきたということと，材料からつくることによってブラックボックスにできるということ，それが勝ちパターンというような構造になっています。そのことが利益率を決定しています。

モジュール，汎用部品，用途特化型部品という各事業で，材料からつくっているものはほとんど利益率が変わりません。そういう経済構造になっていることが最大の戦略です。そこを深堀して研究開発資源を投入していけば，またそれが最も基本的な戦略であって，あまり細かく「やれ戦略だ」といわなくても，ある程度のことができてきていました。ただ，それも技術的に成熟してきたということや従来にない競争者が出てきたということで，顧客戦略や競争戦略というものを考えていかなければならない。とはいえ，戦略の軸足はそれほど変わりません。

第14章 結びに代えて
―外国文献にみる自律的組織の検討

1. はじめに

　近年，わが国の管理会計分野では自律的組織に関する研究が多くみられる。例えば日本会計研究学会特別委員会（2006；2007）では，自律的組織およびその経営システムに関する詳細な検討が行われている。本書もその一つである。

　一方，外国文献では必ずしも自律的組織を想定してはいないものの，例えばHayes and Pisano（1994）は，日本企業が大量生産とコストを重視するのではなくスピードと柔軟性を重視するアプローチを採用していた旨を指摘している。その他にもMiles and Snow（1978）は，防衛型，探索型，分析型，および反応型という4つの適合類型を提示しているが，とくに防衛型と探索型の対比は，伝統的な官僚的組織と自律的組織との対比と関連している。

　また，Miles and Snow（1978）他による戦略と組織パターンの相違を受けて，Simons（1990）は，組織が戦略的不確実性に対処しつつ競争優位を持続するために必要なマネジメント・コントロール・システム（MCS）について論究している。Oldman and Tomkins（1999）は，市場志向の強弱と事業再生の必要性の有無という2つの変数を用いて戦略類型を4つに分け，各類型に適合する戦略的管理会計システムを提示している。彼らは，さらに進化の観点（動的な視点）からの分析が必要であるとし，組織コンテクストの形成過程と戦略類型の推移もあわせて提示している。

これらの外国文献をレビューすると，より厳しい経営環境下では自律的組織に近い特性を有する企業組織に優位性があること，それを導く組織コンテクスト自体に推移があること等が明らかにされている。しかしながら，自律的組織の運営に不可欠なミクロ・マクロ・ループ（MMループ）には言及されていないようである。

　以上を受けて，本章では自律的組織に関連する外国文献から得られる知見を検討し，さらなる分析の必要性と方向性を提示したい。そのために2では，わが国における自律的組織に関する研究と外国文献における研究を概観する。3ではSimons（1990）およびOldman and Tomkins（1999）の見解に基づいて，戦略と経営システムとの関係性について検討する。4では動的視点からの分析と市場志向のマネジメントの必要性について論究し，MMループ論の必要性を示す。

2．自律的組織の検討——組織パターンと経営環境

2-1　わが国における自律的組織の研究

　日本会計研究学会特別委員会（2006）において横田教授は，自律的組織の特性を検討するために，個人，グループ，および組織という3つの視点から「自律性」について考察を進め，自律的組織のもつ特性とそのMCSについて，次のように指摘している。

　　しかし，注目すべき点は，自律的組織が，その組織で意思決定をおこなうというだけでなく，『自己組織化』の特徴を備え，自分自身でも変化を遂げる可能性があること，また，自律的組織が相互に作用しながら，変更を遂げ，それが全体のシステムにも影響するという点にある。これまで，マネジメント・コントロールは，一定の期間あらかじめ定めたルールを固定したシステムであることが前提となっていた。また，ルール変更はトップマネジメントに近い層の意思決定事項であり，いったん構築してしまうと容易には変更されない。ましてやマネジメント・コントロール・システム自身が変化していくことは前提とされていなかったことを考えれば，全体システムの変化を及ぼす可能性をもつ自己組織化した組織

を前提としたマネジメント・コントロール・システムには，これまでとは異なった新しいとらえかたが必要であるともいえる。（日本会計研究学会特別委員会 2006，79）

「自律的組織」という概念・用語が文献上で最初に登場したのは，廣本（2004b）においてであったように思われる。当初，廣本（2004a）は「中間組織」や「ネットワーク組織」という用語を用いていたが，それらの用語の基礎概念は「市場と組織の相互浸透」にある[i]。つまり，意思決定の原則や意思決定主体間の関係性に，市場と組織の両者の原理を導入することで，命令一元化や管理可能性の原則を基礎にした伝統的階層的組織とは一線を画した自律的組織と呼ばれる組織パターンが提示されたのである。例えば日本会計研究学会特別委員会（2006，86）では，次の3点が自律的組織が有する特性として指摘されている[ii]。すなわち，①市場情報が直接的に組織内部へ取り込まれていること，②自ら考え学習しながら行動する組織構成員が自ら計画し統制していること，および③各組織構成員（組織単位）が伸縮的分業を行うことである。

自律的組織では，通常，組織メンバー各員が全社的な視点から自主的に解釈し，判断し，行動しなければならない。その際，各メンバーの解釈・判断・行動の指針となるのは，その時々の場面情報（ミクロ情報）だけではなく，市場における顧客ニーズ（業績に関するマクロ情報）と，組織全体の雰囲気（組織文化に関するマクロ情報）がある。これを連動させる仕組みがMMループであるといえる。そして，そのためには，市場情報に直結した業績目標が必要であり，さらに組織全体における経営理念や哲学と結びついた組織文化を醸成するような従業員教育が必要になろう。つまり，市場情報を組織内部にまで浸透させて共有し，それを各自が場面情報と結びつけて，また組織文化とも結びつけて，全社的な視点から自ら解釈・判断・行動することが組織メンバーに求められている。また伸縮的分業との関連で，戦略的不確実性や市場のニーズに柔軟に対応するためには，各メンバー間（組織単位間）での活発なコミュニケーションや情報共有，多能工化が不可欠である。例えば，上司と部下の間の垂直的コミュニケーションや，開発・製造・販売といった部門間の水平的コミュニケ

ーションを挙げることができる。

さらに，市場と組織の相互浸透のパターンが多様であるように，自律的組織にも非常に多種多様なパターンが存在する。例えばトヨタの系列のように組織間関係に着目すると，組織内部のMCSだけを考えるのでは不十分である（小林 2004）。またフランチャイズ型組織の場合にも，その形成の背景やパターンは多岐にわたる。かくして日本会計研究学会特別委員会（2006；2007）では，村田製作所の事例をはじめ，花王，ベネッセ，トヨタ，京セラ，GEといった様々な企業が取り上げられている。

2-2 外国文献にみる自律的組織の特性—Hayes and Pisano (1994)

自律的組織に関する研究は近年に始まったばかりであり，外国文献において自律的組織に相当する用語は登場していないようである[iii]。そんな中でも，Hayes and Pisano (1994) は，激化する経営環境にスピードと柔軟性によって対応していた日本企業の生産システムに着目し，パラダイム・シフトの必要性を唱えている。

Hayes and Pisano (1994) によると，1980年代初頭まで，アメリカの経営者のほとんどは，100年以上も前に起源をもつパラダイムの下で製造活動を考えていたという。すなわち，巨大な市場，標準化デザイン，互換性のある部品を使用しての大量生産という製造環境である。標準原価計算はテイラーの科学的管理法を基礎にしており，これらのアイディアが伝統的管理会計論の中にも反映されていたことは言うまでもない。

それとは対照的に，日本企業は，スピードと柔軟性を重視する優れた製造のアプローチを発見していた。すなわち，リーン・アプローチは次のようなアイディアに基づいている。

(1) 作業者は，専門的にではなく，幅広く訓練されるべきである
(2) スタッフは"間接費"であり，間接費はムダである
(3) 不良品は許容されない
(4) コミュニケーションは，規定の階層的な命令系統を通じてではなく，

作業員間で、インフォーマルで水平的に行われるべきである
(5) 設備は、可能な限りプログラム制御の自動化を利用し、汎用的であるべきで、プロセスの各段階で専門化するのではなく、同種製品のグループを製造するセルで組織化されるべきである
(6) 生産スループット時間は、労働力や設備の利用よりも重要である
(7) 不良品のような在庫は、"ムダ"である
(8) サプライヤーとの関係は、長期的で協力的であるべきである
(9) 製品開発に関連する活動は、連続的にではなく、同時に行われるべきであり、職能横断チームによって実行されるべきである

優れた国際的な競争力を有していた日本企業は、まさに製造環境の変化や技術革新、競争が激しい中で、イノベーションのプロセスを適切に管理していたとされている。これらの点は、まさに自律的組織の特性を表したものに他ならない。

3．戦略と MCS の視点からみた検討

3-1　Simons（1990）の所説

3-1-1　問題設定と概要

　Simons（1990）は、必ずしも日本企業への言及はないが、MCS が戦略実施に重要であるだけでなく、戦略策定にも重要であることを示し、競争優位を確保するためにはインタラクティブな MCS によって組織の注意を戦略的不確実性へ向けること重要性を説いている。トップマネジメントは、新戦略の創出を促進するように導き、持続的競争優位を確保するための公式のシステムをどのように利用しているのか。

　そのような問題設定の下、Simons（1990）では、Miles and Snow（1978）他が提示している区分に基づいた2社の企業例を用いて、両社における戦略と MCS の相違が検討されている。2年間に及ぶフィールドスタディにより、異なる戦略の下で、両社のトップマネジメントが戦略的不確実性を認識し対処す

るために，組織パターンの相違に対応したインタラクティブな MCS が構築される必要があることが提示された。すなわち，企業家的企業と保守的企業とで相違があることを明らかにしたのである。

3-1-2　モデル

　1970～1980年代初頭，異業種において企業が競争する方法のパターンと共通性が説明論的研究によって見出されている（Mintzberg 1973 ; Utterback and Abernathy 1975 ; Miles and Snow 1978 ; Porter 1980）。例えば Miles and Snow (1978) や Porter (1980) は，コストリーダーシップや防衛型の戦略の下では，洗練化されたコストコントロールが求められると指摘している。このような戦略と MCS との関係性に対する疑問が問題提起となり，Simons (1990) は，企業家的企業と保守的企業の特性をもつ2社の競合する企業例を利用して[iv]，トップマネジメント層における MCS の利用方法の相違を分析している。

　まず保守的企業は，低差別化・同質的市場・安定環境の下にある組織の属性を有しており，Miles and Snow (1978) のいう防衛型ないし Mintzberg (1973) の受容的組織に相当する。一方，企業家的企業は，より厳しい環境下で製品差別化を通して競争しており，Miles and Snow (1978) のいう探索型ないし Mintzberg (1973) の企業家的組織に相当する。

　Simons (1990) によると，成功している探索型の企業では，コントロールには高度な予測データが利用され，厳しい予算目標が設定され，アウトプットが注意深くモニターされているという。コストコントロールの重要性は低下している。さらに，大規模な探索型の企業では，頻繁な報告が強調され，しばしば改良されている一貫したコントロールシステムが利用されている。したがって，探索型の企業の MCS は戦略的不確実性と環境変化をモニターするために集中的に利用されていることが推測できるという。それとは対照的に，防衛型の企業では，あまり能動的には MCS は利用されない。利益業績と，厳しい予算目標・アウトプットのモニターのような特性との間には負の相関が見られたという。安定環境で操業されている防衛型の企業では，予算目標達成に基づく

図表14-1　企業の特性と MCS

		保守的企業	企業家的企業
企業の特性：	Miles & Snow（1978）	防衛型	探索型
	Mintzberg（1973）	受容的	企業家的
	Porter（1980）	コストリーダーシップ	差別化
	Utterback & Abernathy（1975）	コスト最小化	業績最大化

トップマネジメント層の MCS：

		保守的企業	企業家的企業
1	戦略計画の見直し	散発的・議論は喚起されない	集中的年次プロセス 役員会での議論に備えて事業単位マネジャーは戦略計画を準備する
2	財務的目標	トップマネジメントが設定 組織階層を通じてトップダウン	各事業単位で設定 一連の検討等の後にボトムアップ
3	予算準備と検討	財務目標に適合するように予算を準備 予算は財務部門によって調整され，目標が適合するとトップマネジメントから表明される	市場セグメントが戦略と戦術に焦点を当てた予算を準備 役員会に対する意見表明で集中的な議論が行われる
4	予算補正と更新	予算期間中は行われない	少なくとも年3回は，変化に対処する行動計画に合わせて，事業単位を再編成する
5	プログラムの検討	製品やプロセスに関連するプログラムが集中的にモニターされる・プログラムは組織境界を越え，全ての階層に影響する	プログラムは現場で運営している部署に委譲されたR&Dに限定される
6	評価と報奨	予算を上回る利益創出への貢献に対するボーナスと，個人的な目標に基づくボーナス	努力とイノベーションに対する主観的評価によるボーナス・MBOシステムの利用

ボーナスと報酬が強調され，経時によるコントロールシステムの変更はほとんどないとされている。これらを図表14-1にまとめることができる（Simons 1990, 133より修正して引用）。

図表14-1のように，Simons（1990）の示した2社の企業例ではトップマネジメント層におけるMCSの利用方法に明らかな相違がある。それらの分析の結果，Simons（1990）は，マネジャーによる注意力の限界，戦略的不確実性，インタラクティブなMCS，および組織学習という4点によって，事業戦略とMCSとの関係性を説明している。

3-2 Oldman and Tomkins（1999）の所説
3-2-1 問題設定と概要

Oldman and Tomkins（1999）は，次のように日本企業の強みを指摘している。すなわち，多くの欧米企業では市場ニーズに関する明確な戦略上の焦点が欠如しているために，改善プログラムを成功させることができないのに対して，多くの日本企業は，自分たちを市場志向のマネジメントと結合させるために，ワールド・クラスのプログラムに対する信頼から移行していたというのである。Oldman and Tomkins（1999）は，実際にイノベーションのプロセスを操作可能にした方法にとくに関心を有しており，5社の事例を用いて[v]，事業戦略，企業の改善や優秀さ，およびそれらを支援するコスト・マネジメント・ツールの関係性を分析している。その際，事業再生の必要性の有無とHiromoto（1988；1991）が示す市場志向という2つの変数により，戦略を4つに類型化している。その上でOldman and Tomkins（1999）は，各戦略類型別に組み合わせられる経営システムを提示している。

3-2-2 モデル

Oldman and Tomkins（1999, 14）が提示する戦略の4類型は，図表14-2のように，事業再生の必要性の有無と，市場志向の強弱という2次元のマトリックスで表現されている。

図表14-2　基本的4類型モデル

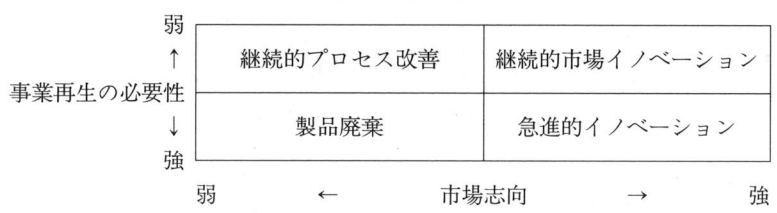

事業再生の必要性 弱↑↓強	継続的プロセス改善	継続的市場イノベーション
	製品廃棄	急進的イノベーション

　　　　　　　　弱　←　　市場志向　　→　強

　まず市場志向の軸について，Oldman and Tomkins（1999）は，従来からの欧米の原価管理の方法に対して，日本企業のイノベーション・プロセスを次のように指摘している。

　　原価削減が従業員から積極的に理解され，イノベーションのプロセスの重要な部分となっている日本から，別の視点が表れた。日本のアプローチは市場の視点から原価削減を考えている。研究開発のような領域の投資に投資することの潜在的な必要性を認識している。(Oldman and Tomkins 1999, 4)

　ここで，市場志向の強弱は，Hiromoto（1988；1991）の市場志向に依拠しており，それを Miles and Snow（1978）が提示している探索型と防衛型の区分と結びつけている。
　一方，事業再生の軸については次のように説明されている。

　　戦略やコスト・マネジメント・システムを決定するその他の要因を考慮すると，活動基準原価計算や品質原価計算のように改善された原価計算システムを利用する必要性を示すために，欧米における多数のケースが財務的な困窮に直面している企業を扱っていることに気づいた。それは，企業グループ全体かもしれないし，子会社や製品グループかもしれない。(Oldman and Tomkins 1999, 8)

　このことは，バブル崩壊前の日本企業が事業規模縮小や生産ラインの削減といった事業再生の戦略の必要性を知覚しておらず，したがって，その戦略実現に役立つ選択と集中を実行するための手法である活動基準原価計算（ABC）等を採用していなかったという事実とも整合するという。つまり，彼らは，この事業再生戦略の必要性の有無が，戦略策定に採用されたアプローチと，その戦

略実行を支援する適切なツールの選択とに影響があると考えたのである。この戦略の4類型の特性と，各類型に適合するコスト・マネジメント・ツールは図表14-3に示すことができる (Oldman and Tomkins 1999, 15)。

この戦略の4類型のモデルは，Gordon and Miller (1976) によるコンティンジェンシー理論の分析フレームワークを援用し，いかなる時点においても，組織的なコンティンジェンシー，戦略的コスト・マネジメントのツールの展開との関係性を理解するのに役立つという。Oldman and Tomkins (1999) では，戦略の4類型各々に適切な組織的コンティンジェンシー（組織コンテクスト）が提案されている。この組織的コンティンジェンシーには，環境，組織，および意思決定スタイルが含まれる。さらに Oldman and Tomkins (1999) は，この戦略の4類型モデルに対して，進化の観点（動的視点）からの分析が必要であるとし，その企業のそれまでの歴史を踏まえた組織コンテクストの形成過程と戦略類型の推移もあわせて提示している。

Oldman and Tomkins (1999) の議論は日本企業における市場志向のマネジメントの優位性に端を発しているが，その貢献を次の2点に集約できる。

第1には，事例の分析に時系列に基づく動的な視点を導入し，戦略類型の推移には組織コンテクストが関係していることと，各戦略類型に適応したツールが利用されていることを提示したことである。各々の組織の組織コンテクストや戦略類型の推移を「進化」と表現していることは非常に興味深い。

第2には，Kohli et al. (1993) による MARKOR を用いて市場志向の強弱を測定し，説明していることである。彼らは，市場志向を市場情報の創出，浸透，および行動の指針という3点で定義し，それらを20項目に及ぶ質問事項（5点スケール）で評価している。彼らの見解は，市場志向の概念を再考するための材料となり得る。

図表14-3　各戦略類型に適合するコスト・マネジメント・ツール

戦略	ツール	
製品廃棄： 　収穫 　プロセス志向 　長期的，成熟した製品ライフサイクル 　最小限の投資/処分		ABCが既存製品のミックスを最大化するための戦略的ツールとして利用される。
	TC	非常に限定的な利用
	KC/TOC	不適切
	SVA	超短期志向のため不適切
	ABC	製品ポートフォリオ改善のための非常に集中的なツール
急進的イノベーション： 　集中投資 　中期的，半成熟の製品ライフサイクル 　中程度/高程度の資金の要求		既存製品のミックスのコントロールと迅速な新製品投入の支援のためのツールがバランスよく利用される。
	TC	集中的利用も可能
	KC/TOC	利用されるならば導入適用段階に限定
	SVA	投資支援に集中的に適用可能
	ABC	将来の特殊原価の計算に利用可能
継続的プロセス改善： 　メインテナンス投資 　プロセス志向 　低成長 　長期的，不定期，成熟した製品ライフサイクル 　低度な資金要求		改善原価計算とTOCが既存製品の原価低減に焦点を当てている。
	TC	製品ライフサイクルが熟する際の断続的な利用
	KC/TOC	主要ツールとして継続的に利用
	SVA	低い適用可能性
	ABC	ほとんど利用されない
継続的市場イノベーション： 　投資と育成 　成長 　短期的，頻出，成長志向の製品ライフサイクル 　高度の資金要求		目標原価計算がイノベーションを支援する。
	TC	全社戦略を支援するために継続的に利用
	KC/TOC	ライフサイクルが短期のために利用されても主要なツールとしては限定的
	SVA	投資評価への強い適用可能性
	ABC	利用されるならば，財のコストを計算するためにTCと統合

　TC：目標原価計算，KC：改善原価計算，TOC：制約理論，SVA：株主価値分析，ABC：活動基準原価計算

4. 自律的組織に必要なミクロ・マクロ・ループ

4-1 動的視点の重要性

　良い管理会計システムは，たんに利用目的に依存するのではなく，多様な変数の影響を受ける。したがって，ある期間ある組織で適切に機能している管理会計システムが，必ずしも当初から機能していたとは限らないし，今後も同様に機能するとも限らない。その意味で，進化という視点から事前合理性・事後合理性の概念が捉えられる。そのような管理会計システムの進化の背景には，組織コンテクストの推移があることを忘れてはならない。この点について，Oldman and Tomkins（1999）は，コンティンジェンシー理論のモデルを援用して，動的視点から組織コンテクストの推移／変遷を分析している。彼らによると，組織コンテクストの推移を時系列で分析するための仮説モデルは，戦略的ポジション，戦略的マネジメントのアプローチ，および特定の時期の財務ツールとの間の連携を理解するのに有用であるという。

　Oldman and Tomkins（1999）によると，各企業は，長い時間をかけて形成した組織コンテクストの中で同じ状態を保っているのではなく，戦略の類型とツールを通して進化する旨を述べている。したがって，コスト・システム開発の動的な視点を提供するために，図表14-2における基本的4類型モデルを発展させた追加的モデルが必要であった。彼らは，5社の事例を時系列で見た場合に継続的市場イノベーションの類型へ収斂する強固な証拠があった旨を指摘している。ほとんどの事例において，近年の歴史の中で戦略類型の推移を識別することができ，その戦略類型の推移には次の2通りがある。すなわち，①継続的プロセス改善の類型を経由するか，②急進的イノベーションの類型を経由するかである。

　この動的視点からの分析は，まさに日本会計研究学会特別委員会（2006；2007）の進化の視点と軌を一にするといえよう。

4-2 「市場志向」概念の再考

　1980年代後半に欧米で日本的管理会計が注目されたのは，それが市場志向のマネジメントを促進し，また組織構成員の行動に影響を与え，組織行動に戦略的方向性を与えているからであった（Hiromoto 1988）。当初の市場志向は，原価企画のような特定の手法と結びつけてられて説明されていた。しかし，その後には「市場志向のシステムの意義は，市場価格ベースの業績目標を利用する目標原価計算といったレベルにとどまっていないことを理解する必要がある」（廣本 2004a）と指摘されるに至り，市場情報だけでなく市場取引も組織内に導入された事例が紹介されている。

　このような市場志向の概念について，Oldman and Tomkins (1999) が Kohli et al. (1993) の MARKOR を用いて市場志向の強弱を説明していることは，非常に興味深い。すなわち，市場志向が①現在および将来の顧客に関する市場情報を全組織的に創出していること，②組織内において垂直的・水平的に市場情報が浸透していること，および③全組織的な行動や反応が市場情報に基づいているという3点で定義され，説明されているのである。

　まず市場情報の創出については，顧客ニーズ／選好の収集と評価に注意を向け，そのニーズの開発と改善に影響を及ぼす諸要因に注意を向けることである。その際に重要なことは，販売部門だけではなく，様々な部門において顧客ニーズを認識して対応することである。

　市場情報の浸透については，組織内における市場情報共有のプロセスと範囲に注意を向けることである。浸透の焦点は SBU 全体であり，組織内部で垂直的にも水平的にも市場情報への注意のバランスが取れているべきである。その際，公式と非公式の両者ともによって情報共有される。

　さらに，組織構成員は，組織内で創出され共有された市場情報に基づいて行動する必要がある。計画策定の段階では，市場セグメントの評価とマーケティング・プログラムの開発に際して，市場ニーズが顕著な役割を担う度合に関心が寄せられる。市場情報に基づく行動の段階では，マーケティング・プログラムが実施される際のスピードと調整が重視される。

これらの点から，市場主導型の MCS を構築する際に重要な示唆を得られる。業績目標が市場ニーズに基づいて設定されるのはもちろんであるが，市場情報や市場取引を組織内部に取り入れる仕組みは，単なる計算技法としての管理会計のみによって実現できるとは限らない。管理会計は，単に計算技法としてとられるだけでなく，その管理組織と一体的に扱う必要があるからである（廣本 2008a）。その意味でも後述する MM ループが適切に形成されることが重要である。

4-3 組織業績と組織文化のミクロ・マクロ・ループ

MM ループは部分と全体との間に脈絡をつけるための仕組みである。日本会計研究学会特別委員会（2007, 98）では，①組織文化・風土をマクロとする MM ループと，②組織業績をマクロとする MM ループについて論究されている。この 2 つのループは，重層性を表すものに他ならない。組織のマネジメントのためには，「組織構造もマネジメント・コントロール・システムも，また管理会計も，適切な MM ループが形成されるように設計する必要がある」（廣本 2008a）。

MM ループの形成過程は多様であるが，例えば廣本（2005a）にも示されている通り，簿記会計システムにおいては，個々の取引（ミクロ）と財務諸表（マクロ）との間に MM ループを見ることができる。そのように会計システム内において MM ループが形成されるのは言うまでもないが，総体としての管理会計や経営システム全体（MCS）においても，それを構成する各システム間で相互に矛盾がないように重層的に形成される必要がある[vi]。いかに利用目的に適切な会計システムによって情報が提供されたとしても，それが適切に利用される組織文化が企業内に根付いていなければ，良い会計システムであるとはいえない。とくに自律的組織に必要な MM ループは，伝統的な大規模階層組織を前提に形成されるそれとは根本的に異なる。自律性と相互依存性を高度に両立できるような MM ループでなければならない。

しかしながら，外国文献を見る限りでは，自律的組織のような組織パターン

を有する企業を適切に運営していくためのMMループに関する議論が欠如しているようである。ただし，Simons（1990）が戦略的不確実性に対処するためにインタラクティブなMCSが必要であると述べていることは，MMループとも関連する部分が多い[vii]。

5．お わ り に

外国文献を検討した結果，より厳しい経営環境下では自律的組織に近い特性を有する企業組織に優位性があること，それを導く組織コンテクスト自体の推移があること等が明らかにされている。また，市場志向の強弱をMiles and Snow（1978）他が示す組織パターンの相違・戦略類型の相違に結びつけて議論されていたこと等も挙げることができる。

とくに，Simons（1990）が戦略的不確実性に対処するために組織パターンの相違に応じたインタラクティブなMCSの必要性を指摘したことや，Oldman and Tomkins（1999）が進化の視点と市場志向の視点を議論の核に据えていることからは，大きな示唆を得られる。

ただし，多くの外国文献における知見に基づく様々な特性を有することが自律的組織に直結するとは限らない。その第1の理由は，これらの文献に見る日本的企業＝自律的組織とすることには疑問が残ることである。日本会計研究学会特別委員会（2006；2007）においても，自律的組織が有する特性に関する言及はあるものの，必ずしもその定義や要件が明確化されているわけではない。そのような特性は必要条件ではあるが，十分条件ではない。第2の理由は，自律的組織を運営するために適切なMMループに関する議論が欠如していることである。Simonsの所説についても，米国企業の伝統的なMCSに対する限界を指摘しているのであって，必ずしも自律的組織のような日本企業の優位性から導き出されたものではないと思われる。これらの点については，さらなる研究が必要であろう。

より適切なMMループを形成するためには，少なくとも組織文化のループ

と組織業績のループという重層的なループが不可欠である。自律的組織に必要なMMループを形成するためには，いかなるMCS，そして経営システムが求められるのか。これらの点を今後の課題として本章の結びとする。

i 廣本（2004a；2004b）および日本会計研究学会特別委員会（2006；2007）他を参照。
ii その他にも，例えば藤野（2007）は，行動，情報，および関係という点から自律的組織と伝統的組織との相違を説明している。
iii 当初，廣本（2004b）が "Decentralized Autonomous Organization" と表現した他，Kataoka and Fujino（2007）は "Empowered Autonomous Organization" と表現した。
iv この区分は Miller and Friesen（1982）に依拠している。
v Stoves plc, Abbey National plc, Rank Xerox Limited, Normalair-Garrett Limited, および Thorn Lighting plc.
vi トヨタにおける会計フリー・アプローチと会計リンク・アプローチを参照されたい（廣本 2008b）。
vii 必ずしもミクロ・マクロ・ループに関する言及はないが，その後のSimonsの所説には重層的なミクロ・マクロ・ループの形成に必要なアイディアが盛り込まれている。

（株）村田製作所・日本会計研究学会特別委員会
共同研究報告書

「組織風土と管理会計の相互作用」
（抜粋）

共同研究成果報告書の完成にあたって

2008年3月3日
日本会計研究学会特別委員会「企業組織と管理会計の研究」
委員長　一橋大学教授　廣　本　敏　郎

　本報告書は，1年にわたる(株)村田製作所との共同研究の成果である。2006年12月6日藤田能孝専務に「企業組織と管理会計の実態調査」共同研究提案書を提出し，2007年1月6日に「(株)村田製作所としてこの提案を正式にお受けする」旨の連絡を受けた。早速1月14日に特別委員会を開催し，Mプロジェクト・チーム（主査：挽委員）を発足させて研究活動を開始した。それから1年，ここに共同研究成果報告書を提出する次第である。

　本研究は，インタビュー調査の部と質問票調査の部から成る。インタビュー調査については，既に一部を特別委員会報告書『企業組織と管理会計の研究』（2007年9月）に発表しているが，そこで組織風土・文化と管理会計の相互作用について分析した。質問票調査はインタビュー調査と連動して実施した。組織風土・文化と管理会計の関係に関する実証研究を行うために，この分野の先行研究のサーベイも行った（上記『企業組織と管理会計の研究』第III部参照）。「組織風土と管理会計の相互作用に関する質問調査票」は先行研究の検討とインタビュー調査の結果を踏まえて作成した。作業はMプロジェクト・チームを中心に行ったが，必要に応じて随時特別委員会全体で議論した。特に2007年8月京都合宿では質問調査票，2007年12月の熊本合宿および2008年1月一橋大学での最終報告会では調査結果について徹底的な議論を行った。

　本報告書は以上のような過程を経て完成した。十分に満足できる成果が得られたと自負している。エグゼクティブ・サマリー「質問票調査の概要」も作成した。本研究成果は，学術的にも高く評価されるものである。この研究を更に深め，その成果を外部に広く公表することができるならば，わが国学界はもちろん世界の学界に対しても非常に貴重な貢献をするものと確信している。

　この1年間，オールムラタの皆様のご理解とご支援，また全面的なご協力をいただき，心より厚く御礼申し上げる次第である。特別委員会のメンバーも実によく頑張ってくれた。もとより全員の協働作業の成果であるが，Mプロジェクト・チームの努力なしにこの成果は得られなかった。特に，挽主査をはじめとして，藤野委員，中川委員，そして澤邉委員には多大のご尽力をいただいた。ここに記して，深く感謝申し上げる。

第2部 質問票調査

Ⅰ 調査方法

1 調査目的

　本調査は，オールムラタにおける組織風土と管理会計の関係について，社員がどのような認識と評価を行っているかを明らかにするために行われた。質問票は，2007年10月，本社経理部を介して，各拠点責任者に送付された。各拠点責任者と各拠点への質問票送付数の所属は以下のとおりである。

図表1-1　拠点別の送付状況

拠点	責任者所属	送付数
MMC	経理部主計課	32
FMC	管理部経理課	19
IMC	管理部経理課	24
TMC	管理部経理課	12
KMM	管理部人事課	40
KMC	管理部経理課	95
OMC	管理部経理課	158
合計		380

2 調査対象

　調査対象者には，オールムラタの各部署における組織風土に対する理解と，管理会計の構造および機能についての理解を持っていることが求められる。そこで，今回の調査対象者としては，日常的な業務を通じて各部署の組織風土と管理会計について一定水準の認識を備えていると考えられる階層，具体的には，事業本部・事業部・商品部，営業本部，および各事業所の課長職以上とした。

3 質問票の設計手続

本研究を進めるにあたって，組織風土と管理会計の関係について行われた先行研究[1]を検討するとともに，オールムラタの本社および各事業所でインタビュー調査を実施した[2]。質問票の設計は，先行研究の整理およびインタビュー調査の結果を受けて行なわれた。質問票の妥当性を検討するため，MMC本社のスタッフに依頼してさまざまな部門・拠点の経営管理者に，質問票に実際に答えてもらうパイロットテストを実施し，その結果をうけて必要な修正をほどこし，実際の調査に利用された質問票が作成された。

4 質問項目

1.1 経営環境（問1）

「経営環境によって管理会計システムの有効性は規定される」というのがコンティンジェンシー理論の命題である[3]。オールムラタとして粗視的にみれば同じ経営環境であっても，それぞれの部署や事業所の視点からみると経営環境の認識は大きく異なっているかも知れない。そこで，本調査では経営環境の認識について問う質問項目を設けた。

具体的な質問項目の設定にあたっては，加護野忠男他『日米企業の経営比較』（日本経済新聞社，1983年）で使われた質問票を議論の出発点とした。そこから，本調査の対象と目的に照らし合わせて必要な修正を行った。

事前のインタビュー調査によれば，すべての事業領域において経営環境が厳しくなるとトップマネジメントが予想しているにもかかわらず，この危機意識が全社的に共有されているわけではなく，環境認識の浸透・統一が経営課題として意識されていることが明らかになった。

このトップマネジメントの問題意識を反映させる方向で，回答者の経営環境認識を，市場の多様性，競争環境，市場の不確実性，企業間関係という4つの側面から捉えるように質問票は設計された。

第1に，市場の多様性は，多様な顧客の存在と生産・販売活動の地理的な広がりによってとらえる。第2に，競争環境は，競争の激しさとその反対を意味する市場

---

1 先行研究として特に重視したのは，組織文化と管理会計の関係についてBhimani (2003) やHenri (2006)，トップマネジメントと現場管理者の認識ギャップについてYoung & Selto (1993)，研究方法についてVan der Stede, Young & Chen (2005) などである。
2 インタビュー調査の概要については，報告書第1部を参照のこと。
3 コンティンジェンシー理論にもとづく管理会計分野の研究サーベイについては，Chenhall (2003) を参照のこと。

の操作性，新規参入の難しさによってとらえる。第3に，市場の不確実性は，新技術の出現の頻度，需要の予測可能性によってとらえる。第4に，企業間関係として，製造業である村田よりも川下に位置する流通業者や大口顧客との関係と川上に位置するサプライヤーとの関係を問うている。

1.2 経営資源（問2）

　事前のインタビュー調査では，言葉の端々に感じられたオールムラタの強みとして，まじめさと独自性があった。そこで，本調査では，その認識がどれほど社内に浸透しているのかを定量的に測定しようとしている。しかし，「ムラタの強みは社員のまじめさにある」や「ムラタの強みは独自性を尊重するところにある」という表現では，ほとんどの回答者が正しいと答えることが予想され，一般的な用語である「まじめさ」や「独自性」の解釈が人によって変わりうることが明らかにならない。そこで，質問項目では，「まじめさ」と「独自性」をできるかぎり具体的な行動レベルで表現することになった。

　まじめさについては，第1に，一般的な性格としてのまじめさを，融通が利かないというやや否定的なニュアンスも含んだ「きまじめさ」として表現する(1)。第2と第3の質問項目は，「規則どおりに実行する」(2)あるいは「決められたことを守りとおす」(3)という行動レベルに置き換える。第4は，まじめさを裏表のないという意味にとらえて，本音と建前の一致と表現する(4)。第5は，組織風土改革で強調されている社内の風通しをよくしようと愚直なまでに取り組んでいるところにもまじめさが表出していると考えられることから，「部下などが話をしやすいように配慮する」(5)と表現した。

　一方，独自性については，これまで「自前の技術を蓄積する」(7)という意味でおおよそ共通に理解されてきた。しかし，近年では，モジュール事業にみられるように，自前の技術だけで市場の変化スピードに対応するのが難しくなっているという認識が，本社でのインタビュー調査から明らかになっている。そこで，「開発期間を短縮する能力」(6)，「外部の技術を積極的に取得する」(8)，「迅速に生産を立ち上げる能力」(9)という目まぐるしい変化への対応能力がどのようにムラタの強みとして認識されているかを問う質問項目を設定した。

1.3 経営理念（問3）

　ムラタの社是は「技術を練磨し　科学的管理を実践し　独自の製品を供給して文化の発展に貢献し　信用の蓄積につとめ　会社の発展と協力者の共栄をはかり　これをよろこび感謝する人びととともに運営する」というものである。事前のインタビュー調査では，この社是が社員のなかに広く深く浸透していることが明らかにな

った。しかし，社是のなかでどの部分をもっとも重視するかという問いかけには，様々な回答があった。そこで，本調査では，社是の与える行動への影響を5点リカートスケールを用いてたずねる（問3-1）とともに，社是を「独自性」，「科学的管理」，「信用の蓄積」，「協力者の共栄」の4要素に分け，もっとも重要と思うものと2番目に重要と思うものをあげてもらうことにした（問3-2）。

なお，「技術を練磨し」の部分も社是の重要な要素の1つであるが，インタビュー調査においてはこれを当然のこととしてその解釈が問題にされるようなことがなかったため，質問項目に含めなかった。

1.4 組織文化（問4）

本調査では，組織文化を定量的に測定するために，OCAI（Organizational Culture Assessment Instrument：組織文化評価手法）と呼ばれる調査方法を採用した。OCAIの理論的な基礎になっているのが，競合価値観フレームワーク（Competing Values Framework）である。競合価値観フレームワークでは，下の図表1のように，理念型として4つの組織文化タイプが識別される。4つの組織文化タイプとは，大家族型（左上），企業家型（右上），競争原理型（右下），官僚組織型（左下）である。OCAIでは，理念型である4つの組織文化タイプの組み合わせによって組織文化を評価しようとする分析手法である。

図表1-2　競合価値観フレームワーク

柔軟性と裁量性

内部志向と統合	大家族型	企業家型	外部志向と分化
	官僚組織型	競争原理型	

安定とコントロール

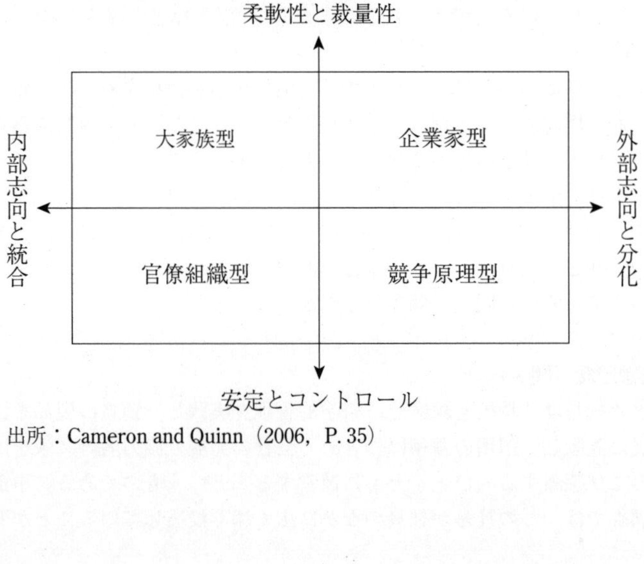

出所：Cameron and Quinn (2006, P. 35)

4つの組織文化タイプは，2つの軸によって分けられた4つの象限に対応している。2つの軸とは，1つが「安定性，秩序，コントロール」と「柔軟性，自由裁量，ダイナミズム」という両極を結ぶ縦軸，もう1つが「内部志向，統合，結束力」と「外部志向，分化，対抗意識」という両極を結ぶ横軸である。それぞれの軸の方向が意味するのは，ある個人が自分の属する組織が有効であるかどうかを判断するときの価値観あるいは前提である。

　個人が組織を評価する際の価値観を説明するために，ステレオタイプなイメージではあるが，具体例をみてみよう。多くの政府機関や東京電力のような企業では，組織が有効であるために，安定性，秩序，コントロールという価値観が重視されると考えられる。一方，サントリーや楽天のような企業では，柔軟性，自由裁量，ダイナミズムという価値観が重視されると考えられる。また，カシオ計算機や資生堂のような企業では，伝統的に固有の経営理念を尊重するなかで，内部志向，統合，結束力という価値観が重視されてきたと考えられる。一方，ソフトバンクやリクルートのような企業では，外部志向，分化，対抗意識という価値観が重視されていると考えられる。このような2つの軸によって4つに分けられる組織文化タイプは，それぞれ2つの軸が示す価値観を組み合わせて特徴づけられる。

　第1に，大家族型の組織文化タイプでは，組織内部における関係の維持・構築が重視されるとともに，現実に即して柔軟に行動する，裁量的に判断する，ダイナミックに行動するという行動パターンが支配的である。また，組織は統合され，結束力が強い。このような価値観は，目標の共有，参加，帰属意識の高さなどを特徴とする組織を設計しようとするときに支持されてきた。その特徴には，日本的経営の有効さを説明するなかで見出されてきたものが多い。QC（Quality Circle）は，その典型例としてあげられる。

　第2に，企業家型の組織文化タイプでは，現実に即して柔軟に行動する，裁量的に判断する，ダイナミックに行動するという行動パターンが支配的であるとともに，サプライヤー，顧客，競合他社といった外部利害関係者との関係構築が重視される。また，組織は分化し，部門間の対抗意識が強い。このような価値観は，工業化の時代から情報化の時代へとシフトするなかで，激しい変化に対応するために次々とイノベーションを生み出す組織を設計しようとするときに支持されてきた。臨時のタスクフォースや委員会として設置されることも多い。不確実さとあいまいさに満ち情報が過剰であるという環境のもとで，適応能力や創造性を発揮させようとするときにもっとも有効である。

　第3に，競争原理型の組織文化タイプでは，判断がぶれない，秩序立てて行動する，管理や調整に従うという行動パターンが支配的であるとともに，サプライヤー，顧客，競合他社といった外部利害関係者との関係構築が重視される。また，組

織は分化し，部門間の対抗意識が強い。アメリカの実証研究によると，このような価値観は，多様化する市場に対応して分権的組織を設計しようとするときに支持されてきた。その代表例である事業部制組織は，分権化された組織単位（事業部）がそれぞれの市場ニーズに対応することで確固たる競争優位を築くときにもっとも有効である。

第4に，官僚組織型の組織文化タイプでは，判断がぶれない，秩序立てて行動する，管理や調整に従うという行動パターンが支配的であるとともに，組織内部における関係構築が重視される。また，組織は統合され，結束力が強い。このような価値観は，標準化されたルールと手続き，明確な指揮命令系統，職務の専門化などの属性をもつ階層組織を設計しようとするときに支持されてきた。階層組織は，安定した環境のもとで効率的に均質的な製品・サービスを提供しようとするときにもっとも有効である。

図表1-3　6つの側面からの組織文化タイプの説明

大家族型

1　部門の特徴：家族的であり，お互いのことをよく知っている。
2　リーダーシップ：リーダーには，指導者，推進役，教育者という言葉があてはまる。
3　部下の管理のやり方：チームワーク，コンセンサス，参加を重視している。
4　部門を束ねる力：忠誠，相互信頼，部門への愛着心。
5　経営上重視する点：人間としての成長，信頼の高さ，風通しのよさ，参加。
6　成功の判断基準：人間としての成長，チームワーク，メンバーの参加，メンバーへの気遣い。

企業家型

1　部門の特徴：ダイナミックで企業家的であり，自ら進んでリスクをとろうとする。
2　リーダーシップ：リーダーには，企業家，イノベーション，挑戦という言葉があてはまる。
3　部下の管理のやり方：各自の挑戦，イノベーション，自由，ユニークさを重視している。
4　部門を束ねる力：イノベーションと発展へのこだわり，最先端であること。
5　経営上重視する点：新しい資源の獲得，新しい挑戦の創造，チャンスを見出すこと。
6　成功の判断基準：ユニークな製品や新しい製品，先駆者・イノベーターであること。

競争原理型

1	部門の特徴：仕事をこなして，結果を出し，競争意識が高く，目標達成を重視する。
2	リーダーシップ：リーダーには，仕事一途で，結果を求めるという言葉があてはまる。
3	部下の管理のやり方：激しい競争，高い要求，目標達成を重視している。
4	部門を束ねる力：仕事をやり遂げること，目標達成。
5	経営上重視する点：競争に勝つこと，困難な目標を達成すること，市場で勝つこと。
6	成功の判断基準：市場で勝つこと，競争で機先を制すること，市場をリードすること。

官僚組織型

1	部門の特徴：統率され，秩序的で，公式の手続きに従って仕事が行われている。
2	リーダーシップ：リーダーには，調整役，まとめ役，円滑な進行役という言葉があてはまる。
3	部下の管理のやり方：規則に従い，安定した関係を重視している。
4	部門を束ねる力：公式の規則と方針，組織を円滑に保つこと。
5	経営上重視する点：持続，安定，効率性，コントロール，円滑な業務。
6	成功の判断基準：効率性，納期の信頼性，円滑なスケジューリング，低コストでの生産。

　OCAIでは，以上のような競合価値観フレームワークにもとづいて，それぞれの組織文化タイプを経営管理の6つの側面に分けて説明する。6つの側面とは，部門の特徴，リーダーシップ，部下の管理のやり方，部門を束ねる力，経営上重視する点，成功の判断基準である。図表2では，4つの組織文化タイプについて，それぞれ6つの側面から説明した文章を示している。

　質問票では，それぞれの側面ごとに，4つの組織文化タイプに対応した説明文（A：大家族型，B：企業家型，C：競争原理型，D：官僚組織型）が順に配置される。回答者は，1つの側面において合計100点となるように，4つの組織文化タイプの説明文（A～D）に点数を入れる。回答者の属する組織をよりよくあらわしていると思われる説明文には，より高い点数を配点する。点数配分は，組織の現状と理想についてそれぞれ行う。

　なお，以上のような方法で組織文化を定量化するOCAIは，必ずしも組織をある1つの組織文化タイプにあてはめようとするものではない。確かに，競合価値観フレームワークでは縦軸と横軸の両極にそれぞれ競合的な価値観が配置されるため，安定・コントロールと内部志向・統合の官僚組織型と，柔軟性・裁量性と外部志向・分化の企業家型とでは，対照的な組織文化タイプになる。しかし，組織はし

ばしば競合する価値観を同時に追求しなければならないことがある。競合価値観フレームワークはそうしたパラドクスが存在することを認める理論であり，そのためOCAIにおいても，1つの組織文化タイプの選択ではなく配点方式を採用し，6つの側面のそれぞれにおいて組織文化タイプへの配点に違いが出ることも想定される。

1.5 管理会計について（問5～問12）

本調査では，管理会計として，中期計画，予算管理，標準原価計算，品種別損益，方針管理，バランスト・スコアカード，目標管理，稟議システムを取り上げ，それぞれ経営管理に役立っているかどうかを問うことにした（問5）。

また，事前のインタビュー調査では，既存の管理会計である中期計画，予算管理，方針管理，目標管理，稟議についてはシステムの変更が進められるとともに，新しい管理会計としてバランスト・スコアカードが導入されつつあることが明らかになっていたため，これらの管理会計については，変更あるいは導入されたことでそれぞれどのように役立っているかを問うことにした（問6～12）。

個々の管理会計の役立ちについては，計画設定プロセスとコントロール・プロセスに分けて，それぞれのプロセスにおいてどのように利用されているかを問う質問項目を設定した。

伝統的にムラタの管理会計は，計画設定プロセスにおいて，情報をトップダウンに伝達する公式の手段として利用されてきた。このような伝統的な役割を確認するため，それぞれの管理会計の計画設定プロセスについて，経営トップあるいは部門長の意思が反映されたのか，自らの意思が反映されたのか，あるいは上司・部下の情報伝達に利用されたのかといった質問項目を設定した（問6(4)(5)，問7(4)(5)，問9(4)(5)，問10(5)(6)(7)）。

また，コントロール・プロセスにおいては，伝統的な管理会計の役割は，目標を必ず達成させる，あるいは責任を厳しく追及するといった他律的なコントロールを強化することであった。このような役割を確認するために，目標は必達であるか，責任が厳しく追及されるかといった質問項目（問6(8)，問8(2)(6)，問9(3)(7)，問10(4)(9)）に加えて，責任追及よりも問題解決を重視するかという反対の意味の質問項目（問6(9)，問8(5)，問9(8)，問10(10)）を設定した。

一方，以上のような伝統的な管理会計の役割に限界がみられるようになったため，システムの変更あるいは新しいシステムの導入が進められてきた。事前のインタビュー調査によれば，システムの変更・導入におけるもっとも重要な目的は，部門内および部門間でのコミュニケーションの活性化である。そこで，それぞれの管理会計について，コミュニケーションの活性化に寄与しているかどうかを問う質問

項目を設定した（問6(1)(2)，問7(6)(7)，問11(2)，問12(9)(10)）。

また，オールムラタの伝統的な管理会計の課題として，中期計画がその後の予算管理や方針管理のなかで展開されているかどうか，予算管理や方針管理に中期計画が反映されず短期志向に陥っていないかどうかというシステム間の連動の問題があった。そこで，システムの変更によって問題が解決しつつあるのかどうか，中期計画，予算編成，方針管理，目標管理について，いずれか2つの管理会計の連動に関する質問項目を設定した（問7(1)，問9(1)(2)，問10(1)(2)(3)）。また，バランスト・スコアカードの導入についても，他のシステムとの関係が問題になることから，他のシステムとの関係が明確になったかどうかを問う質問項目を設定した（問12(3)(4)(5)）。

さらに，システムの変更・導入プロセスでは，企画部，人事部，経理部といったMMCの本社スタッフ部門との関係も見直されている。そこで，それぞれの管理会計について，スタッフ部門から適切なサポートがあったかどうかを問う質問項目を設定した（問7(9)，問8(8)，問12(11)）。なお，スタッフ部門のサポートを特に必要としない中期計画，方針管理，目標管理については，この質問項目を設定していない。

それぞれの管理会計に固有の課題についても，システムの変更によってその課題が解決に向かっているかどうかを問う質問項目を設定した。中期計画については，長期的な方向を予測できるか，実施段階において中期計画を意識するかどうかといった質問項目がある（問6(6)(7)）。予算編成（問7(3)(8)）については，多くの時間と労力を要するかどうか，挑戦的な予算目標が設定されたかどうか，予算統制（問8(3)(4)）については，定期的な会議が設置されているか，その会議が有意義であるかといった質問項目がある。方針管理と目標管理については，方針あるいは目標が財務的な数値に偏っていないかといった質問項目があり（問9(6)，問10(8)），それがバランスト・スコアカードの導入によって，財務数値だけでなくなったかどうかといった質問項目がある（問12(8)）。また，バランスト・スコアカードについては，新しいシステムの導入であるため，行動が変化したかどうかといった質問項目がある（問12(6)(7)(8)）。稟議システムについては，権限委譲が十分であるか，起案時および決裁時に代替案との比較がなされているか，事後評価が適切に行われているかといった質問項目がある。

1.6 組織構造（問13）

組織構造については，再び『日米企業の経営比較』を参考にして，組織内の権限の分布を問う質問項目を設定した（問13-1，問13-2）。問13-1は，社長以下，経営執行会議，事業本部長，営業本部長，担当部長，担当部門内の会議というタテの

階層関係において，問13-2は，営業・マーケティング，研究開発，製造，経理・財務，総務・人事，企画，資材・購買というヨコの職能関係において，どこにもっとも強い影響力がみられるかをたずねている。なお，質問項目の表現は，できるだけムラタにある実際の職位の名称に近くなるように配慮した。

1.7 組織風土改革（問14）

オールムラタでは，2004年から組織風土改革が進められている。その目的は，顧客本位，現場志向，環境変化にスピーディに対応する，自由闊達な議論で，創造性，チャレンジ精神を大切にするという4つである。このうち特に強調されているのは，4番目の目的にある「自由闊達な議論で」というコミュニケーションの活性化である。組織風土改革の目的は部長レベルまではそのまま伝達されているが，部長以下の展開には部長の自主性が反映される。そこで，質問票では，コミュニケーションの活性化という組織風土改革の目的が，どれほど浸透しているかを問う質問項目を設定した（(3)(4)）。一方，ダミーとして，内部効率の改善や経営意思の伝達をねらいとするかという質問項目も設定している（(2)(5)）。

また，組織風土改革の実施プロセスは，事業本部，事業所，営業本部などに一任されている。事前のインタビュー調査においても，部門によって組織風土改革の実施方法は様々であった。そこで，質問票では，一般に実施プロセスが漸進的か急進的かを問う質問項目（(1)(8)）を設定するとともに，具体的な実施方法を列挙して自部門の組織風土改革がどれほどあてはまるかを問うことにした（(6)(7)(9)(10)(11)）。

II 質問票の回収状況と回答者の分布

質問票は，2007年10月から11月にかけて4回に分けて回収された。図表2-1には，各回で回収された質問票の数を拠点別に示す。

図表2-1 拠点別質問票回収数

	第1回	第2回	第3回	第4回
IMC（出雲）	30	—	—	—
OMC（岡山）	18	—	—	—
TMC（富山）	17	7	—	—
KMC（小松）	12	—	—	—
KMM（金沢）	4	7	12	2
FMC（福井）	52	14	2	—

MMC（本社）	35	19	33	37
合計	168	47	47	39

4回にわたる回収の結果，拠点別の回答数と回収率は，図表2-2のようになった。

図表2-2　拠点別回答数・回収率

	回答数	回答率（％）
IMC	30	93.8
OMC	18	94.7
TMC	24	100.0
KMC	12	100.0
KMM	25	62.5
FMC	68	71.6
MMC	124	78.5
合計	301	79.2

回答者の年齢属性と現職経験年数・入社年数は，図表2-3，2-4のとおりである。

図表2-3　年齢別回答者数

年齢	20代	30代	40代	50代	不明	合計
回答数（人）	3	220	63	1	14	301

図表2-4　平均在職年数

	平均	標準偏差
現職経験年数（年）	4.45	7.358
入社年数（年）	22.77	4.995

回答者を階層別および職能別にみた分布は，図表2-5，2-6のとおりである。

図表2-5　階層別回答数

	所長	部長	次長	課長	不明	合計
回答数（人）	7	29	18	232	15	301

図表 2-6　職能別回答数

(人)	回答数	IMC	OMC	TMC	KMC	KMM	FMC	MMC
製造系	137	21	14	12	9	12	41	28
商品系	113	6	1	7	2	12	20	65
営業系	22	—	—	—	—	—	—	22
不明	29	2	3	5	1	1	7	9
合計	301	29	18	24	12	25	68	124

職能別の分類で「商品系」とされた回答者について，さらに3つの事業本部別に分けたものが図表2-7である。

図表 2-5　階層別回答数

	コンポーネント	デバイス	モジュール	不明	合計
回答数（人）	33	46	33	1	113

III　調査結果の分析

1　経営環境

1.1　全社的にみた平均的な認識

図表3-1から，全社的にみた平均的な経営環境認識の特徴は，厳しい市場競争が行われてはいるが，市場環境や競争条件への影響力をムラタはかなり保持しているということである。つまり，経済理論的には独占的競争に近い経営環境認識がもたれている。とくに，市場競争の厳しさについては，分散が小さく，全社的に類似した認識がもたれていることが示唆されている。

「生産・販売の国際性」と「新製品・技術の出現頻度」については，回答者によって回答がばらついており（標準偏差1.0以上），経営環境認識が共有されていないことがうかがわれる。認識のぶれについては，次節において事業所間の相違について説明する。

図表 3-1　全社的な経営環境の認識

全社データ	回答数	平均値	最小値	最大値	標準偏差
問1(1)市場と顧客の多様性	286	1.856643	1	5	1.116263

問1(2)生産・販売の国際性	287	1.400697	1	4	0.750105
問1(3)市場の競争性	286	1.241259	1	4	0.581448
問1(4)市場環境・競争条件への影響性	287	1.996516	1	5	0.812913
問1(5)新製品・技術の出現頻度	287	2.257840	1	5	1.018912
問1(6)需要予測の困難性	287	2.055749	1	4	0.895029
問1(7)流通業者・顧客による制約	286	2.251748	1	5	0.958570
問1(8)供給会社等による制約	286	2.199301	1	5	0.935911
問1(9)新規参入の困難性	287	2.801394	1	5	0.907774

1.2 拠点間の比較分析

ここでは，経営環境認識について拠点間の比較を行っている。拠点間の比較を行う際には，まずFMCをベンチマークとして分析を行ない，その後に目の子算的に比較分析を行った（1.2.1～1.2.3）。FMCをベンチマークとして採用したのは，FMCのオールムラタにおける歴史的・財務的な重要性とともに，本調査における回答者数等からみた標準的な性格からである。なお，統計的に有意な差が検出されなかった比較分析の説明は省略した。つぎに，拠点間で統計的に有意な差が3項目以上で検出されたケースを紹介する（1.2.4～1.2.6）。

1.2.1 FMCとTMCの比較

FMCとTMCとでは，「市場と顧客の多様性」「生産・販売の国際性」「新製品・技術の出現頻度」について統計的に有意な差があることが判明した（図表3-2）。

「市場と顧客の多様性」については，FMCの方がTMCよりもかなり多様だという認識を持っている。「生産・販売の国際性」については，両拠点ともに高い水準で国際性があると認識しているが，やはり，FMCの方がTMCよりも国際性が高いという認識を示している。

「新製品・技術の出現頻度」については，両ムラタともにそれほど頻度が高いとは認識していないが，やはりFMCの出現頻度が高いと考えている。

図表3-2 経営環境の認識に関するFMCとTMCの比較

	FMC (平均値)	TMC (平均値)	t値	p	FMC ケース数	TMC ケース数
問1(1)市場と顧客の多様性	1.597015	2.458333	-3.28559	0.001457	67	24
問1(2)生産・販売の国際性	1.164179	1.625000	-3.40416	0.000997	67	24
問1(3)市場の競争性	1.242424	1.416667	-1.17680	0.242449	66	24

問1(4)市場環境・競争条件への影響性	1.805970	1.958333	-0.91680	0.361727	67	24
問1(5)新製品・技術の出現頻度	*2.164179*	*2.750000*	*-2.57032*	*0.011822*	67	24
問1(6)需要予測の困難性	1.925373	2.166667	-1.11266	0.268849	67	24
問1(7)流通業者・顧客による制約	2.194030	2.583333	-1.66178	0.100076	67	24
問1(8)供給会社等による制約	2.223881	2.541667	-1.44941	0.150738	67	24
問1(9)新規参入の困難性	2.716418	2.791667	-0.33453	0.738763	67	24

1.2.2 FMCとTMCの比較

FMCとIMCの比較では,「供給会社等による制約」のみ統計的に有意な差が判別された。FMCよりもIMCの方が,「供給会社等による制約」は厳しいと認識している。

1.2.3 FMCとKMCの比較

KMCとの比較では,「生産・販売の国際性」「市場環境・競争条件への影響性」「新製品・技術の出現頻度」「需要予測の困難性」において統計的に有意な差が検出された。

「生産・販売の国際性」については,KMCはFMCほど国際性が高いとは認識していない。

「市場環境・競争条件への影響性」でも,KMCはFMCほど影響力を持っているとは認識していない。

しかし,「新製品・技術の出現頻度」と「需要予測の困難性」では,KMCはFMCよりも頻度が高く,困難であるという認識を持っている。

1.2.4 KMCとTMCの比較

KMCとTMCとの比較では,「市場環境・競争条件への影響」「新製品・技術の出現頻度」「需要予測の困難性」「供給会社等による制約」において統計的に優位な差が検出された。

「市場環境・競争条件への影響」については,TMCの方がKMCよりも影響力を持っていると認識している。

「新製品・技術の出現頻度」と「需要予測の困難性」および「供給会社等による制約」については,KMCの方が出現頻度が高く,予測が困難であり,供給会社等による制約が厳しいるという認識を持っている。

1.2.5 KMCとIMCの比較

KMCとIMCとの比較では,「市場と顧客の多様性」「生産・販売の国際性」「市場環境・競争条件への影響」「新製品・技術の出現頻度」「需要予測の困難性」において,統計的に優位な差が検出された。

「市場と顧客の多様性」「生産・販売の国際性」「市場環境・競争条件への影響」については，KMCよりもIMCの方が多様性が高く，国際性があり，しかも市場環境や競争条件に対する影響力を強く持っているという認識を示している。

「新製品・技術の出現頻度」「需要予測の困難性」については，KMCの方がIMCよりも出現頻度が高く，予測が困難であると考えていることが判明した。

1.2.6　IMCとTMCの比較

ＩＭＣとＴＭＣの比較では，「市場と顧客の多様性」「生産・販売の国際性」「市場の競争性」「供給会社等による制約」において統計的に優位な差が検出された。

「市場と顧客の多様性」「生産・販売の国際性」「市場の競争性」「供給会社等による制約」のいずれにおいても，出雲の方が多様性が高く，国際性があり，競争が厳しく，供給会社の制約が大きいと認識している。

1.3　職能・階層別の比較分析

職能別の比較は，商品系，製造系，営業系の3職能の比較を行っている。なお，階層別（部長，次長，課長等）の比較分析も行ったが，目立った差異は確認されなかったので，結果は省略している。

1.3.1　商品系と製造系の比較

商品系と製造系の比較では，「市場の競争性」「需要予測の困難性」「新規参入の困難性」において統計的に有意な差がみられた（図表3-3）。

「市場の競争性」については，商品系のほうが競争が厳しいという認識を持っている。

「需要予測の困難性」については，製造系のほうが困難であるという認識を持っている。

「新規参入の困難性」については，商品系のほうが新規参入の困難性がそれほど高くない，つまり新規参入の脅威により強くさらされていると認識している。

図表3-3　経営環境の認識に関する商品系と製造系の比較

	商品系 (平均値)	製造系 (平均値)	t値	p	商品系 ケース数	製造系 ケース数
問1(1)市場と顧客の多様性	1.8286	1.8092	0.13472	0.892950	105	131
問1(2)生産・販売の国際性	1.4667	1.3485	1.17049	0.242989	105	132
問1(3)市場の競争性	*1.1429*	*1.3588*	*-2.70354*	*0.007364*	*105*	*131*
問1(4)市場環境・競争条件への影響性	1.9524	1.9621	-0.09400	0.925192	105	132
問1(5)新製品・技術の出現頻度	2.2857	2.2424	0.32118	0.748361	105	132
問1(6)需要予測の困難性	*2.3524*	*1.8561*	*4.31020*	*0.000024*	*105*	*132*

問1(7)流通業者・顧客による制約	2.1524	2.2824	-1.04292	0.298063	105	131
問1(8)供給会社等による制約	2.2476	2.0992	1.23376	0.218529	105	131
問1(9)新規参入の困難性	2.9619	2.6591	2.52596	0.012197	105	132

1.3.2 部長と課長の比較

部長と課長の比較では,「新製品・技術の出現頻度」にのみ統計的に有意な差がみられた。部長のほうが課長よりも新製品・技術の出現頻度が高いと認識している。

1.4 事業本部別の比較分析

商品系の事業本部別の比較では,コンポーネント,デバイス,モジュールの3事業本部間の比較を行っている。

1.4.1 コンポーネント事業本部とデバイス事業本部の比較

コンポーネント事業本部とデバイス事業本部の比較では,「市場と顧客の多様性」「市場の競争性」について統計的に有意な差がみられた。「市場と顧客の多様性」「市場の競争性」の両方とも,コンポーネント事業本部のほうが多様性が高く,競争性が厳しいという認識を持っている。

1.4.2 コンポーネント事業本部とモジュール事業本部の比較

コンポーネント事業本部とモジュール事業本部の比較では,「市場と顧客の多様性」「生産・販売の国際性」「市場の競争性」「市場環境・競争条件への影響」について統計的に有意な差がみられた。

「市場と顧客の多様性」「生産・販売の国際性」「市場の競争性」「市場環境・競争条件への影響」については,すべてコンポーネント事業本部のほうが多様性が高く,国際性が高く,競争が激しく,影響力が強いという認識を持っている。

図表3-4 経営環境の認識に関する事業本部間の比較

	コンポーネント (平均値)	モジュール (平均値)	t値	p	コンポーネントケース数	モジュールケース数
問1(1)市場と顧客の多様性	1.3939	2.1818	-3.33924	0.001404	33	33
問1(2)生産・販売の国際性	1.0909	2.0606	-5.20825	0.000002	33	33
問1(3)市場の競争性	1.0303	1.2121	-2.32017	0.023532	33	33

問1(4)市場環境・競争条件への影響性	1.8182	2.2727	-2.48069	0.015752	33	33
問1(5)新製品・技術の出現頻度	2.3030	2.2424	0.24055	0.810670	33	33
問1(6)需要予測の困難性	2.2121	2.4848	-1.20876	0.231201	33	33
問1(7)流通業者・顧客による制約	2.0303	2.2424	-0.98443	0.328612	33	33
問1(8)供給会社等による制約	2.0909	2.3333	-1.00000	0.321077	33	33
問1(9)新規参入の困難性	2.8788	2.9697	-0.40778	0.684799	33	33

1.4.3 デバイス事業本部とモジュール事業本部の比較

デバイス事業本部とモジュール事業本部の比較では，「生産・販売の国際性」「市場環境・競争条件への影響性」について統計的に有意な差がみられた。「生産・販売の国際性」「市場環境・競争条件への影響性」の両方とも，デバイス事業本部のほうが国際性が高く影響力が強いという認識を持っている。

2 オールムラタの強み

2.1 ムラタの強み

オールムラタの強みについての認識を確認するために，因子分析を行った。まず，全社データについて認識を行った結果が図表3-5である。図表3-5から，ムラタの強みは，因子2で表わされている「まじめさ」と，因子1で表わされている開発から生産へのスピーディな移行能力にあることがわかる。ただし，因子1には別の要素も含まれており，慎重な解釈が必要である。

図表3-5　オールムラタの強みの認識

	因子1	因子2
問2(1)きまじめな人材	-0.059764	0.678582
問2(2)規則通りに実行	-0.042210	0.898081
問2(3)決められたことの実行	0.014583	0.791249
問2(4)本音と建て前の一致	0.552570	0.056660

問2(5)部下が話しやすい	0.688880	-0.098743
問2(6)開発期間の短縮	*0.789966*	-0.106245
問2(7)自前の技術の蓄積	0.440098	0.171465
問2(8)外部技術の導入	0.584946	0.046478
問2(9)生産の迅速な立ち上げ	0.618430	0.031271
説明済分散	2.327805	1.949886
寄与率	0.258645	0.216654

2.2 拠点別にみたムラタの強み

拠点別の因子分析の結果，全社の結果と異なるのはIMCだけであった。IMCは，基本的に全社と類似しているが，生産の立ち上げスピードに加え，自前技術の蓄積が因子1の重要な要素になっている。

3 経 営 理 念

図表3-6は，社是がどの程度，自己の行動に影響をあたえているかということに関する認識を示している。全社の平均値からみるかぎり，ある程度の影響力があると考えられているようである。

図表3-6　全社的な経営理念の影響

	回答数	平均値	標準偏差
問3(1)経営理念の影響度	286	2.122378	0.787438

1=かなり影響を与えている　5=まったく影響を与えていない

経営理念の影響力については，階層によって考え方に差があることが図表3-7より示唆されている。部長レベルでは，課長レベルよりも経営理念が強く社員の行動に影響を与えていると考えている[4]。

図表3-7　階層別の経営理念の影響

	部長 (平均値)	課長 (平均値)	t値	p	部長 ケース数	課長 ケース数
問3(1)経営理念の 影響度	*1.814815*	*2.145455*	*-2.04900*	*0.041527*	27	220

---

[4] ただし，部長レベルと課長レベルとでは，サンプル数に大きな違いがあるため，統計的な説明力に問題がある可能性があることに注意されたい。

4 組織文化

4.1 オールムラタの組織文化

図表3-8では，OCAIによる全社的な組織文化の測定結果をレーダーチャートで示している。理想とする組織文化タイプと現状の組織文化タイプを比較すると，現状では官僚組織型や競争原理型のタイプが強いと認識されている一方，理想としては企業家型や大家族型のタイプを志向していることがわかる。とくに，企業家型と官僚組織型では，理想と現実のギャップが大きい。

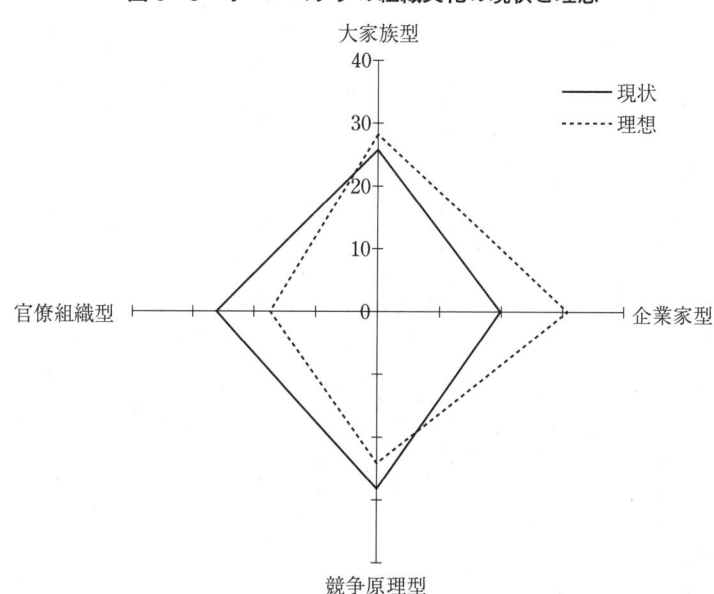

図3-8 オールムラタの組織文化の現状と理想

理想と現状の比較について，もう1ついえることは，いずれの組織文化タイプについても理想よりも現状のほうが標準偏差が大きいことである（図表3-9）。これは，全社的に理想についての認識よりも現状についての認識のほうにばらつきが大きいということである。

図表3-9 各組織文化タイプの標準偏差

	大家族型		企業家型		競争原理型		官僚組織型	
	理想	現状	理想	現状	理想	現状	理想	現状

| 標準偏差 | 5.5339 | 7.3197 | 6.1755 | 6.6796 | 5.1516 | 7.3033 | 4.9197 | 7.9320 |

4.2 拠点別の組織文化

拠点別にも理想とする組織文化タイプと現状の組織文化タイプを比較すると，特徴がみられるのは IMC, OMC, KMC であった（図表3-10）。

まず IMC は，いずれの組織文化タイプについても，全社に比べて理想と現状のギャップが大きい。IMC では，官僚組織型や競争原理型を忌避して，企業家型や大家族型を重んじる傾向がどの拠点よりも強いことがうかがえる。OMC については，大家族型について理想と現実がほとんど一致している。KMC については，官僚組織型での理想と現実のギャップがもっとも大きい。

図3-10　拠点別の組織文化タイプにおける理想と現状のギャップ

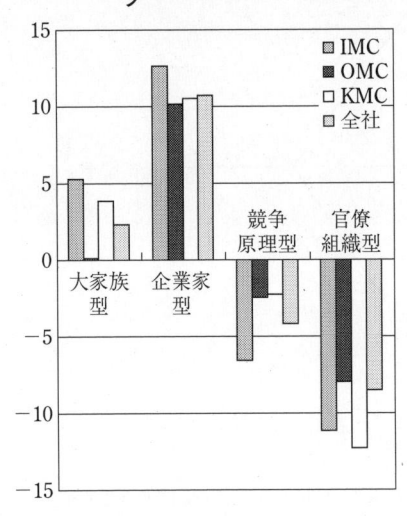

図3-11　職能別の組織文化タイプにおける理想と現状のギャップ

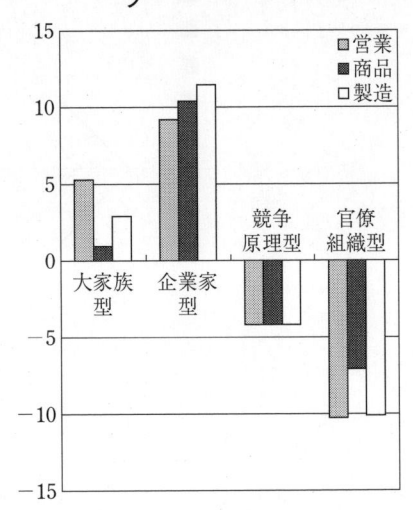

4.3 職能別の組織文化

営業系，商品系，製造系の組織文化タイプについて，現状と理想を比較したものが図表3-11である。商品系では，他の職能系に比べて，大家族型と官僚組織型について現状と理想のギャップが小さい。

また，職能別に大家族型〜官僚組織型のタイプのスコアの合計値に差があるかどうかの検定を実施したところ，図表3-12のような結果となった。すなわち，企業

家型については，商品系の方が製造系よりも高くなっている。一方，官僚組織型については，製造系の方が商品系よりも高くなっている。このような差異は，商品系と製造系との比較においてのみ有意な差が確認された。このような結果が事業所別の比較においても影響を与えている可能性が考えられる。

図表3-12　商品系と製造系の組織文化スコアの平均値検定

	商品系	製造系	t値	p	商品系ケース	製造系ケース
A：大家族型	156.4356	150.6985	0.98808	0.324132	104	132
B：企業家型	133.6192	108.5280	4.51123	0.000010	104	132
C：競争原理型	174.4038	170.8833	0.62824	0.530462	104	132
D：官僚組織型	143.8106	169.0189	-4.18087	0.000041	104	132

4.4　階層別の組織文化

　階層別の組織文化タイプについて，現状と理想を比較したものが図表3-13である。部長以上では，大家族型で現状と理想の関係が逆転し，競争原理型についても現状と理想のギャップが小さくなる。

図3-13　階層別の組織文化タイプにおける理想と現状のギャップ

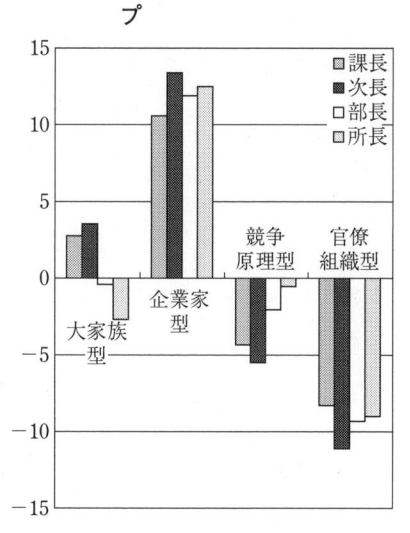

図3-14　事業本部別の組織文化タイプにおける理想と現状のギャップ

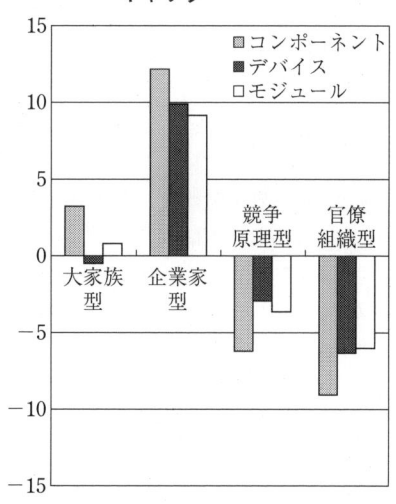

4.5 事業本部別の組織文化

事業本部別の組織文化タイプについて,現状と理想を比較したものが図表3-14である。デバイス事業本部では,大家族型で現状と理想の関係が逆転する。また,コンポーネント事業本部は,他の2つの事業本部に比べて,いずれの組織文化についても現状と理想のギャップが大きい。

5　管理会計システムの有用性

5.1　オールムラタの認識

管理会計システムの有用性については,品種別損益管理,方針管理,目標管理,予算管理の順で管理会計システムが経営に役立っているという認識が示されている(図表3-15)。また,方針管理と目標管理については,有用性の認識にばらつきが少ないことも特徴である(標準偏差が0.8以下)。

図表3-15　管理会計システムの有用性

全社データ	回答数	平均値	最小値	最大値	標準偏差
問5(1)中期計画	287	2.456446	1	5	0.883425
問5(2)予算管理	287	2.257840	1	5	0.858768
問5(3)標準原価計算	286	2.405594	1	5	0.985778
問5(4)品種別損益管理	286	2.017483	1	5	0.915582
問5(5)方針管理	286	2.136364	1	5	0.710033
問5(6)バランスト・スコアカード	285	2.961404	1	5	0.950492
問5(7)目標管理	286	2.234266	1	4	0.733423
問5(8)稟議システム	287	2.595819	1	5	0.838570

1=非常に役立っている,5=全く役に立っていない

5.2　拠点別・職能別・事業本部別の比較分析

5.2.1　IMCとKMC

IMCとKMCの比較では,中期計画と標準原価計算について統計的に有意な差がみられた。いずれもIMCのほうが有用であると考えている(図表3-16)。

5.2.2　商品系と製造系の比較

商品系と製造系の比較では,中期計画,予算管理,バランスト・スコアカードについて統計的に有意な差がみられた。中期計画とバランスト・スコアカードは,商品系のほうが有用であると考えている。一方,予算管理は,製造系のほうが有用であると考えている。

図表 3-16　管理会計の有用性に関する IMC と KMC の比較

	IMC (平均値)	KMC (平均値)	t 値	p	IMC ケース数	KMC ケース数
問5(1)中期計画	*2.333333*	*3.153846*	*-2.87165*	*0.006435*	*30*	*13*
問5(2)予算管理	2.133333	2.538462	-1.22461	0.227711	30	13
問5(3)標準原価計算	*2.133333*	*2.846154*	*-2.38709*	*0.021677*	*30*	*13*
問5(4)品種別損益管理	1.700000	1.846154	-0.53270	0.597118	30	13
問5(5)方針管理	2.066667	2.000000	0.30414	0.762558	30	13
問5(6)バランスト・スコアカード	2.966667	3.153846	-0.69908	0.488449	30	13
問5(7)目標管理	2.200000	2.153846	0.17292	0.863567	30	13
問5(8)稟議システム	2.533333	2.692308	-0.52393	0.603146	30	13

5.2.3　商品系と営業系の比較

　商品系と営業系の比較では，中期計画，標準原価計算，品種別損益管理，目標管理について統計的に有意な差がみられた。中期計画，標準原価計算，品種別損益管理は，商品系のほうが有用であると考えている。一方，目標管理は，営業系のほうが有用であると考えている。

5.2.4　製造系と営業系の比較分析

　製造系と営業系の比較では，標準原価計算，品種別損益管理，バランスト・スコアカードについて統計的に有意な差がみられた。標準原価計算，品種別損益管理は，製造系のほうが有用であると考えている。一方，バランスト・スコアカードは，営業系のほうが有用であると考えている。

5.2.5　デバイス事業本部とモジュール事業本部との比較

　デバイス事業本部とモジュール事業本部の比較では，中期計画，予算管理，品種別損益管理について統計的に有意な差がみられた。いずれもデバイス事業本部のほうが有用であると考えている。

6　中期計画

6.1　オールムラタの認識

　中期計画の有効性についてはほどほどの評価にとどまっていることが，図表3-

17から読みとれる。また,「スタッフからの情報提供」や「責任追及」については,それほど評価されていないことが示されている（平均値3.0以上）。

表3-17　中期計画の有効性

全社データ	回答数	平均値	最小値	最大値	標準偏差
問6(1)中期計画；部門内意見交換	282	2.648936	1	5	0.939911
問6(2)中期計画；他部門との意見交換	282	2.943262	1	5	0.922422
問6(3)中期計画；スタッフからの情報提供	282	3.248227	1	5	0.886081
問6(4)中期計画；トップの意思	282	2.475177	1	5	0.805511
問6(5)中期計画；自らの意思	282	2.748227	1	5	0.906921
問6(6)中期計画；長期的方向性	283	2.628975	1	5	0.785603
問6(7)中期計画；中期計画を意識	282	2.425532	1	5	0.815631
問6(8)中期計画；責任追及	283	3.134276	1	5	0.856551
問6(9)中期計画；長期的問題解決	283	2.819788	1	5	0.890870

1＝まったくそのとおり，5＝まったくちがう

6.2　MMCと各拠点の比較

中期計画の重要な役割として，中期的にMMCと各拠点のベクトルあわせを図るというものがある。そのためには，ある程度共通した認識が中期計画の機能についてもたれていることが望ましいと考えられる。そこで，MMCと各拠点の比較を行った。

6.2.1　MMCとOMCの比較

MMCとOMCの比較では,「部門内意見交換」「トップの意思」「自らの意思」「長期的方向性」「中期計画を意識」において統計的に有意な差がみられた（図表3-18）。これらのいずれにおいても，MMCに比較してOMCのほうが低位の評価にとどまっている。

6.2.2　MMCとKMCの比較

MMCとKMCの比較では,「部門内意見交換」「他部門との意見交換」「自らの意思」「長期的方向性」「中期計画を意識」において統計的に有意な差がみられた。これらのいずれにおいても，MMCに比較してKMCのほうが低位の評価にとどまっている。

図表 3-18　中期計画の有効度に関する MMC と OMC の比較

	OMC (平均値)	MMC (平均値)	t 値	p	OMC ケース数	MMC ケース数
問6(1)中期計画；部門内意見交換	3.000000	2.358333	2.94253	0.003833	17	120
問6(2)中期計画；他部門との意見交換	3.176471	2.791667	1.68965	0.093402	17	120
問6(3)中期計画；スタッフからの情報提供	3.235294	3.308333	-0.30854	0.758147	17	120
問6(4)中期計画；トップの意思	2.882353	2.358333	2.60479	0.010223	17	120
問6(5)中期計画；自らの意思	2.882353	2.458333	2.00890	0.046541	17	120
問6(6)中期計画；長期的方向性	3.000000	2.462810	2.70275	0.007754	17	121
問6(7)中期計画；中期計画を意識	2.764706	2.157025	3.00183	0.003194	17	121
問6(8)中期計画；責任追及	2.764706	3.049587	-1.19733	0.233262	17	121
問6(9)中期計画；長期的問題解決	2.764706	2.735537	0.12162	0.903376	17	121

6.2.3　MMC と KMM の比較

　MMC と KMM の比較では，「部門内意見交換」「他部門との意見交換」「スタッフからの情報提供」「自らの意思」「中期計画を意識」において統計的に有意な差がみられた。これらのいずれにおいても，MMC に比較して KMM のほうが低位の評価にとどまっている。

6.2.4　MMC と FMC の比較

　MMC と FMC の比較では，「部門内意見交換」「自らの意思」「長期的方向性」「中期計画を意識」「責任追及」において統計的に有意な差がみられた。これらのいずれにおいても，MMC に比較して FMC のほうが低位の評価にとどまっている。

6.3 職能別の比較分析
6.3.1 商品系と製造系の比較分析

商品系と製造系の比較分析では，「部門内の意見交換」「他部門との意見交換」「自らの意思」「中期計画を意識」「責任追及」において統計的に有意な差異がみられた（図表3-19）。これらのいずれにおいても，製造系に比較して商品系のほうが高い評価を行っている。

図表3-19　中期計画の有効度に関する商品系と製造系の比較

	商品系 (平均値)	製造系 (平均値)	t値	p	商品系 ケース数	製造系 ケース数
問6(1)中期計画； 部門内意見交換	2.269231	2.923077	-5.67892	0.000000	104	130
問6(2)中期計画； 他部門との意見交換	2.653846	3.115385	-3.97396	0.000094	104	130
問6(3)中期計画； スタッフからの情報提供	3.173077	3.261538	-0.75506	0.450981	104	130
問6(4)中期計画； トップの意思	2.394231	2.538462	-1.41563	0.158225	104	130
問6(5)中期計画； 自らの意思	2.423077	3.000000	-5.16279	0.000001	104	130
問6(6)中期計画； 長期的方向性	2.586538	2.730769	-1.44906	0.148671	104	130
問6(7)中期計画； 中期計画を意識	2.211538	2.653846	-4.28580	0.000027	104	130
問6(8)中期計画； 責任追及	2.980769	3.238462	-2.33279	0.020515	104	130
問6(9)中期計画； 長期的問題解決	2.759615	2.900000	-1.24405	0.214735	104	130

6.3.2 商品系と営業系

商品系と営業系の比較では，「部門内の意見交換」「他部門との意見交換」「長期的方向性」について統計的に有意な差異がみられた。このうち「部門内の意見交換」「他部門との意見交換」については，営業系に比較して商品系のほうが高い評価を行っている。一方，「長期的方向性」については，営業系のほうが高い評価を

第2部 質問票調査 299

行っている。

6.3.3 製造系と営業系の比較分析

製造系と営業系の比較分析では,「長期的方向性」「中期計画を意識」において統計的に有意な差異がみられた。これらのいずれにおいても,製造系に比較して営業系のほうが高い評価を行っている。

6.4 事業本部別の比較分析

デバイス事業本部とモジュール事業本部を比較してみると,「他部門との意見交換」「スタッフからの情報提供」において統計的に有意な差異がみられた（図表3-20）。これらのいずれにおいても,デバイス事業本部に比較してモジュール事業本部のほうが高い評価を行っている。

図表3-20 中期計画の有効度に関する事業本部間の比較

	デバイス (平均値)	モジュール (平均値)	t値	p	デバイス ケース数	モジュール ケース数
問6(1)中期計画；部門内意見交換	2.102564	2.406250	-1.64554	0.104407	39	32
問6(2)中期計画；他部門との意見交換	*2.487179*	*2.906250*	*-2.05450*	*0.043717*	*39*	*32*
問6(3)中期計画；スタッフからの情報提供	*3.025641*	*3.531250*	*-2.15211*	*0.034890*	*39*	*32*
問6(4)中期計画；トップの意思	2.487179	2.281250	1.30476	0.196311	39	32
問6(5)中期計画；自らの意思	2.435897	2.375000	0.29671	0.767578	39	32
問6(6)中期計画；長期的方向性	2.564103	2.625000	-0.34824	0.728723	39	32
問6(7)中期計画；中期計画を意識	2.051282	2.250000	-1.04453	0.299887	39	32
問6(8)中期計画；責任追及	2.846154	2.968750	-0.53350	0.595402	39	32
問6(9)中期計画；長期的問題解決	2.615385	2.750000	-0.68216	0.497423	39	32

7 予算編成

7.1 オールムラタの認識

　予算編成の有効性については，「編成方針の明示」「部門長の意向」「自らの意思」「高い予算目標」が比較的高く評価されており，「中期計画との連動」「他部門からの情報」はほどほどの評価にとどまっていることが，図表3-21から読みとれる。また，「他部門との意見交換」「スタッフからの情報提供」については，それほど評価されていないことが示されている（平均値3.0以上）。

図表3-21　予算編成の有効度

全社データ	回答数	平均値	最小値	最大値	標準偏差
問7(1)予算編成；中期計画との連動	284	2.626761	1	5	0.917896
問7(2)予算編成；編成方針の明示	285	2.242105	1	5	0.801176
問7(3)予算編成；多くの時間と労力	285	2.389474	1	5	0.911137
問7(4)予算編成；部門長の意向	285	2.417544	1	5	0.799014
問7(5)予算編成；自らの意思	285	2.428070	1	5	0.773176
問7(6)予算編成；他部門との意見交換	284	3.059859	1	5	0.897547
問7(7)予算編成；他部門からの情報	285	2.940351	1	5	0.847502
問7(8)予算編成；高い予算目標	285	2.361404	1	5	0.804423
問7(9)予算編成；スタッフのサポート	285	3.189474	1	5	0.842883

1＝まったくそのとおり，5＝まったくちがう

7.2　拠点別の比較

　予算編成の重要な役割として，単年度における拠点間のベクトルあわせを図るというものがある。そのためには，ある程度共通した認識が予算編成の機能についてもたれていることが望ましいと考えられる。そこで，拠点間での比較を行ったが，複数項目に統計的に有意な差異がみられるのは，TMCとKMCとの比較のみであった。
　TMCとKMMとの比較では，「編成方針の明示」「多くの時間と労力」につい

て統計的に有意な差異がみられた。どちらとも，KMMに比較してTMCのほうが高い評価を行っている。

7.3 職能別の比較
7.3.1 商品系と製造系の比較分析
　商品系と製造系の比較分析では，「中期計画との連動」「部門長の意向」「他部門からの情報」「スタッフからのサポート」において統計的に有意な差異がみられた。「中期計画との連動」については，製造系に比較して商品系のほうが高い評価を行っている。一方，「部門長の意向」「他部門からの情報」「スタッフからのサポート」については，製造系のほうが高い評価を行っている。

7.3.2 製造系と営業系の比較分析
　製造系と営業系の比較分析では，「中期計画との連動」「部門長の意向」「他部門からの情報」「スタッフからのサポート」において統計的に有意な差異がみられた。「中期計画との連動」については，営業系に比較して製造系のほうが高い評価を行っている。一方，「部門長の意向」「他部門からの情報」「スタッフからのサポート」については，営業系のほうが高い評価を行っている。

7.4 事業本部別の比較分析
　事業本部別の比較分析の結果，複数項目に有意な差がみられるのはデバイス事業本部とモジュール事業本部の比較のみであった（図表3-22）。デバイス事業本部とモジュール事業本部との比較では，「多くの時間と労力」「自らの意思」「他部門との意見交換」「他部門からの情報」「スタッフのサポート」について統計的に有意な差がみられた。「自らの意思」「他部門との意見交換」「他部門からの情報」「スタッフのサポート」については，モジュール事業本部に比較してデバイス事業本部のほうが高い評価を行っている。ただし，デバイス事業本部では，予算編成に「多くの時間と労力」がかかっていると評価している。

図表3-22　予算編成の有効度に関する事業本部間の比較

	デバイス（平均値）	モジュール（平均値）	t値	p	デバイスケース数	モジュールケース数
問7(1)予算編成；中期計画との連動	2.179487	2.531250	-1.94397	0.055978	39	32
問7(2)予算編成；編成方針の明示	2.128205	2.500000	-1.86195	0.066869	39	32

問7(3)予算編成；多くの時間と労力	2.256410	2.875000	-2.63315	0.010432	39	32
問7(4)予算編成；部門長の意向	2.538462	2.625000	-0.46957	0.640140	39	32
問7(5)予算編成；自らの意思	2.256410	2.750000	-2.88767	0.005179	39	32
問7(6)予算編成；他部門との意見交換	2.948718	3.468750	-2.42303	0.018020	39	32
問7(7)予算編成；他部門からの情報	2.794872	3.531250	-3.47931	0.000875	39	32
問7(8)予算編成；高い予算目標	2.487179	2.437500	0.24081	0.810416	39	32
問7(9)予算編成；スタッフのサポート	3.128205	3.750000	-3.18041	0.002204	39	32

8　予　算　統　制

8.1　オールムラタの認識

　予算統制の有効性については，「損益会議の設置」「プロセス重視」が比較的高く評価されており，「目標は必達」「損益会議の有用性」はほどほどの評価にとどまっていることが，図表3-23から読みとれる。一方，「予測数値のはずれ」があるとされる。「責任追及」「説明なし」「スタッフのサポート」については，それほど評価されていないことが示されている（平均値2.8以上）。

図表3-23　予算統制の有効度

	回答数	平均値	最小値	最大値	標準偏差
問8(1)予算統制；予測数値のはずれ	286	2.199301	1	5	0.950789
問8(2)予算統制；目標は必達	286	2.332168	1	5	0.861341
問8(3)予算統制；損益会議の設置	286	1.723776	1	5	0.996799
問8(4)予算統制；損益会議の有用性	286	2.367133	1	5	0.995518
問8(5)予算統制；プロセス重視	286	2.017483	1	5	0.835427

問8(6)予算統制；責任追及	286	2.807692	1	5	0.895257
問8(7)予算統制；説明なし	286	2.839161	1	5	1.023584
問8(8)予算統制；スタッフのサポート	286	3.185315	1	5	0.814729

1＝まったくそのとおり，5＝まったくちがう

8.2 拠点別の比較
8.2.1 MMCとIMCの比較

MMCとIMCの比較では，「予測数値のはずれ」「損益会議の設置」「責任追及」「説明なし」について，統計的に有意な差がみられた（図表3-24）。MMCと比較して，IMCのほうが「予測数値のはずれ」と「損益会議の設置」があり，「責任追及」「説明なし」があるという認識がある。

8.2.2 MMCとOMCの比較

MMCとOMCの比較では，「予測数値のはずれ」「損益会議の設置」「損益会議の有用性」について，統計的に有意な差がみられた。MMCと比較して，OMCのほうが「予測数値のはずれ」と「損益会議の設置」があり，「損益会議の有用性」についても高い評価を行っている。

図表3-24　予算統制の有効度に関するMMCとIMCの比較

	IMC（平均値）	MMC（平均値）	t値	p	IMCケース数	MMCケース数
問8(1)予算統制；予測数値のはずれ	1.766667	2.520325	-3.71270	0.000288	30	123
問8(2)予算統制；目標は必達	2.166667	2.300813	-0.75808	0.449587	30	123
問8(3)予算統制；損益会議の設置	1.233333	2.000000	-3.94750	0.000121	30	123
問8(4)予算統制；損益会議の有用性	2.133333	2.357724	-1.14557	0.253787	30	123
問8(5)予算統制；プロセス重視	1.966667	1.934959	0.20822	0.835337	30	123
問8(6)予算統制；責任追及	2.533333	2.886179	-1.88300	0.061623	30	123
問8(7)予算統制；説明なし	2.433333	2.943089	-2.35958	0.019575	30	123

| 問 8 (8) 予算統制；スタッフのサポート | 3.266667 | 3.341463 | -0.44362 | 0.657949 | 30 | 123 |

8.3 職能別の比較
8.3.1 商品系と製造系の比較

　商品系と製造系の比較では，「予測数値のはずれ」「損益会議の設置」について，統計的に有意な差がみられた（図表3-25）。商品系と比較して，製造系のほうが「予測数値のはずれ」と「損益会議の設置」があるという認識がある。

図表3-25　予算統制の有効度に関する商品系と製造系の比較

	商品系（平均値）	製造系（平均値）	t値	p	商品系ケース数	製造系ケース数
問 8 (1) 予算統制；予測数値のはずれ	*2.552381*	*1.839695*	*6.31701*	*0.000000*	*105*	*131*
問 8 (2) 予算統制；目標は必達	2.247619	2.412214	-1.46014	0.145592	105	131
問 8 (3) 予算統制；損益会議の設置	*2.104762*	*1.358779*	*6.19149*	*0.000000*	*105*	*131*
問 8 (4) 予算統制；損益会議の有用性	2.485714	2.312977	1.31204	0.190792	105	131
問 8 (5) 予算統制；プロセス重視	1.980952	2.068702	-0.79938	0.424882	105	131
問 8 (6) 予算統制；責任追及	2.828571	2.717557	0.92732	0.354718	105	131
問 8 (7) 予算統制；説明なし	2.828571	2.832061	-0.02551	0.979670	105	131
問 8 (8) 予算統制；スタッフのサポート	3.257143	3.160305	0.90058	0.368737	105	131

8.3.2 商品系と営業系の比較

　商品系と営業系の比較では，「損益会議の設置」「責任追及」について，統計的に有意な差がみられた。営業系と比較して，商品系のほうが「損益会議の設置」「責任追及」があるという認識がある。

8.3.3 製造系と営業系の比較

製造系と営業系の比較では,「予測数値のはずれ」「損益会議の設置」「責任追及」について,統計的に有意な差がみられた。営業系と比較して,製造系のほうが「予測数値のはずれ」「損益会議の設置」「責任追及」があるという認識がある。

8.4 事業本部別の比較

8.4.1 コンポーネント事業本部とデバイス事業本部の比較

コンポーネント事業本部とデバイス事業本部の比較では,「損益会議の設置」「損益会議の有用性」について,統計的に有意な差がみられた(図表3-26)。コンポーネント事業本部と比較して,デバイス事業本部のほうが「損益会議の設置」があり,「損益会議の有用性」も高いという認識がある。

図表3-26 予算統制の有用性に関する事業本部間の比較

	コンポーネント（平均値）	デバイス（平均値）	t値	p	コンポーネントケース数	デバイスケース数
問8(1)予算統制；予測数値のはずれ	2.272727	2.666667	-1.69972	0.093623	33	39
問8(2)予算統制；目標は必達	2.515152	2.153846	1.78405	0.078750	33	39
問8(3)予算統制；損益会議の設置	*2.363636*	*1.743590*	*2.53138*	*0.013610*	*33*	*39*
問8(4)予算統制；損益会議の有用性	*2.818182*	*2.128205*	*3.11810*	*0.002642*	*33*	*39*
問8(5)予算統制；プロセス重視	1.909091	2.076923	-0.78294	0.436305	33	39
問8(6)予算統制；責任追及	2.818182	2.717949	0.42743	0.670376	33	39
問8(7)予算統制；説明なし	2.575758	3.025641	-1.83713	0.070435	33	39
問8(8)予算統制；スタッフのサポート	3.121212	3.179487	-0.33771	0.736594	33	39

8.4.2 モジュール事業本部とデバイス事業本部の比較

モジュール事業本部とデバイス事業本部の比較では,「損益会議の設置」「損益会議の有用性」について,統計的に有意な差がみられた。モジュール事業本部と比較して,デバイス事業本部のほうが「損益会議の設置」があり,「損益会議の有用性」も高いという認識がある。

9 方 針 管 理

9.1 オールムラタの認識

方針管理についての認識をまとめたのが図表3-27である。全社的な傾向として,「上司が示す方針は,明確に部下に伝達される」という認識がはっきりと示されていることがあげられる。この認識については,ばらつきも少なく,方針管理が組織末端まで浸透しているという認識がもたれていることがわかる。反対に,「方針は,財務的な数値がほとんである」という認識はあまりないことが図表3-27からは読み取れる。

図表3-27 方針管理の有効度

全社データ	回答数	平均値	最小値	最大値	標準偏差
問9(1)方針管理;中期計画との連動	283	2.106007	1	5	0.796312
問9(2)方針管理;予算との連動	284	2.119718	1	4	0.732703
問9(3)方針管理;目標必達	282	2.081560	1	5	0.752514
問9(4)方針管理;上司の意向	284	2.179577	1	4	0.732491
問9(5)方針管理;明確に部下に伝達	285	1.957895	1	4	0.615226
問9(6)方針管理;財務数値	285	3.470175	1	5	0.775951
問9(7)方針管理;責任追及	283	2.713781	1	5	0.789596
問9(8)方針管理;プロセス重視	285	2.392982	1	5	0.791651

1=まったくそのとおり,5=まったくちがう

9.2 拠点別の比較

9.2.1 IMCとFMCの比較

IMCとFMCを比較した場合,「予算との連動性」と「責任追及の厳しさ」について統計的に優位な差が見られた(図表3-28)。「予算との連動性」「責任追及の厳しさ」の両項目ともに,IMCのほうがFMCよりも連動性が高く,厳しく責任が

追及されると回答している。

9.2.2 IMC と MMC の比較

IMC と MMC を比較した場合，「中期計画との連動性」と「プロセス重視の度合い」の両項目において，統計的に優位な差がみられた。「中期計画との連動性」「プロセス重視の度合い」の両項目において，MMC の方が IMC よりも連動性が高く，プロセスをより重視している傾向が見て取れる。

図表 3-28　方針管理の有効度に関する IMC と FMC の比較

	IMC (平均値)	FMC (平均値)	t 値	p	IMC ケース数	FMC ケース数
問 9(1)方針管理； 中期計画との連動	2.300000	2.391304	-0.46941	0.639833	30	69
問 9(2)方針管理； 予算との連動	*1.900000*	*2.231884*	*-2.13544*	*0.035244*	*30*	*69*
問 9(3)方針管理； 目標必達	2.066667	2.159420	-0.56267	0.574955	30	69
問 9(4)方針管理； 上司の意向	2.166667	2.217391	-0.33005	0.742075	30	69
問 9(5)方針管理； 明確に部下に伝達	1.966667	1.985507	-0.13100	0.896047	30	69
問 9(6)方針管理； 財務数値	3.366667	3.434783	-0.42572	0.671257	30	69
問 9(7)方針管理； 責任追及	*2.566667*	*2.941176*	*-2.21495*	*0.029129*	*30*	*68*
問 9(8)方針管理； プロセス重視	2.700000	2.492754	1.15283	0.251812	30	69

9.2.3 FMC と MMC の比較

FMC と MMC を比較した場合，「中期計画との連動性」と「責任追及」の両項目において，統計的に優位な差がみられた。「中期計画との連動性」「責任追及の度合い」の両項目において，MMC の方が FMC よりも中期計画との連動性が高く，責任追及が厳しいという認識をもっていることが示されている。

9.3 職能別・事業本部別の比較
9.3.1 商品系と製造系の比較
　商品系と製造系の比較では，「中期計画との連動性」「上司の意向」「財務数値」において統計的に優位な差が見られた。「中期計画との連動性」においては，商品系の方がかなり高い水準で連動しているという認識が示されている。しかし，「上司の意向」と「財務数値」については製造系の方がより高い認識を示している。
9.3.2 製造系と営業系の比較
　商品系と営業系の比較では，「中期計画との連動性」「プロセス重視の度合い」において統計的に優位な差がみられた。「中期計画との連動性」「プロセス重視の度合い」の両項目においては，営業系の方がかなり高い水準で連動しているという認識を持っていることが示されている。
9.3.3 コンポーネント事業本部とデバイス事業本部の比較
　コンポーネント事業本部とデバイス事業本部の比較では，「中期計画との連動性」「予算との連動性」「目標の必達性」「責任追及の厳しさ」において統計的に優位な差が見られた（図表3-30）。「中期計画との連動性」「予算との連動性」「目標の必達性」「責任追及の厳しさ」のすべての項目について，コンポーネント事業本部に比べて，デバイス事業本部の方がかなり高い水準で連動しているという認識が示されている。

図表3-29　方針管理の有効度に関する商品系と製造系の比較

	商品系 （平均値）	製造系 （平均値）	t値	p	商品系 ケース数	製造系 ケース数
問9(1)方針管理； 中期計画との連動	*1.778846*	*2.404580*	*-6.39146*	*0.000000*	*104*	*131*
問9(2)方針管理； 予算との連動	2.125000	2.137405	-0.13222	0.894927	104	131
問9(3)方針管理； 目標必達	2.029126	2.123077	-0.96076	0.337679	103	130
問9(4)方針管理； 上司の意向	*2.298077*	*2.114504*	*1.93927*	*0.053676*	*104*	*131*
問9(5)方針管理； 明確に部下に伝達	2.028846	1.931298	1.21345	0.226187	104	131
問9(6)方針管理； 財務数値	*3.625000*	*3.389313*	*2.42573*	*0.016038*	*104*	*131*

問9(7)方針管理； 責任追及	2.663462	2.713178	-0.49605	0.620331	104	129
問9(8)方針管理； プロセス重視	2.423077	2.442748	-0.18812	0.850948	104	131

図表3-30　方針管理の有効度に関する事業本部間の比較

	コンポーネント (平均値)	デバイス (平均値)	t値	p	コンポーネント ケース数	デバイス ケース数
問9(1)方針管理； 中期計画との連動	*1.909091*	*1.589744*	*2.128602*	*0.036808*	*33*	*39*
問9(2)方針管理； 予算との連動	*2.303030*	*1.948718*	*2.332687*	*0.022545*	*33*	*39*
問9(3)方針管理； 目標必達	*2.212121*	*1.871795*	*2.009912*	*0.048296*	*33*	*39*
問9(4)方針管理； 上司の意向	2.393939	2.179487	1.236743	0.220316	33	39
問9(5)方針管理； 明確に部下に伝達	2.121212	1.923077	1.484682	0.142118	33	39
問9(6)方針管理； 財務数値	3.636364	3.666667	-0.188598	0.850954	33	39
問9(7)方針管理； 責任追及	*2.878788*	*2.487179*	*2.106139*	*0.038780*	*33*	*39*
問9(8)方針管理； プロセス重視	2.424242	2.461538	-0.190913	0.849147	33	39

10　目標管理に関する認識

10.1　オールムラタの認識

　目標管理についての認識をまとめたのが図表3-31である。図表3-31から，全社レベルでみた場合，「方針管理との連動性」「目標の部下への明確な伝達」「目標の必達性」「部下への適切なフィードバック」「予算との連動性」といった項目が高く評価されていることがわかる（平均値2.2以下）。とくに，「方針管理との連動性」「部下への明確な伝達」「部下へのフィードバック」についてはばらつきも小さく，認識が共有されていることが示唆されている。

図表3-31　目標管理の有効度

全社データ	回答数	平均値	最小値	最大値	標準偏差
問10(1)目標管理；中期計画との連動	280	2.292857	1	5	0.816465
問10(2)目標管理；予算との連動	280	2.182143	1	4	0.761320
問10(3)目標管理；方針管理との連動	280	1.882143	1	4	0.647882
問10(4)目標管理；目標必達	281	2.167260	1	4	0.739543
問10(5)目標管理；上司の意向	281	2.245552	1	4	0.686755
問10(6)目標管理；部下に明確に伝達	281	1.914591	1	4	0.609303
問10(7)目標管理；達成は当然	281	2.861210	1	5	0.827188
問10(8)目標管理；財務数値がほとんど	280	3.517857	1	5	0.789516
問10(9)目標管理；理由の追及	280	2.300000	1	4	0.735188
問10(10)目標管理；部下へのフィードバック	280	2.171429	1	4	0.649707
問10(11)目標管理；変更目的の明確さ	281	2.686833	1	5	0.775613

1＝まったくそのとおり，5＝まったくちがう

10.2　拠点別・事業本部別の比較分析
10.2.1　IMCとOMCの比較

　IMCとOMCの比較では，目標管理における「目標を部下に明確に伝達」「目標は達成するのが当然」「部下への適切なフードバック」について統計的に優位な差がみられた（図表3-32）。「目標を部下に明確に伝達」「目標は達成するのが当然」「部下への適切なフードバック」のいずれにおいても，OMCの方が目標をより明確に伝達し，達成するのが当然であり，部下への適切なフィードバックを行っているという認識が示されている。

図表3-32 目標管理の有効度に関するIMCとOMCの比較

	IMC (平均値)	OMC (平均値)	t値	p	IMC ケース数	OMC ケース数
問10(1)目標管理； 中期計画との連動	2.566667	2.647059	-0.385378	0.701773	30	17
問10(2)目標管理； 予算との連動	2.233333	2.058824	0.751830	0.456068	30	17
問10(3)目標管理； 方針管理との連動	2.033333	2.000000	0.153699	0.878534	30	17
問10(4)目標管理； 目標必達	2.300000	1.941176	1.720418	0.092227	30	17
問10(5)目標管理； 上司の意向	2.300000	2.352941	-0.194486	0.846671	30	17
問10(6)目標管理； 部下に明確に伝達	*2.133333*	*1.647059*	*2.325600*	*0.024606*	*30*	*17*
問10(7)目標管理； 達成は当然	*3.033333*	*2.411765*	*2.858729*	*0.006423*	*30*	*17*
問10(8)目標管理； 財務数値がほとんど	3.300000	3.294118	0.026628	0.978874	30	17
問10(9)目標管理； 理由の追及	2.300000	2.294118	0.027821	0.977928	30	17
問10(10)目標管理； 部下へのフィードバック	*2.633333*	*2.000000*	*3.213507*	*0.002426*	*30*	*17*
問10(11)目標管理； 変更目的の明確さ	3.033333	2.647059	1.589179	0.119022	30	17

10.2.2 IMCとMMCとの比較

　IMCとMMCとの比較では，目標管理と「中期計画の連動性」「目標を部下に明確に伝達」「部下への適切なフィードバック」「目標管理システム変更目的が明確であった」という項目における認識に統計上優位な差がみられた。「中期計画の連動性」「目標を部下に明確に伝達」「部下への適切なフィードバック」「目標管理システム変更目的が明確であった」のすべての項目において，MMCの方がよりその通りであるという認識が示されている。

10.2.3 TMC と MMC との比較

TMC と MMC との比較では，目標管理と「中期計画の連動性」「方針管理との連動性」「部下への適切なフィードバック」「目標管理システム変更目的が明確であった」という項目における認識に統計上優位な差がみられた。「中期計画の連動性」「方針管理との連動性」「部下への適切なフィードバック」「目標管理システム変更目的が明確であった」のすべての項目において，MMC の方がよりその通りであるという認識が示されている。

10.2.4 コンポーネント事業本部とデバイス事業本部の比較

コンポーネント事業本部とデバイス事業本部の目標管理に関する認識については，「中期計画の連動性」「目標の必達性」「部下への適切なフィードバック」において統計的に優位な差がみられた（図表3-33）。「中期計画の連動性」「目標の必達性」「部下への適切なフィードバック」のすべてにおいて，デバイス事業本部における目標管理の認識が高いことが示されている。

図表3-33　目標管理の有効度に関する事業本部間の比較

	コンポーネント（平均値）	デバイス（平均値）	t値	p	コンポーネントケース数	デバイスケース数
問10(1)目標管理；中期計画との連動	*2.156250*	*1.769231*	*2.587115*	*0.011789*	*32*	*39*
問10(2)目標管理；予算との連動	2.375000	2.051282	1.843523	0.069547	32	39
問10(3)目標管理；方針管理との連動	1.875000	1.666667	1.367079	0.176038	32	39
問10(4)目標管理；目標必達	*2.343750*	*1.871795*	*2.924913*	*0.004659*	*32*	*39*
問10(5)目標管理；上司の意向	2.468750	2.256410	1.149236	0.254427	32	39
問10(6)目標管理；部下に明確に伝達	2.062500	1.794872	1.819711	0.073141	32	39
問10(7)目標管理；達成は当然	2.968750	2.641026	1.805887	0.075298	32	39
問10(8)目標管理；財務数値がほとんど	3.656250	3.605263	0.276052	0.783346	32	38

問10(9)目標管理；理由の追及	2.375000	2.230769	0.737214	0.463492	32	39
問10(10)目標管理；部下へのフィードバック	*2.250000*	*1.948718*	*2.480165*	*0.015576*	*32*	*39*
問10(11)目標管理；変更目的の明確さ	2.812500	2.487179	1.823123	0.072617	32	39

11 稟議システム

11.1 オールムラタの認識

稟議システムについての認識をまとめたのが図表3-34である。図表3-34から，全社レベルでみた場合，「事後評価」「権限委譲の程度」「潜在的代替案の考慮」「他部門との意見交換」の順で，それ以外の項目も含め全体としてそれほど機能しているわけではないという認識が示されている。「権限委譲」と「他部門との意見交換」については，相対的に回答がばらついており，立場や考え方に差があることが示唆されている。

図表3-34 稟議システムの有効度

全社データ	回答数	平均値	最小値	最大値	標準偏差
問11(1)稟議システム；権限委譲は十分	284	2.711268	1	5	0.890317
問11(2)稟議システム；他部門との意見交換	285	2.666667	1	5	0.921827
問11(3)稟議システム；代替案の検討	284	2.489437	1	5	0.795234
問11(4)稟議システム；潜在的代替案の検討	283	2.703180	1	5	0.769699
問11(5)稟議システム；責任追及	284	2.507042	1	5	0.754225
問11(6)稟議システム；事後評価	279	2.713262	1	5	0.829017

11.2 職能別・拠点別の比較
11.2.1 商品系と営業系の比較

商品系と営業系の稟議システムに関する認識を比較すると，「権限委譲の十分さ」

「責任追及」について統計的に優位な差が認められた（図表3-35）。「権限委譲の十分さ」「責任追及」の両項目について，商品系の方が稟議システムに関する認識が高いことが示されている。

11.2.2 製造部と営業部の比較

製造系と営業系の稟議システムに関する認識を比較すると，「権限委譲の十分さ」「責任追及」について統計的に優位な差が認められた。「権限委譲の十分さ」「責任追及」の両項目について，製造系の方が稟議システムに関する認識が高いことが示されている。

図表3-35　稟議システムの有効度に関する商品系と営業系の比較

	商品系 (平均値)	営業系 (平均値)	t値	p	商品系 ケース数	営業系 ケース数
問11(1)稟議システム；権限委譲は十分	2.576923	3.272727	-3.74451	0.000275	104	22
問11(2)稟議システム；他部門との意見交換	2.619048	2.636364	-0.07878	0.937336	105	22
問11(3)稟議システム；代替案の検討	2.400000	2.714286	-1.80918	0.072846	105	21
問11(4)稟議システム；潜在的代替案の検討	2.742857	2.681818	0.33205	0.740409	105	22
問11(5)稟議システム；責任追及	2.561905	2.904762	-2.14083	0.034245	105	21
問11(6)稟議システム；事後評価	2.625000	2.904762	-1.39700	0.164928	104	21

12　バランスト・スコアカード

12.1　オールムラタの認識

BSCは，商品部と営業本部を中心として，部分的に導入されているが，オールムラタで導入されているわけではないので，拠点別の比較は行っていない。まず，全体的な傾向から判断できるのは，導入されていない部門が比較的多いので，スコアが3前後となっており，これは当然の結果といえよう（図表3-36）。

図表3-36　バランスト・スコアカードの有効度

全社データ	回答数	平均値	最小値	最大値	標準偏差
問12(1) BSC；導入目的の明瞭性	272	2.691176	1	5	0.990841
問12(2) BSC；戦略と自らの役割の関係性	272	2.753676	1	5	0.938115
問12(3) BSC；中期計画・方針管理との関係	272	2.588235	1	5	0.979273
問12(4) BSC；中期計画と目標管理との関係性	272	2.691176	1	5	0.960586
問12(5) BSC；中期計画と予算管理の関係性	272	2.977941	1	5	0.880011
問12(6) BSC；自らの行動に変化	271	2.944649	1	5	0.878066
問12(7) BSC；部下の行動に変化	272	3.283088	1	5	0.790166
問12(8) BSC；財務数値以外	272	2.702206	1	5	0.962160
問12(9) BSC；他部門との意見交換	272	3.025735	1	5	0.950471
問12(10)BSC；部門内の意見交換	272	2.727941	1	5	1.019854
問12(11)BSC；スタッフ部門のサポート	272	3.334559	1	5	0.864544

1＝まったくそのとおり，5＝まったくちがう

12.2　職能別の比較

　図表3-37のように導入が進んでいる商品系とそうではない製造系を比較した場合には，明らかな相違が見られる。特に商品系の回答の中で注目されるのが，BSC，中期計画，方針管理の関係が明確となったということや部門内の意見交換が活発になったという項目のスコアが相対的に低くなっており，一般にいわれているBSCの導入効果と同様の効果がBSCを導入した部門に見られているは，注目できよう。
　しかし，BSCの導入により部下の行動に変化が生じた，BSCの導入に際してスタッフ部門のサポートがあったという項目は，商品系においてもスコアの平均値が3を超えており，これらの点については，課題が残っていると言えよう。職能別では，商品系と営業系との間の差異は，確認されなかった。また，営業系と製造系は，設問(9)と(11)を除いて，すべての項目で統計的に有意な差が生じており，スコアはいずれも営業系が低くなっている。

図表3-37 バランスト・スコアカードの有効度に関する商品系と製造系の比較

	商品系 (平均値)	製造系 (平均値)	t値	p	商品系 ケース数	製造系 ケース数
問12(1) BSC；導入目的の明瞭性	2.390476	3.008475	-4.89169	0.000002	105	118
問12(2) BSC；戦略と自らの役割の関係性	2.400000	3.101695	-5.96388	0.000000	105	118
問12(3) BSC；中期計画・方針管理との関係	2.200000	3.033898	-6.95213	0.000000	105	118
問12(4) BSC；中期計画と目標管理との関係性	2.361905	3.101695	-6.19634	0.000000	105	118
問12(5) BSC；中期計画と予算管理の関係性	2.780952	3.228814	-3.93840	0.000110	105	118
問12(6) BSC；自らの行動に変化	2.657143	3.239316	-5.22816	0.000000	105	117
問12(7) BSC；部下の行動に変化	3.114286	3.516949	-3.97350	0.000096	105	118
問12(8) BSC；財務数値以外	2.342857	3.033898	-5.59188	0.000000	105	118
問12(9) BSC；他部門との意見交換	2.676190	3.279661	-5.02969	0.000001	105	118
問12(10) BSC；部門内の意見交換	2.152381	3.279661	-9.65651	0.000000	105	118
問12(11) BSC；スタッフ部門のサポート	3.209524	3.449153	-2.05731	0.040830	105	118

13 組織階層・職能の影響力

13.1 オールムラタの認識

データからは，階層別では事業本部長および担当部長，職能別では製造部門の影

響力が強いことがうかがえる（図表3-38）。

図表3-38　組織階層・職能の影響力に関する認識

全社データ	回答数	平均値	最小値	最大値	標準偏差
問13(1)影響力；社長	285	2.157895	1	5	1.162644
問13(2)影響力；経営執行会議	285	1.807018	1	5	0.993617
問13(3)影響力；事業本部長	284	1.535211	1	5	0.785576
問13(4)影響力；営業本部長	285	3.231579	1	5	1.104912
問13(5)影響力；担当部長	285	1.708772	1	5	0.836719
問13(6)影響力；部門内会議	285	2.028070	1	5	0.945291
問13②(1)影響力；営業・マーケティング	285	2.105263	1	5	0.969322
問13②(2)影響力；研究開発	284	2.179577	1	5	1.036168
問13②(3)影響力；製造	282	1.570922	1	4	0.742894
問13②(4)影響力；経理・財務	285	3.073684	1	5	0.966795
問13②(5)影響力；総務・人事	285	3.224561	1	5	0.956129
問13②(6)影響力；企画	285	2.203509	1	5	0.946075
問13②(7)影響力；資材・購買	285	2.638596	1	5	1.013597

1＝大きな影響力を持つ，5＝全く影響力を持たない

13.2　組織階層の影響力に関する拠点別の比較分析

組織階層の影響力については，拠点別比較では，TMCとFMCの比較では，事業本部長および担当部長に関して，TMCよりもFMCにおいて，その影響力が大きいということが，統計的に有意である（図表3-39）。また，FMCとMMCにおいても担当部長と部門内会議の影響力について，FMCの方がMMCよりも有意に高いという結果となっている。階層別に影響力に関しては，職能間の比較は行っていない。

図表3-39　組織階層の影響力に関するTMCとFMCの比較

全社データ	富山（平均値）	福井（平均値）	t値	p	富山ケース数	福井ケース数
問13(1)影響力；社長	2.043478	2.264706	-0.758298	0.450276	23	68

問13(2)影響力；経営執行会議	1.826087	1.867647	-0.166667	0.868010	23	68
問13(3)影響力；事業本部長	*1.826087*	*1.432836*	*2.256762*	*0.026499*	*23*	*67*
問13(4)影響力；営業本部長	3.173913	3.367647	-0.785223	0.434408	23	68
問13(5)影響力；担当部長	*1.956522*	*1.455882*	*2.668880*	*0.009044*	*23*	*68*
問13(6)影響力；部門内会議	1.869565	1.897059	-0.131477	0.895695	23	68

13.3 職能別の影響力に関する拠点別の比較分析

次に職能別の影響力について，拠点別比較を行った結果であるが，この結果として特徴的なものが，IMCと他の拠点を比較した場合に，TMC，OMCに対しては，製造および企画の影響力がIMCの方が強いという結果が出ており，KMCとの比較では，IMCの方が研究開発の影響力は高いが，資材購買の影響力は低いという結果になっている（図表3-40）。

KMMとの比較では，KMMの方が研究開発の影響力は高いが，製造の影響力はIMCが高いという結果になっており，MMCとの比較においても，IMCの方が製造，企画とも影響力が強いという結果になっている。このような結果からは，IMCが職能別の影響力に関して，何らかの特色を持っていることが推察される。

図表3-40　職能別の影響力に関するIMCとOMCの比較

	IMC（平均値）	OMC（平均値）	t値	p	IMCケース数	OMCケース数
問13②(1)影響力；営業・マーケティング	2.166667	2.666667	-1.54546	0.129087	30	18
問13②(2)影響力；研究開発	2.200000	2.666667	-1.40860	0.165677	30	18
問13②(3)影響力；製造	*1.172414*	*1.500000*	*-2.06006*	*0.045204*	*29*	*18*
問13②(4)影響力；経理・財務	3.200000	3.111111	0.28433	0.777434	30	18

問13②(5)影響力；総務・人事	3.166667	3.277778	-0.33253	0.740999	30	18
問13②(6)影響力；企画	*1.700000*	*2.333333*	*-2.26953*	*0.027970*	*30*	*18*
問13②(7)影響力；資材・購買	2.866667	2.777778	0.31744	0.752348	30	18

13.4 職能別の影響力に関する事業本部別の比較分析

事業本部間の比較では，コンポーネント事業本部とモジュール事業本部との比較では，研究開発と製造に関しては，コンポーネント事業本部が影響が強いという結果になり，資材・購買に関しては，モジュール事業本部の影響力が強いという結果が目立ったものであった。

14 組織風土改革

14.1 オールムラタの認識

データでは，「部下とのコミュニケーション」「部門内のコミュニケーション」についての認識が高いレベルで共有されている（平均値2.0以下，標準偏差0.8以下）。組織風土改革がコミュニケーションの改善を意図したものであると受け止められているようである（図表3-41）。

図表3-41 組織風土改革に関する認識

全社データ	回答数	平均値	最小値	最大値	標準偏差
問14(1)風土改革；漸進的	284	2.232394	1	5	0.739262
問14(2)風土改革；内部効率改善	284	3.330986	1	5	1.048113
問14(3)風土改革；部下とのコミュニケーション	284	1.735915	1	5	0.638001
問14(4)風土改革；部門内コミュニケーション	284	1.936620	1	5	0.763244
問14(5)風土改革；経営意思の伝達	283	2.897527	1	5	0.982161
問14(6)風土改革；タスクの分析	283	3.501767	1	5	0.847920
問14(7)風土改革；管理者の意見の反映	284	2.827465	1	5	0.886781
問14(8)風土改革；急激な変化を行わない	283	3.204947	1	5	0.956710

問14(9)風土改革；常設の機関で検討	282	2.528369	1	5	1.037162
問14(10)風土改革；トップダウン	284	2.588028	1	5	1.024090
問14(11)風土改革；全社員が同一の意識	284	3.341549	1	5	0.932093

1＝まったくそのとおり，5＝まったくちがう

14.2 拠点別の比較分析

次に拠点別の分析であるが，この中ではIMCが際だった特色を持っていることがうかがえる。図表3-42はMMCとの比較であるが，「組織風土改革は経営意思を伝達する機会として利用されている」「組織風土改革は，急激な変化を行いという意図で実行されている」「組織風土改革は，全員が同じ意識で取り組んでいる」という3つの項目に関して，IMCはMMCと比べて否定的な回答となっている。他の事業と比較してもほぼ同様の傾向が見られる。

このため，IMCでは急激な変化に対する抵抗感や，社員の意識が不統一になっている可能性が指摘できる。

図表3-42 組織風土改革に関するIMCとMMCの比較

	IMC (平均値)	MMC (平均値)	t値	p	IMC ケース数	MMC ケース数
問14(1)風土改革；漸進的	2.400000	2.204918	1.21523	0.226186	30	122
問14(2)風土改革；内部効率改善	3.466667	3.385246	0.37057	0.711477	30	122
問14(3)風土改革；部下とのコミュニケーション	1.833333	1.680328	1.18026	0.239764	30	122
問14(4)風土改革；部門内コミュニケーション	2.000000	1.844262	0.97559	0.330838	30	122
問14(5)風土改革；経営意思の伝達	*3.166667*	*2.704918*	*2.33252*	*0.021003*	*30*	*122*
問14(6)風土改革；タスクの分析	3.633333	3.483607	0.85242	0.395338	30	122

問14(7)風土改革；管理者の意見の反映	2.933333	2.836066	0.54609	0.585816	30	122
問14(8)風土改革；急激な変化を行わない	*2.766667*	*3.237705*	*-2.36339*	*0.019391*	*30*	*122*
問14(9)風土改革；常設の機関で検討	2.566667	2.719008	-0.69967	0.485227	30	121
問14(10)風土改革；トップダウン	2.500000	2.631148	-0.59093	0.555458	30	122
問14(11)風土改革；全社員が同一の意識	*4.000000*	*3.098361*	*4.59909*	*0.000009*	*30*	*122*

14.3 階層別・職能別の比較分析

　組織階層間の比較では，階層間において特に目立った回答の平均値に関する有意な差は，見られないが，部長と課長の間で，部長の方が組織風土改革を漸進的であると理解し，経営意思の伝達の機会と捉えているという結果が得られたというものである（図表3-43）。

　また，職能間の比較では有意な差は認められなかった。

14.4 事業本部別の比較分析

　コンポーネント事業本部とデバイス事業本部の比較では，デバイス事業本部が経営意思の伝達の機会と捉え，コンポーネント事業本部は，急激な変化を意図してないという結果になった（図表3-44）。

　コンポーネント事業本部とモジュール事業本部との比較では，モジュール事業本部が，経営意思の伝達の機会と捉え，全員が同じ意識で取り組んでいると理解しているようである。

　デバイス事業本部とモジュール事業本部との比較では，モジュール事業本部の方が部下とのコミュニケーションの改善を意図し，急激な変化を伴わないと理解しているという結果になった。

図表3-43 組織風土改革に関する製造系と営業系の比較

	製造系 (平均値)	営業系 (平均値)	t値	p	製造 ケース数	営業 ケース数
問14(1)風土改革；漸進的	*2.240310*	*1.818182*	*2.48478*	*0.014069*	*129*	*22*
問14(2)風土改革；内部効率改善	3.294574	3.636364	-1.45799	0.146948	129	22
問14(3)風土改革；部下とのコミュニケーション	1.751938	1.772727	-0.12972	0.896963	129	22
問14(4)風土改革；部門内コミュニケーション	2.000000	1.818182	1.00711	0.315514	129	22
問14(5)風土改革；経営意思の伝達	3.046875	2.863636	0.77754	0.438082	128	22
問14(6)風土改革；タスクの分析	3.468750	3.227273	1.17305	0.242658	128	22
問14(7)風土改革；管理者の意見の反映	2.744186	2.727273	0.08277	0.934143	129	22
問14(8)風土改革；急激な変化を行わない	3.210938	3.000000	0.95587	0.340697	128	22
問14(9)風土改革；常設の機関で検討	2.328125	2.681818	-1.66759	0.097513	128	22
問14(10)風土改革；トップダウン	2.596899	2.318182	1.18161	0.239242	129	22
問14(11)風土改革；全社員が同一の意識	*3.449612*	*3.000000*	*2.02596*	*0.044553*	*129*	*22*

図表3-44 組織風土改革に関する事業本部間の比較

	コンポーネント(平均値)	デバイス(平均値)	t値	p	コンポーネントケース数	デバイスケース数
問14(1)風土改革；漸進的	2.515152	2.410256	0.54900	0.584753	33	39
問14(2)風土改革；内部効率改善	3.242424	3.564103	-1.20176	0.233506	33	39
問14(3)風土改革；部下とのコミュニケーション	1.757576	1.820513	-0.47677	0.635011	33	39
問14(4)風土改革；部門内コミュニケーション	2.030303	1.948718	0.47529	0.636057	33	39
問14(5)風土改革；経営意思の伝達	3.242424	2.641026	2.97783	0.003986	33	39
問14(6)風土改革；タスクの分析	3.515152	3.666667	-0.81819	0.416026	33	39
問14(7)風土改革；管理者の意見の反映	3.030303	3.000000	0.13959	0.889387	33	39
問14(8)風土改革；急激な変化を行わない	2.848485	3.743590	-4.49224	0.000027	33	39
問14(9)風土改革；常設の機関で検討	2.666667	2.947368	-1.01488	0.313707	33	38
問14(10)風土改革；トップダウン	2.515152	2.487179	0.11662	0.907495	33	39
問14(11)風土改革；全社員が同一の意識	3.666667	3.307692	1.76701	0.081586	33	39

付録　質問票

組織風土と管理会計の相互作用に関する質問調査票

※　ご回答にあたって
(1) この調査の目的はオールムラタにおける組織風土と管理会計の関係や機能を具体的に明らかにすることにあります。
(2) 特に断りのある場合を除き，理想やあるべき姿ではなく，現状についてお答えください。
(3) ご回答につきましては，内容を個別に社内外に開示したり，回答者が特定できるような形式では公表いたしません。また，守秘義務の原則を遵守し，研究目的以外の使用は一切いたしません。

あなたのプロフィール

性別	男・女	年齢	20代	30代	40代	50代	60代以上
現在所属の部門			本部		事業部 グループ		部
職位			現職の経験年数		年目	入社	年目

I　経営環境・経営戦略

問1　以下の文章は，貴部門の経営環境や経営戦略にどの程度あてはまりますか。該当する番号に○をつけて下さい。

(1) 多様な顧客と市場がある。　　　　　　　　　　1……2……3……4……5
(2) 生産・販売活動は，国際的な広がりをもっている。　　　　　　　　　　　　　　　　　　　　1……2……3……4……5
(3) 市場での競争は激しい。　　　　　　　　　　　1……2……3……4……5
(4) 市場環境や競争条件に影響を与えることができる。　　　　　　　　　　　　　　　　　　　　1……2……3……4……5
(5) 頻繁に新製品・新技術が現れる。　　　　　　　1……2……3……4……5
(6) 需要を予測できないことが頻繁にある。　　　　1……2……3……4……5

(7) 主要な流通業者，大口顧客との関係は，戦略上の大きな制約である。　　　　　　　　　　1……2……3……4……5
(8) 原材料供給業者，部品供給会社，外注会社との関係は，戦略上の大きな制約である。　　　1……2……3……4……5
(9) 新規参入が困難である。　　　　　　　　　　1……2……3……4……5

1 まったくそのとおり。2 どちらかといえば正しい。3 どちらともいえない。4 どちらかといえばちがう。
5 まったくちがう。

II　オールムラタの強み

問2　以下の文章は，あなたの考えるムラタの強みにどの程度あてはまりますか。該当する番号に○をつけて下さい。

(1) きまじめな人材がムラタの強みである。　　　1……2……3……4……5
(2) 規則どおりに実行する人材がムラタの強みである。　　　　　　　　　　　　　　　　　　1……2……3……4……5
(3) 決められたことを守りとおす人材がムラタの強みである。　　　　　　　　　　　　　　　1……2……3……4……5
(4) 本音と建前が一致している人材がムラタの強みである。　　　　　　　　　　　　　　　　1……2……3……4……5
(5) 部下などが話をしやすいように配慮することがムラタの強みである。　　　　　　　　　　1……2……3……4……5
(6) 開発期間を短縮する能力がムラタの強みである。　　　　　　　　　　　　　　　　　　　1……2……3……4……5
(7) 自前の技術を蓄積することがムラタの強みである。　　　　　　　　　　　　　　　　　　1……2……3……4……5
(8) 外部の技術を積極的に取得することがムラタの強みである。　　　　　　　　　　　　　　1……2……3……4……5
(9) 迅速に生産を立ち上げる能力がムラタの強みである。　　　　　　　　　　　　　　　　　1……2……3……4……5

1 まったくそのとおり。2 どちらかといえば正しい。3 どちらともいえない。4 どちらかといえばちがう。
5 まったくちがう。

III　経　営　理　念

問3―1　社是「技術を錬磨し　科学的管理を実践し　独自の製品を供給して文化の発展に貢献し　信用の蓄積につとめ　会社の発展と協力者の共栄をはかり　これをよろこび感謝する人びととともに運営する」は，あなたの行動に対してどの程度影響

を与えていますか。該当する番号に○をつけてください。

```
      かなり影響を      ある程度影響を      ほとんど影響を
      与えている        与えている          与えていない
      |─────────|─────────|─────────|─────────|
           1         2         3         4         5
```

問3―2 社是に謳われている以下の項目について，あなた自身が最も重要であると思うものとその次に重要であると思うものの番号を（ ）にご記入ください。

① 独自性
② 科学的管理　　　　　　　最も重要なもの　　　（　）
③ 信用の蓄積　　　　　　　2番目に重要なもの　（　）
④ 協力者の共栄

IV 組織風土

問4 あなたの部門の現状と理想についてお答えください。各項目のA〜Dの文章について，よくあてはまると思うものほど高い点数をつけて，必ず各項目の合計が100点となるように点数をご記入ください。

1. 部門の特徴	現状	理想
A 家族的であり，お互いのことをよく知っている。		
B ダイナミックで企業家的であり，自ら進んでリスクをとろうとする。		
C 仕事をこなして，結果を出し，競争意識が高く，目標達成を重視する。		
D 統率され，秩序的で，公式の手続きに従って仕事が行われている。		
合計	100	100

2. リーダーシップ	現状	理想
A リーダーには，指導者，推進役，教育者という言葉があてはまる。		
B リーダーには，企業家，イノベーション，挑戦という言葉があてはまる。		
C リーダーには，仕事一途で，結果を求めるという言葉があてはまる。		
D リーダーには，調整役，まとめ役，円滑な進行役という言葉があてはまる。		
合計	100	100

3. 部下の管理のやり方	現状	理想
A チームワーク，コンセンサス，参加を重視している。		

		現状	理想
B	各自の挑戦，イノベーション，自由，ユニークさを重視している。		
C	激しい競争，高い要求，目標達成を重視している。		
D	規則に従い，安定した関係を重視している。		
	合計	100	100

4. 部門を束ねる力		現状	理想
A	忠誠，相互信頼，部門への愛着心。		
B	イノベーションと発展へのこだわり，最先端であること。		
C	仕事をやり遂げること，目標達成。		
D	公式の規則と方針，組織を円滑に保つこと。		
	合計	100	100

5. 経営上重視する点		現状	理想
A	人間としての成長，信頼の高さ，風通しのよさ，参加。		
B	新しい資源の獲得，新しい挑戦の創造，チャンスを見出すこと。		
C	競争に勝つこと，困難な目標を達成すること，市場で勝つこと。		
D	持続，安定，効率性，コントロール，円滑な業務。		
	合計	100	100

6. 成功の判断基準		現状	理想
A	人間としての成長，チームワーク，メンバーの参加，メンバーへの気遣い。		
B	ユニークな製品や新しい製品，先駆者・イノベーターであること。		
C	市場で勝つこと，競争で機先を制すること，市場をリードすること。		
D	効率性，納期の信頼性，円滑なスケジューリング，低コストでの生産。		
	合計	100	100

V 管理会計

問5 貴部門では，以下の管理会計が実際の経営管理を行ううえでどの程度役立っていますか。該当する番号に〇をつけてください。

(1) 中期計画　　　　　　　　　　　　　　　1……2……3……4……5

(2) 予算管理　　　　　　　　　　　　1……2……3……4……5
(3) 標準原価計算　　　　　　　　　　1……2……3……4……5
(4) 品種別損益　　　　　　　　　　　1……2……3……4……5
(5) 方針管理　　　　　　　　　　　　1……2……3……4……5
(6) バランスト・スコアカード　　　　1……2……3……4……5
(7) 目標管理　　　　　　　　　　　　1……2……3……4……5
(8) 稟議システム　　　　　　　　　　1……2……3……4……5

1 非常に役立っている　2 どちらかといえば役立っている　3 どちらともいえない　4 どちらかといえば役立っていない　5 まったく役立っていない

問6　中期計画（2007年4月開始）に関して，該当する番号に○をつけてください。

(1) 策定時に，部門内の意見交換が活発になった。　　　　1……2……3……4……5
(2) 策定時に，他部門との意見交換が活発になった。　　　1……2……3……4……5
(3) 策定時に，スタッフ部門から情報提供などの適切なサポートがあった。　1……2……3……4……5
(4) 経営トップおよび上司の意思が強く反映された。　　　1……2……3……4……5
(5) 自らのこうありたいという意思が強く反映された。　　1……2……3……4……5
(6) 長期的な方向性を予測することができる。　　　　　　1……2……3……4……5
(7) 中期計画を意識することが多くなった。　　　　　　　1……2……3……4……5
(8) 目標を達成できない場合には，厳しく責任が問われる。　1……2……3……4……5
(9) 目標を達成できない場合には，その原因を詳細に分析して長期の問題解決に役立てる。　1……2……3……4……5

1 まったくそのとおり。2 どちらかといえば正しい。3 どちらともいえない。4 どちらかといえばちがう。5 まったくちがう。

問7　直近の予算編成に関して該当する番号に○をつけてください。

(1) 中期計画との連動が図られた。　　　　　　　　　　　1……2……3……4……5
(2) 予算編成方針は明確に示された。　　　　　　　　　　1……2……3……4……5
(3) 多くの時間と労力を要した。　　　　　　　　　　　　1……2……3……4……5
(4) 予算には部門長の意見が反映された。　　　　　　　　1……2……3……4……5

(5)	予算には自らの意見が反映された。	1……2……3……4……5
(6)	他部門との意見交換が頻繁に行われた。	1……2……3……4……5
(7)	他部門から適切なデータが提供された。	1……2……3……4……5
(8)	高い予算目標を設定した。	1……2……3……4……5
(9)	スタッフ部門から情報提供などの適切なサポートがあった。	1……2……3……4……5

1 まったくそのとおり。 2 どちらかといえば正しい。 3 どちらともいえない。 4 どちらかといえばちがう。 5 まったくちがう。

問8 直近の予算統制に関して該当する番号に〇をつけてください。

(1)	予算が想定している予想数値（売上高など）は大きく外れることがある。	1……2……3……4……5
(2)	予算目標は必達である。	1……2……3……4……5
(3)	定期的に検討する会議（損益会議など）を設けている。	1……2……3……4……5
(4)	(3)の会議はチェックとアクションに有意義である。	1……2……3……4……5
(5)	差異が生じたかどうかよりも，そこに至るまでのプロセスが重要である。	1……2……3……4……5
(6)	差異が生じたときは厳しく追及される。	1……2……3……4……5
(7)	差異が生じなかったときは説明を求められない。	1……2……3……4……5
(8)	スタッフ部門から情報提供などの適切なサポートがある。	1……2……3……4……5

1 まったくそのとおり。 2 どちらかといえば正しい。 3 どちらともいえない。 4 どちらかといえばちがう。 5 まったくちがう。

問9 方針管理（2007年4月開始）に関して該当する番号に〇をつけてください。

(1)	方針策定時に，中期計画との連動が図られた。	1……2……3……4……5
(2)	方針策定時に，予算との連動が図られた。	1……2……3……4……5
(3)	方針で示した目標は，必達が原則である。	1……2……3……4……5
(4)	方針設定には，上司の意向が強く反映される。	1……2……3……4……5
(5)	上司が示す方針は，明確に部下に伝達される。	1……2……3……4……5
(6)	方針は，財務的な数値がほとんどである。	1……2……3……4……5

(7) 方針が達成できない場合には，責任が問われる。　　1……2……3……4……5
(8) 方針を達成できたかどうかという結果よりも，結果に至るまでのプロセスが重要である。　　1……2……3……4……5

1 まったくそのとおり。2 どちらかといえば正しい。3 どちらともいえない。4 どちらかといえばちがう。5 まったくちがう。

問10　目標管理（2007年4月開始）に関して該当する番号に○をつけてください。
(1) 目標設定時に，中期計画との連動が図られた。　　1……2……3……4……5
(2) 目標設定時に，予算との連動が図られた。　　1……2……3……4……5
(3) 目標設定時に，方針管理との連動が図られた。　　1……2……3……4……5
(4) 目標管理で示した目標は，必達が原則である。　　1……2……3……4……5
(5) 目標設定には上司の意向が強く反映される。　　1……2……3……4……5
(6) 上司が示す目標は，明確に部下に伝達される。　　1……2……3……4……5
(7) 目標は，自ら表明したものであるから達成できて当然である。　　1……2……3……4……5
(8) 目標は，財務的な数値がほとんどである。　　1……2……3……4……5
(9) 目標が達成できない場合には，理由が問われる。　　1……2……3……4……5
(10) 部下への適切なフィードバックを行っている。　　1……2……3……4……5
(11) 目標管理のシステム変更の目的は，明確であった。　　1……2……3……4……5

1 まったくそのとおり。2 どちらかといえば正しい。3 どちらともいえない。4 どちらかといえばちがう。5 まったくちがう。

問11　現在の稟議システムに関して該当する番号に○をつけてください。
(1) 権限委譲は十分である。　　1……2……3……4……5
(2) 起案時に他部門との意見交換が図られる。　　1……2……3……4……5
(3) 起案時には代替的な選択肢と十分に比較考慮されている。　　1……2……3……4……5
(4) 潜在的な代替案と比較考慮して決裁されている。　　1……2……3……4……5
(5) 投資の事後評価は適切に行われる。　　1……2……3……4……5
(6) 投資案の提出時の予測が大幅に違った場合には，責任を問われる。　　1……2……3……4……5

1 まったくそのとおり。2 どちらかといえば正しい。3 どちらともいえない。4 どちらかといえばちがう。
5 まったくちがう。

問12 バランスト・スコアカード（BSC）の導入に関して該当する番号に○をつけてください。

(1) 導入目的は明確であった。　　　　　　　　　1……2……3……4……5
(2) 全社戦略や事業戦略と自らの役割との関係が明
　　確になった。　　　　　　　　　　　　　　　1……2……3……4……5
(3) 中期計画と方針管理との関係が明確になった。　1……2……3……4……5
(4) 中期計画と目標管理との関係が明確になった。　1……2……3……4……5
(5) 中期計画と予算管理との関係が明確になった。　1……2……3……4……5
(6) 自らの行動に変化が起こった。　　　　　　　　1……2……3……4……5
(7) 部下の行動に変化が起こった。　　　　　　　　1……2……3……4……5
(8) 目標が財務数値だけではなくなった。　　　　　1……2……3……4……5
(9) 他部門との意見交換が図られた。　　　　　　　1……2……3……4……5
(10) 部門内での意見交換が図られた。　　　　　　　1……2……3……4……5
(11) スタッフ部門から情報提供などの適切なサポー
　　トがあった。　　　　　　　　　　　　　　　1……2……3……4……5

1 まったくそのとおり。2 どちらかといえば正しい。3 どちらともいえない。4 どちらかといえばちがう。
5 まったくちがう。

問13—1 新しい製品ラインの選択や主要設備の更新について，以下の階層はそれぞれどの程度の発言力や影響力をもっていると思われますか。該当する番号に○をつけてください。

(1) 社長　　　　　　　　　　　　　　　　　　　1……2……3……4……5
(2) 経営執行会議　　　　　　　　　　　　　　　1……2……3……4……5
(3) 事業本部長　　　　　　　　　　　　　　　　1……2……3……4……5
(4) 営業本部長　　　　　　　　　　　　　　　　1……2……3……4……5
(5) 担当部長（たとえば営業部長，製造部長など）　1……2……3……4……5
(6) 担当部門内の会議　　　　　　　　　　　　　1……2……3……4……5

1 大きな影響力をもつ。2 ある程度影響力をもつ。3 どちらともいえない。4 あまり影響力をもたない。
5 ほとんど影響力をもたない。

問13—2 一般に次の部門は貴部門全体の業績に影響を与える事柄について，それぞれどの程度の発言力や影響力をもっていると思われますか。該当する番号に○をつけてください。

(1) 営業・マーケティング　　　　　　　　　　　1……2……3……4……5

(2) 研究開発　　　　　　　　　　　　1……2……3……4……5
(3) 製造　　　　　　　　　　　　　　1……2……3……4……5
(4) 経理・財務　　　　　　　　　　　1……2……3……4……5
(5) 総務・人事　　　　　　　　　　　1……2……3……4……5
(6) 企画　　　　　　　　　　　　　　1……2……3……4……5
(7) 資材・購買　　　　　　　　　　　1……2……3……4……5

1 大きな影響力をもつ。2 ある程度影響力をもつ。3 どちらともいえない。4 あまり影響力をもたない。
5 ほとんど影響力をもたない。

VI 組織風土改革

問14 以下の文章は，組織風土改革のプロセスを記述したものです。貴部門の組織風土改革の特色にどの程度あてはまりますか。該当する番号に○をつけてください。

(1) 組織風土改革は漸進的に行なわれている。　　　　1……2……3……4……5
(2) 組織風土改革のねらいは，内部効率の改善にある。　　　　　　　　　　　　　　　　　　　　　1……2……3……4……5
(3) 組織風土改革のねらいは，部門内や部下とのコミュニケーションをよくすることにある。　　　1……2……3……4……5
(4) 組織風土改革のねらいは，部門間のコミュニケーションをよくすることにある。　　　　　　　1……2……3……4……5
(5) 組織風土改革は，経営意思の方向を伝達する機会として利用されている。　　　　　　　　　　1……2……3……4……5
(6) 経営風土改革のために，徹底した組織とタスクの分析が行われている。　　　　　　　　　　　1……2……3……4……5
(7) 組織風土改革には，様々な階層の管理者の意見が反映されている。　　　　　　　　　　　　　1……2……3……4……5
(8) 組織風土改革の要諦は急激な変化をねらわないことであるという考えのもとに改革が実行されている。　　　　　　　　　　　　　　　　　　　　1……2……3……4……5
(9) 組織風土改革について，常設の機関で常に検討されている。　　　　　　　　　　　　　　　　1……2……3……4……5
(10) 組織風土改革は経営者の発意でトップ・ダウンに進められている。　　　　　　　　　　　　　1……2……3……4……5
(11) 組織風土改革には，全社員が同じ意識で取り組んでいる。　　　　　　　　　　　　　　　　　1……2……3……4……5

1 まったくそのとおり。2 どちらかといえば正しい。3 どちらともいえない。4 どちらかといえばちがう。
5 まったくちがう。

Ⅶ　この質問票で取り上げた管理会計（Ⅴ）について，改善して欲しいあるいは改善すべきであるとあなたが考える問題点について，自由にご記述ください。

ご協力いただきまして，誠にありがとうございました。

第3部 要約と結論

1 インタビュー調査の要約

■調査目的・対象・内容
- 本調査は，オールムラタにおける組織風土と管理会計の相互作用を定性的に明らかにするとともに，質問票作成のための情報提供を目的として行われた。
- 調査対象者は第1部表1のとおりである。（編著者注：第10章図表10-2参照）
- インタビューでは，経営環境，社是，組織文化，組織風土，経営管理（＝管理会計）システムとプロセス，新たな経営管理（＝管理会計）システムの導入，について質問を行った。
- 経営管理（＝管理会計）システムとプロセスとしては，方針管理，目標管理，予算管理，稟議を取り上げた。

■調査結果1
- 「まじめさ」はオールムラタの組織風土の特徴である。
- オールムラタにおいて，異なる組織風土がみられるのは次の違いによる。
  事業本部・事業部による違い
  MMCの事業所と独立採算の子会社による違い
  地方の子会社の土地柄による違い
  職能による違い
- 「まじめさ」に加え，各組織特有の組織風土が育まれてきた背景として，経営理念としての社是の存在，管理会計の実践，リーダーシップと事業特性などが存している。
- 社是の一体どこが組織風土を形成しているかについては，所属部門・拠点によって回答が異なった。例えばMMC八日市事業所商品企業部次長は「独自の製品」，製造部門では「信用の蓄積に努め」を重視してきた。
- オールムラタの強さは製造・工場にあると認識されていた。とくにFMCの社員はプライドが高く，中核拠点であると考えられている。
- 売上高の成長がとまってしまったこと，ならびにそれに少なからず組織風土が影響をあたえているのではないかとの危機感をもったトップマネジメント

のもと，2004年7月から組織風土改革が開始された。
- ➢ 望ましい組織風土についてはトップマネジメントから部長レベルにまで伝達されたが，改革はオールムラタの組織風土を反映して各拠点で独自に行われている。

■調査結果2
- ➢ 方針管理をオールムラタの各拠点でまじめにやっていること自体が組織風土である。
- ➢ 予算管理のプロセスにおいて科学的管理が実践されており，管理会計と組織風土の相互作用がみられる。
- ➢ 管理会計のなかで，MMC本社の企画部と経理部，子会社の製造部門をはじめ多くの経営管理者から高く評価されていたのは予算管理である。
- ➢ 製造部門では毎月の損益会議においてCAがおこなわれており，PDだけが強調されてきたわけではない。
- ➢ オールムラタのプランニングは予算偏重であるという認識をトップマネジメントやMMCの経理部門はもっている。
- ➢ 予算編成プロセスにおいて，営業部門と製造部門の双方が，予算期間が長すぎるため販売予算が問題を抱えていると認識していた。
- ➢ 事業本部・事業部・商品部および営業部門では，予算管理があまりうまく機能していないと認識している。
- ➢ 予算管理は本来連携をとるべき部門間の横のコミュニケーションにあまり貢献していない。
- ➢ 方針管理は，MMCの事業所や各子会社の製造部門においては，縦のコミュニケーションに貢献していると認識されていた。
- ➢ 方針管理は，営業と製造など部門間の横のコミュニケーションにはまったく貢献していないと認識されていた。
- ➢ 方針には中長期のものと短期のものとが混在していた。
- ➢ 目標管理は人材育成にあまり役に立っておらず，そのプロセスにおいてフォーマルに上司と部下とのコミュニケーションを促進する仕組みがなかった。
- ➢ 経理部門に対しては，経営管理に役立つ形での情報提供を求めるなど，各部門の経営管理者からのニーズが高い。経理部門も組織風土改革のもとでそのニーズを受けて改革をしている最中であった。
- ➢ これまでの管理会計システムやプロセスは，伝統的なコンポーネント事業を念頭に作られてきたもので，モジュール事業やデバイス事業には必ずしも適切でない側面があると認識されていた。

- 中期方針は文章で書かれており，全部読んでも明確でない内容の場合もあった。
- 個々の管理会計システムが全体として調和し，機能するように運用されているわけでは必ずしもなかった。

■調査結果3
- 組織風土改革開始後，数年間で稟議，方針管理，目標管理，予算管理と管理会計システムやプロセスの見直しが行われた。単純に時系列でみれば，組織風土改革を進めてきたことが，管理会計システムやプロセスの変更につながったと捉えることもできる。
- 管理会計の変更は事業部門，営業部門および製造部門などの経営管理者にとっては組織風土改革の一環であると認識されている。管理会計の変更により，組織風土改革が単なる掛け声でなく，トップマネジメントが本気であることを経営管理者が強く認識するにいたった。
- バランスト・スコアカードの導入目的は複数あるが，その1つは既存の管理会計の弱点をなくすためであるが，その導入が，組織風土改革にもつながると認識されていた。つまり，管理会計と組織風土とは相互に作用しあっていると捉えることができるのである。
- バランスト・スコアカードは既存の管理会計では十分でなかった部門間の横のコミュニケーションに早くも貢献していると認識される一方，その策定単位とはなっていない製造系では導入による影響はないと認識されていた。

2 質問票調査の要約

■調査目的・対象・内容
- 本調査は，オールムラタにおける組織風土と管理会計の関係について，ムラタの社員がどのような認識と評価を行っているかを明らかにするために行われた。
- 調査対象者は，事業本部・事業部・商品部，営業部門および各事業所の課長職以上（ただし，研究開発部門は除く）である。
- 質問票では，経営環境，経営資源，経営理念，組織文化，管理会計，組織構造，組織風土改革，のそれぞれについて質問を行った。

■調査結果1
- 調査結果は，インタビュー調査による定性的理解とおおむね整合的であり，調査結果の妥当性を裏付けるものであった。以下は，定性的理解と整合的な

結果の概要である。

- 経営環境の認識1（拠点別比較）：経営環境認識を拠点別にみると，TMCよりもFMCのほうが市場の多様性・国際性があり，新製品・新技術の出現頻度が高いとされた。これは，主要顧客として携帯電話関連の海外メーカーをもち，技術革新のスピードが速いFMCの経営環境と整合的な結果である。
- 経営環境の認識2（職能別比較）：経営環境認識を職能別にみると，営業系よりも製造系のほうが，需要予測が困難であるという認識が強い。これは，インタビュー調査において，製造系が需要予測の情報伝達に不満を示していたことの証左であろうと考えられる。また，製造系では予算統制にあたって予測のはずれを強く認識していることから，需要予測が困難であるという認識は管理会計の機能にも影響を与えるとみられる。
- 組織文化（総論）：理想とする組織文化は企業家型と大家族型（どちらかといえば企業家型のほうが強い）であり，「自由闊達な議論で，創造性，チャレンジ精神を大切にする」という組織風土改革のねらいと整合的である。
- 組織文化（拠点別比較）：組織文化を拠点別にみると，IMCにおいて，理想とする組織文化と現状の組織文化とのギャップが大きい。これは，IMCの予算統制や方針管理において責任追及が厳しいという認識が強いこととも関係があると考えられる。なお，IMCでは，オールムラタの強みとして自前の技術の蓄積をあげているところも特徴的であった。
- 組織文化（職能別比較）：組織文化を職能別にみると，商品系よりも製造系で，官僚組織型に関する理想と現状のギャップが大きい。その一因は，管理会計の機能にもありそうである。製造系では，商品系に比べて，予算編成に部門長の意向が反映され，方針管理に上司の意向が反映され，財務数値による方針が多いとされる。
- 中期計画（職能別比較）：中期計画は，製造系よりも商品系で有用性が高いとされる。これは，商品系では中期計画に自らの意思が反映されるという認識が高いことに支えられていると考えられる。なお，製造系での中期計画の有用性の低さは，需要予測の困難さとも関係がありそうである。
- 予算編成：有用性は比較的高いと認識されているが，多くの時間と労力がかかるとされる。
- 方針管理：管理会計のなかでも方針管理は，平均して有用性が高いとされただけでなく，回答のばらつきも小さかった。これは，方針管理が全社的に広く浸透しているというインタビュー調査の知見と整合的である。
- 目標管理：目標管理の機能として部下への伝達とフィードバックが高く評価

されていることから，上司と部下の関係における目標管理の利用度は高いことがうかがえる。
- BSC：インタビュー調査によれば，バランスト・スコアカードの導入目的の1つは予算編成や方針管理の問題を解決することであった。バランスト・スコアカードが導入された商品系では，製造系よりも，予算編成や方針管理の中期計画との連動が図られるようになっている。

■調査結果2
- 調査結果には定性的な理解とは必ずしも一致しておらず，慎重な解釈を要するものがあった。以下はその概要である。
- インタビュー調査では，デバイス事業本部の経営環境の厳しさが指摘されていたにもかかわらず，質問票調査では，コンポーネント事業本部よりも市場が多様で競争が激しいという認識が低かった。
- デバイス事業本部とモジュール事業業本部を比較すると，中期計画，予算管理，品種別損益管理の有用性がより高いのは，市場に対する影響力がより強い（＝不確実性が低い）とされるデバイス事業本部であった。
- 理想とする組織文化については回答のばらつきが小さいのに比べて，現状の組織文化については回答のばらつきが大きい。4つの組織文化タイプのすべてにこのことがあてはまる。
- 予算統制に関して，損益会議の存在は強く認識されているにもかかわらず，その有用性の認識がそれほど高くないことがわかった。インタビュー調査において，損益会議による統制機能は高いとされていたが，そのことが必ずしも有用性認識には反映されていないようである。
- インタビュー調査では稟議の機能が高く，その機能をさらに高めるための変更にも着手したとのことであった。しかし，質問票調査では，他の管理会計に比べて有用性がもっとも低く，変更があった権限委譲についても十分でないという認識がみられた。
- バランスト・スコアカードについては，上述のように管理会計間の連動を高めているが，その反面で，自らの行動に比べて部下の行動を変化させていない，部門内に比べて部門間の意見交換が活発になっていない，という課題を抱えている。
- 中期計画，予算編成，予算統制，バランスト・スコアカードについて，スタッフ部門からのサポートがいずれについても十分でないという認識がみられる。

3 結　　論

　本共同研究では,「組織風土と管理会計の相互作用」を検討するにあたり, 定性的な分析と定量的な分析を用いた。本研究の特徴の1つは, 定量的な分析において先行研究のみに立脚するというよりも, むしろオールムラタへのインタビューおよび同社の管理会計に関する文献を参考にして, オールムラタ向けの質問票を作成し, 分析を行ったことである。管理会計研究において, このように特定の企業グループを対象に, 組織風土・文化と管理会計の関係をこのような方法論に基づいて検討した研究は珍しいといえる。

　われわれは, 組織風土・文化は単一・単純ではなく, 多面性をもっていると考えている。そこで, 4象限のいずれか1つのタイプに組織をプロットするのではなく, それらの組み合わせによって組織文化を評価する分析手法OCAIモデルを採用した。このモデルでは, 現状のみならず望ましい姿についても分析する。日本では本格的にOCAIモデルを用いた研究はまだ行われていないため, われわれの共同研究は先駆的な研究と位置づけられよう。

　本研究は学術上高く評価されるものと自負しているが, 共同研究である以上, オールムラタの管理会計のさらなる発展に寄与するものでなくてはならない。

　前節で論じたように, 定量的な分析において, 定性的な理解とは必ずしも一致しておらず, 慎重な解釈を要するものがあった。また, オールムラタにおける組織風土改革はまだ半ばである。WIN—WIN関係をさらに強固なものにしていくために, 今後残された課題に取り組んでいきたい。

参 考 文 献

【和文献】

浅沼萬里．1997．『日本の企業組織　革新的適応のメカニズム—長期取引関係の構造と機能』東洋経済新報社．

淺羽茂．2004．『経営戦略の経済学』日本評論社．

泉谷裕編著．2001．『「利益」が見えれば会社が見える—ムラタ流「情報化マトリックス経営」のすべて』日本経済新聞社．

伊丹敬之．1984．『新・経営戦略の論理』日本経済新聞社．

———．1986．『マネジメント・コントロールの理論』岩波書店．

———．1999．『場のマネジメント—経営の新パラダイム』NTT 出版．

———．2000．『経営の未来を見誤るな—デジタル人本主義への道』日本経済新聞社．

———．2005．『場の論理とマネジメント』東洋経済新報社．

———・加護野忠男．1989．『ゼミナール経営学入門』日本経済新聞社．

伊藤克容．2007．『組織を活かす管理会計—組織モデルと業績管理会計との関係性』生産性出版．

伊藤秀史・沼上幹・田中一弘・軽部大．2008．『現代の経営理論』有斐閣．

伊藤嘉博．1998．「管理会計変革のトリガーとしてのエンパワーメント—組織的知識創造プロセスと管理会計の関連を中心とした考察—」『會計』153（3）：27-42．

稲盛和夫．2002．『ガキの自叙伝』日本経済新聞社．

今井賢一．1983．『日本の産業社会—進化と変革の道程』筑摩書房．

———．1990．『情報ネットワーク社会の展開』筑摩書房．

———・金子郁容．1988．『ネットワーク組織論』岩波書店．

今田高俊．1986．『自己組織性—社会理論の復活』創文社．

———．2005．『自己組織性と社会』東京大学出版会．

———・鈴木正仁・黒石晋．2001．『複雑系を考える：自己組織性とは何か II』ミネルヴァ書房．

上田泰・義村敦子・横田絵理．2005．『組織のセルフマネジメント：概念・実例・実証分析』白桃書房．

大野耐一．1978．『トヨタ生産方式―脱規模の経営をめざして―』ダイヤモンド社．

岡野浩．2003．『グローバル戦略会計』有斐閣．

岡本清．2000．『原価計算（六訂版）』国元書房．

――――・廣本敏郎・尾畑裕・挽文子．2008．『管理会計（第2版）』中央経済社．

小田切宏之・古賀款久・中村健太．2002．『研究開発における企業の境界と知的財産権制度』文部科学省科学技術政策研究所．

小野豊明．1960．『日本的経営と稟議制度』ダイヤモンド社．

尾畑裕．2002a．「オブジェクト指向原価計算の基本構造」『一橋論叢』128（4）：402-418．

――――．2002b．「オブジェクト指向原価計算モデルによるリスクの把握と管理―調達資材価格変動の潜在的リスクの把握とヘッジ利用に対する原価計算的Viewの提供について」．（一橋大学大学院商学研究科編『新世紀の先物市場』東洋経済新報社，第12章：193-208）

――――．2003．「コスト透明性とオブジェクト指向原価計算」『JICPAジャーナル』15（1）：54-59．

――――．2004．「21世紀型原価計算の展望」『会計人コース』2004（5）：4-9．

――――．2005a．「コストマネジメントの新旧思考を統合するドメイン・オブジェクト・モデルの提唱」『會計』167（3）：13-29．

――――．2005b．「自律分散型組織と原価計算システム」『企業会計』57（12）：60-66．

――――．2006．「期間損益計算と製品原価計算の関係についての一考察」『一橋商学論叢』1（2）：2-8

――――．2008．「原価・収益計算の提供する計算プロセス情報・非財務情報―XMLベースの原価・収益計算の可能性―」『會計』173（6）：37-48．

加護野忠男・野中郁次郎・榊原清則・奥村昭博．1983．『日米企業の経営比較―戦略的環境適応の理論』日本経済新聞社．

梶原武久．2008．『品質コストの管理会計』中央経済社．

上總康行・澤邉紀生．2005．「京セラのアメーバ経営と利益連鎖管理（PCM）」『企業

会計』57（7）：97-105．

片岡洋人．2006．「管理会計の新パラダイム：自律的組織におけるコントロール」『大分大学経済論集』57（5）：1-36．

金田秀治．1997．『企業を変える「不安定化理論」—トヨタ式パラダイムシフト』ぱる出版）

河田 信．1996．『プロダクト管理会計—生産システムと会計の新しい枠組み』中央経済社．

———．2004．『トヨタシステムと管理会計—全体最適経営システムの再構築をめざして』中央経済社．

木島淑孝編著．2006．『組織文化と管理会計システム』中央大学出版部．

北居 明・鈴木竜太．2007．「組織文化と組織コミットメントの関係に関する実証研究—クロスレベル分析を通じて」『組織科学』41（2）：106-116．

古賀智敏．1990．「村田製作所の事例研究」『企業会計』42（11）：26-32．

小林哲夫．1993．『現代原価計算論—戦略的コスト・マネジメントへのアプローチ』中央経済社．

———．2004．「組織間マネジメントのための管理会計—信頼の構築とオープンブック・アカウンティング」『企業会計』56（1）：4-11．

近藤恭正．1988．「わが国製造企業の管理会計実務—某自動車メーカーの事例（覚書）」『同志社商学』40（2）：96-106．

佐藤郁哉・山田真茂留．2004．『制度と文化—組織を動かす見えない力』日本経済新聞社．

沢井実．1995．「戦前から戦後へ—企業経営の変容—」宮本又郎・阿部武司・宇田川勝・沢井実・橘川武郎『日本経営史（増補版）—日本型企業経営の発展・江戸から平成へ—』（第4章）有斐閣．

塩沢由典．1999．「ミクロ・マクロ・ループについて」『京都大学経済学会・経済論叢』164（5）：1-73．

下川浩一・藤本隆弘編著．2001．『トヨタシステムの原点—キーパーソンが語る起源と進化』文真堂．

週刊ダイヤモンド編集部・ダイヤモンド・ハーバード・ビジネス編集部．1998．『複雑系のマネジメント』ダイヤモンド社．

鈴木敏文．2003．『商売の創造』講談社．

高木晴夫．1995．『ネットワーク・リーダーシップ』日科技連出版社．

─────・木嶋恭一・出口弘・畝見達夫・奥田栄・寺野隆雄・松尾和洋．1995．『マルチメディア時代の人間と社会─ポリエージェント・ソサエティ』日科技連出版社．

─────・高田朝子．2002．「『チーム効力感』がカギを握る」『リーダシップ・ストラテジー』1（2）：70-77．

高田朝子．2003．『危機対応のエフィカシー・マネジメント─「チーム効力感」がカギを握る』慶應義塾大学出版会．

田島義博編．1990．『フランチャイズチェーンの知識』日本経済新聞社．

立花隆・中鉢良治（対談）．2007．「ソニー神話を壊したのは誰だ─経営トップに問う」『文藝春秋』85（3）：132-142．

田中隆雄．1991．「トヨタの原価企画とカイゼン予算」．（田中隆雄編著『現代の管理会計システム─フィールド・スタディ』中央経済社，第1章所収）

田中則好．1993．「ニコンの内部管理制度」（産学協同管理会計研究会編著．佐藤康男著．1993．『ケーススタディ日本企業の管理会計システム』白桃書房所収）

田中正知．2004．「時間軸を入れた収益性評価法の一考察─Jコスト論─」『IE Review』45（1）：85-92．

谷武幸．1994．「原価企画におけるインターラクティブ・コントロール」『国民経済雑誌』169（4）：19-38．

出口弘．1998．「自己組織化とポリエージェント・システム」．（週刊ダイヤモンド編集部・ダイヤモンド・ハーバード・ビジネス編集部．1998．『複雑系のマネジメント』ダイヤモンド社：155-179）

鳥居宏史．2007．「日本における事業部制会計の発展に関する一考察」『経済研究』138：1-11．

トヨタ自動車株式会社．1987．『創造限りなく：トヨタ自動車50年史』トヨタ自動車株式会社．

名倉広明編著．2002．『コーポレートゲノム─会社を変え組織を鍛える科学と実践─』野村総合研究所広報部．

西村優子．2001．『研究開発戦略の会計情報』白桃書房．

───.2003.「戦略的研究開発パートナーシップと管理会計情報」(『事業再編支援の管理会計 平成15年度スタディ・グループ最終報告書』:23-35)
日本ファジイ学会.1995.『自律分散システム』朝倉書店.
日本会計研究学会.1996.『原価企画研究の課題』森山書店.
日本会計研究学会特別委員会.2006.『企業組織と管理会計の研究(中間報告書)』.
───.2007.『企業組織と管理会計の研究(最終報告書)』.
野中郁次郎.1980.『経営管理』日経文庫.
───.1985.『企業進化論─情報創造のマネジメント』日本経済新聞社.
長谷川安兵衛.1936.『我企業予算制度の実証的研究』同文舘.
挽文子.2005a.「管理会計システムの進化」『JICPAジャーナル』17(2):52-57.
───.2005b.「日本的管理会計の進化」『原価計算研究』30(1):10-19.
───.2005c.「企業のグローバル化とコスト・マネジメントの進化」『経理研究』48:107-123.
───.2007.『管理会計の進化─日本企業にみる進化の過程─』森山書店.
廣本敏郎.1986.「わが国製造企業の管理会計」『ビジネスレビュー』33(4):64-77.
───.1993.『米国管理会計論発達史』森山書店.
───.2003.「無形資産の蓄積・活用と管理会計」『会計プログレス』4:20-34.
───.2004a.「戦略的管理会計論─伝統的管理会計論との対比─」『管理会計学』12(2):3-18.
───.2004b.「市場・技術・組織と管理会計」『一橋論叢』132(5):1-24.
───.2005a.「ミクロ・マクロ・ループとしての管理会計」『一橋論叢』132(5):58-88.
───.2005b.「自律的組織と管理会計─市場志向のマネジメントの観点から」『企業会計』57(12):18-26.
───.2008a.「経営システムとしての管理会計─管理会計とミクロ・マクロ・ループの形成─」『會計』173(2):1-17.
───.2008b.「トヨタにおけるミクロ・マクロ・ループの形成─利益ポテンシャルとJコスト」『企業会計』60(9):18-26.
藤野雅史.2007.「自律的組織における管理会計とその進化」.(一橋大学日本企業研

究センター編『日本企業研究のフロンティア③』有斐閣：87-105)

藤本隆宏．1997．『生産システムの進化論―トヨタ自動車にみる組織能力と創発プロセス―』有斐閣．

―――．2003．『能力構築競争―日本の自動車産業はなぜ強いのか』中央公論新社．

細谷　功．2008．『いま，すぐはじめる地頭力』大和書房．

松下幸之助．1978．『実践経営哲学』PHP研究所．

松本雅男．1973．『管理会計（経営学全書35）』丸善．

諸藤裕美．2004．「研究開発活動における業績評価・報酬システムに関する考察」『會計』166（3）：98-111．

門田安弘．1991．『自動車企業のコスト・マネジメント：原価企画・原価改善・原価計算』同文舘出版．

山田善教．2005．『場所の論理による事業改革―イノベーションの西田哲学の応用』白桃書房．

横田絵理．1998．『フラット化組織の管理と心理―変化の時代のマネジメント・コントロール』慶應義塾大学出版会．

―――．2001．「ネットワーク組織のマネジメント・コントロール～自律性から見た試論～」．（分散と統合の戦略管理システム研究部会編『分散と統合の戦略マネジメント』日本管理会計学会研究部会論文集2001年第1号：160-168)

―――．2003．「株式会社　ベネッセコーポレーション―フラット化と組織変革―」慶應義塾大学ビジネス・スクールケース．

―――．2005a．「事業部制・カンパニー制・分社制の戦略とマネジメント：組織の自律化の視点からの考察」．（門田安弘編著『企業価値向上の組織設計と管理会計』税務経理協会：189-198)

―――．2005b．「自律的組織とその統合のためのマネジメント・コントロールについての一考察」『會計』168（6）：24-37．

―――．2006．「NECの自律的組織と全体統合のためのマネジメント・コントロール（事例研究)」．（門田安弘・浜田和樹編著『企業価値重視のグループ経営』税務経理協会：71-82)

―――・岡崎弘美．2002．「セルフマネジメント化と組織変革～自律的行動追及の事例から～」『武蔵大学論集』49（3・4）：345-375．

和田木松太郎．1954．『予算統制制度』泉文堂．

渡邊俊輔．1996．「わが国における予算管理の発展：これまでの実態調査の結果から」『専修社会科学論集（専修大学）』18：183-283．

【洋文献】

Abell, D. F. 1980. *Defining the Business : The Starting Point of Strategic Planning.* Prentice-Hall.（石井淳蔵訳．1984．『事業の定義―戦略計画策定の出発点』千倉書房）

Ahrens, T. 1997. Talking Accounting : An Ethnography of Management Knowledge in British and German Brewers. Accounting, *Organizations and Society,* 22（7）: 617-637.

——— and M. Mollona. 2007. Organizational control as culture practice-A shop floor ethnography of a Sheffield steel mill. *Accounting, Organizations and Society,* 21（1）: 139-174.

Anderson, S. H. and S. M. Young. 2001. *Implementing Management Innovations : Lessons Learned from Activity Based Costing in the U.S. Automobile Industry.* Kluwer Academic Publishers.

Anthony, R. N. 1965. *Planning and Control Systems : A Framework for Analysis.* Harvard University, Division of Research.（高橋吉之助訳．1968．『経営管理システムの基礎』ダイヤモンド社）

———. 1988. *Management Control Function.* Harvard Business School Press.

Aoki, M., B. Gustafsson and O. E. Williamson. 1990. *The Firm as a Nexus of Treaties.* Sage Press.

Axelrod, R. and M. D. Cohen. 1997. *The Complexity of Cooperation : Agent-Based Models of Competition and Collaboration.* Princeton University Press.（寺野隆雄監訳．2003．『対立と協調の科学-エージェント・ベース・モデルによる複雑系の解明』ダイヤモンド社）

——— and M. D. Cohen. 2000. *Harnessing Complexity : Organizational Implications of a Scientific Frontier.* Free Press.（高木晴夫監訳．2003．『複雑系組織論―多様性・相互作用・淘汰のメカニズム』ダイヤモンド社）

Bandura, A. 1977. *Social Learning Theory*. Prentice-Hall.（原野広太郎訳．1979．『社会的学習理論―人間理解と教育の基礎』金子書房）

―――. 1986. *Social Foundations of Thought and Action : A Social Cognitive Theory*. Prentice-Hall

―――. 1995. *Self-efficacy in changing societies*. Cambridge University Press.（本明寛,野口京子監訳．1997．『激動社会の中の自己効力』金子書房）

――― and W. Mischel. 1965. Modification of self-imposed delay of reward through exposure to live and symbolic models. *Journal of Personality and Social Psychology*, 2 (5) : 698-705.

Besanko, David A., Mark T. Shanley, David Dranove. 1999 . *Economics of Strategy* 2nd ed. Wiley.（奥村昭博・大林厚臣訳．2002．『戦略の経済学』ダイヤモンド社）

Beshel, B. 2001. *An introduction to Franchising*. IFA Educational Foundation.

Bessant, J. and G. Tsekouras. 2001. Developing Learning Networks. *AI & Society*, 15 : 82-98.

Bhimani, A. 2003. A Study of the Emergence of Management Accounting Ethos and its Influence on Perceived System Success. *Accounting, Organizations and Society*, 28 : 523-548.

Birkett, W. P. 1995. Management Accounting and Knowledge Management. *Management Accounting*, November : 44-48.

Bititci, U. S., K. Mendibil, S. Nudurupati, P. Garengo and T. Turner. 2006. Dynamics of Performance Measurement and Organizational Culture. *International Journal of Operations & Production Management*, 26 (12) : 1325-1350.

Blackmore, S. 1999. *The Meme Machine*. Oxford University Press.（垂水雄二訳．2000．『ミーム・マシーンとしての私（上・下）』草思社）

Bradach, J. L. 1998. *Franchise Organizations*. Harvard Business School Press.（河野昭三監訳．2006．『ハーバードのフランチャイズ組織論』文眞堂）

Buchanan, M. 2002. *NEXUS : Small Worlds and the Groundbreaking Theory of Networks*. Norton.（阪本芳久訳．2005．『複雑な世界,単純な法則―ネットワーク科学の最前線』草思社）

Cameron, K.S. and R.E. Quinn. 1998. *Diagnosing and Changing Organizational*

Culture: Based on The Competing Values Framework. Addison-Wesley.

―――― and R. E. Quinn. 2006. *Diagnosing and Changing Organizational Culture : Based on the Competing Values Framework (Revised edition)*. Jossey-Bass.

Case, J., 1995. *Open-Book Management : the coming business revolution*. Harper Business.（佐藤修訳．2001．『オープンブック・マネジメント―経営数字の共有がプロフェッショナルを育てる』ダイヤモンド社）

Chandler, A. D., Jr. 1977. *The Visible Hand : The Managerial Revolution in American Business*. The Belknap Press of Harvard University Press.（鳥羽欽一郎・小林袈裟治訳．1979．『経営者の時代：アメリカ産業における近代企業の成立』東洋経済新報社）

――――. 1962. Strategy and Structure : Chapters in the History of the Industrial Enterprise. The M. I. T. Press.（三菱経済研究所訳．1967．『経営戦略と組織：米国企業の事業部制成立史』実業之日本社）

Chapman, C. S. ed. 2005. *Controlling Strategy : Management, Accounting, and Performance Measurement*. Oxford University Press.（澤邉紀生・堀井悟志監訳．2008．『戦略をコントロールする―管理会計の可能性』中央経済社）

Chenhall, R. H. 2003. Management Control Systems Design Within Its Organizational Context: Findings from Contingency-Based Research and Directions for the Future. *Accounting Organizations and Society* 28 : 127-168.

Coad, A. F. and J. Cullin. 2006. Inter-organizational cost management : Towards an evolutionary perspective. *Management Accounting Research,* 17 (4) : 342-369.

Coase, R. H. 1937. The Nature of the Firm. *Economica,* 4 : 386-405.

Coombs, R. 1996. Core Competancies and the Strategic Management of R&D, in A. Belcher, J. Hassard and S. J. Procter. *R&D Decisions : Strategy, Policy and Disclosure*. Routledge.

――――, P. Saviotti and V. Walsh. 1987. *Economic and Technological Change*. Rowman & Littlefield Pub.（竹内啓・広松毅訳．1989．『技術革新の経済学』新世社）

Cooper, R. and R. Slugmulder, 2000. *Supply chain development for the lean enter-*

prise. IMA. (清水孝・長谷川惠一監訳. 2000.『企業連携のコスト戦略――コストダウンを実現する全体最適マネジメント』ダイヤモンド社)

Davila, T. 2005. The Promise of Management Control Systems for Innovation and Strategic Change, in C. S. Chapman (ed).

Deci, E. L. and R. Flaste. 1995. *Why We Do What We Do.* Putnam Pub Group. (桜井茂男監訳. 1999.『人を伸ばす力』新曜社)

Dent, J. F. 1987. Tensions in the Design of Formal Control Systems : A Field Study in a Computer Company, in W. J. Burns, Jr., and R. S. Kaplan (eds.), *Accounting and Management : Field Study Perspectives.* Harvard Business School Press.

Dicke, T. S. 1980. *Franchising in America : The Development of a Business Method, 1840-1980.* The University of North Carolina Press. (河野昭三・小嶌正稔訳. 2002.『フランチャイジング――アメリカにおける発展過程――』まほろば書房)

Dodgson, Mark. 2001. Strategic Research Partnerships : Their Role, and Some Issues of Measuring Their Extent and Outcomes—Empirical Evidence, in NSF Special Report, 01-336. *Strategic Research Partnerships* : Proceedings from an NSF Workshop. NSF.

Drucker, P. F. 1971. What We Can Learn from Japanese Management. *Harvard Business Review,* March-April : 110-122.

Fox, R. E. 1986. Coping with Today's Technology: Is Cost Accounting Keeping Up? in *Cost Accounting for the '90s : The Challenge of Technological Change,* Conference Proceedings. National Association of Accountants.

Ghoshal, S. and C. A. Bartlett. 1997. *The Individualized Corporation : A Fundamentally New Approach to Management.* Harper Business. (グロービス経営大学院訳. 2007.『個を活かす企業』ダイヤモンド社)

Gordon, L. and D. Miller. 1976. A Contingency Framework for the Design of Accounting Information Systems. *Accounting, Organizations and Society,* 1 (1) : 59-69.

Halberstam, D. 1986. *The Reckoning.* Avon Books. (高橋伯夫訳. 1987.『覇者の驕

り』日本放送出版協会）

Hamel, G. and B. Breen. 2007. *The Future of Management*. Harvard Business School Press. (藤井清美訳. 2008.『経営の未来：マネジメントをイノベーションせよ』日本経済新聞社)

Hayes, R. H. and G. P. Pisano. 1994. Beyond World-Class: The New Manufacturing Strategy. *Harvard Business Review,* 72(1): 77-86.

Henri, J. 2006. Organizational Culture and Performance Measurement Systems. *Accounting, Organizations and Society,* 31: 77-103.

Hiromoto, T. 1988. Another Hidden Edge: Japanese Management Accounting. *Harvard Business Review,* 66(4): 22-26.

―――. 1991. Restoring the Relevance of Management Accounting. *Journal of Management Accounting Research,* Fall: 1-15.

Hope, J. and R. Fraser 2003. *Beyond Budgeting : How Managers Can Break Free from the Annual Performance Trap*. Harvard Business School Press. (清水孝監訳. 2005.『脱予算経営』生産性出版)

Horngren, et al. 1982. Cost Accounting: A Managerial Emphasis, 5th ed. Prentice-Hall.

Johnson, H. and R. S. Kaplan. 1987. *Relevance Lost : The Rise and Fall of Management Accounting*. Harvard Business School Press. (鳥居宏史訳. 1992.『レレバンス・ロスト―管理会計の盛衰―』白桃書房)

Johnson, T. and A. Bröms. 2000. *Profit Beyond Measure : Extraordinary Results through Attention to Work and People*. The Free Press. (河田信訳. 2002.『トヨタはなぜ強いのか―自然生命システム経営の真髄』日本経済新聞社)

Kataoka, H. and M. Fujino. 2007. The Conversion of Role Expectation about Cost/Management Accounting: The Expansion of Decision-Making. The 30th Annual Congress of the European Accounting Association.

Kohli, A. K., B. J. Jaworski, and A. Kumar. 1993. MARKOR: A Measure of Market Orientation. *Journal of Marketing Research,* 30 (November): 467-477.

Koontz, H. and C. O'Donnell. 1976. *Management : A Systems and Contingency Analysis of Managerial Functions, 6th ed*. McGraw-Hill. (高宮晋監修：大坪

訳．1979．『経営管理1　経営管理の基礎』マグロウヒル好学社）

Liker, J. 2004. *The Toyota Way : The Company That Invented Lean Production*. McGraw-Hill.（稲垣公夫訳．2004．『ザ・トヨタウェイ（上・下）』日経BP社）

London, M., H. H. Larsen and L. N. Thisted. 1999. Relationships Between Feedback and Self-Development. *Group & Organization Management,* 24 (1) : 5-27.

Malone, T. W. 2004. *The Future of Work*. Harvard Business School Press.（高橋則明訳．2004．『フューチャー・オブ・ワーク』ランダムハウス講談社）

Manz, C. C. and H. P. Sims, Jr. 1995. *Business Without Bosses*. John Wiley & Sons Inc.（守島基博監訳．1997．『自律チーム型組織―高業績を実現するエンパワーメント』生産性出版）

McKinsey, J. O. 1924. *Managerial Accounting*. The University of Chicago Press.

Merchant, K. A. 1987. How and Why Firms Disregard the Controllability Principle, in W. J. Burns, Jr., and R. S. Kaplan (eds.), *Accounting and Management : Field Study Perspectives*. Harvard Business School Press.

Merton, R. 1949. *Social Theory and Social Structure : Toward the Codification of Theory and Research*. The Free Press.（森東吾・森好夫・金沢実・中嶋竜太郎訳．1961．『社会理論と社会構造』みすず書房）

Miles, R. E. and C. C. Snow. 2003. *Organizational Strategy, Structure, and Process*. Stanford University Press (Originally published : McGraw-Hill, 1978).（土屋守章訳．1983．『戦略型経営―戦略選択の実践シナリオ』ダイヤモンド社）

Milgrom, P. and J. Roberts. 1992. *Economics, Organizations and Management*. Prentice Hall.（奥野正寛・伊藤秀史・西村理・八木甫訳．1997．『組織の経済学』NTT出版）

Miller, D. and P. H. Friesen. 1982. Innovation in Conservative and Entrepreneurial Firms : Two Models of Strategic Momentum. *Strategic Management Journal,* 3 (1) : 1-27.

Mintzberg, H. 1973. Strategy-Making in Three Modes. *California Management Review,* 16 (2) : 44-53.

―――. 1978. Patterns in Strategy Formation. *Management Science*. 24 (9) : 934

―――. 1987a. Crafting Strategy. *Harvard Business Review,* 65（4）: 66-75.

―――. 1987b. Five Ps for Strategy. *California Management Review,* 30（1）: 11-24.

Nonaka, I. and H. Takeuchi. 1995. *The Knowledge-Creating Company : How Japanese Companies Create the Dynamics of Innovation.* Oxford University Press.（梅本勝博訳．1996．『知識創造企業』東洋経済新報社）

Oldman, A. and C. Tomkins. 1999. *Cost Management and its Interplay with Business Strategy and Context.* Ashgate.

Ouchi, W. G. 1981. *Theory Z : How American Business Can Meet the Japanese Challenge.* Addison-Wesley.（徳山二郎訳．1981．『セオリーZ：日本に学び，日本を超える』CBS ソニー出版）

Paton, A. and A. C. Littleton. 1940. *An Introduction to Corporate Accounting Standards.* American Accounting Association.（中島省吾訳．1953．『会社会計基準序説』森山書店）

Peters, T. J. and R. H. Waterman, Jr. 1982. *In Search of Excellence.* Harper & Row, Publishers, Inc.（大前研一訳．1983．『エクセレント・カンパニー』講談社）

Porter, M. E. 1980. *Competitive Strategy : Techniques for Analyzing Industries and Competitors.* The Free Press.（土岐坤訳．1982．『競争の戦略』ダイヤモンド社）

Roberts, J. 2004. *The Modern firm : Organizational Design for Performance and Growth.* Oxford University Press.（谷口和弘訳．2005．『現代企業の組織デザイン』NTT 出版）

Seo, M.-G., and W.E. D. Creed. 2002. Institutional Contradictions, Praxis, and Institutional Change : A Dialectical Perspective. *Academy of Management Review.* 27（2）: 222-247.

Shank, J. K. and V. Govindarajan. 1993. *Strategic Cost Management : The New Tool for Competitive Advantage.* The Free Press.（種本廣之訳．1995．『戦略的コストマネジメント―競争優位を生む経営会計システム』日本経済新聞社）

Simon, H. A., et al. 1954. Centralization vs. Decentralization in Organizing the

Controller's Department The Controllership Foundation, Inc.

Simons, R. 1990. The Role of Management Control Systems in Creating Competitive Advantage : New Perspectives. *Accounting, Organizations and Society*, 15 (1/2) : 127-143.

―――. 1995a. Control in an Age of Empowerment. *Harvard Business Review*, 73 (2) : 80-88.

―――. 1995b. *Levers of Control : How Managers Use Innovative Control Systems to Drive Strategic Renewal*. Harvard Business School Press.（中村元一・黒田哲彦・浦島史恵訳．1998．『ハーバード流「21世紀経営」4つのコントロール・レバー』産能大学出版部）

―――. 2000. *Performance Measurement & Control Systems for Implementing Strategy*. Prentice-Hall, Inc.（伊藤邦雄訳．2003．『戦略評価の経営学――戦略の実行を支える業績評価と会計システム』ダイヤモンド社）

―――. 2005. *Levers of Organization Design : How Managers Use Accountability Systems for Greater Performance and Commitment*. Harvard Business School Press.（谷武幸・松尾貴巳・窪田祐一・近藤隆史訳．2008．『戦略実現の組織デザイン』中央経済社）

Solomons, D. 1965. *Divisional Performance : Measurement and Control*. Richard D. Irwin.（櫻井通晴・鳥居宏史監訳．2005．『事業部制の業績評価』東洋経済新報社）

Spoehr, K. T. and S. W. Lehmkuhle. 1982. *Visual Information Processing*. Freeman.

Thomas, K. W. 2000. *Intrinsic Motivation at Work : Building Energy & Commitment*. Berrett-Koehler Pub.

Tidd, J., J. Bessant and K. Pavitt. 2001. *Managing Innovation : Integrating Technological, Market and Organizational Change (2nd ed.)*. John Wiley & Sons.（後藤晃・鈴木潤監訳．2004．『イノベーションの経営学――技術・市場・組織の統合的マネジメント』NTT出版）

Tomkins, C. 2001. Interdependencies, Trust and Information in Relationships, Alliance and Network. Accounting, *Organizations and Society*, 26 (2) : 161-191.

Toyota Motor Corporation. 1998. The Toyota Production System-Leaner Manufacturing for a Greener Planet. Toyota Motor Corporation.

Utterback, J. M. and W. J. Abernathy. 1975. A Dynamic Model of Process and Product Innovation. *Omega,* 3 (6): 639-656.

Van der Stede, W. A., S. M. Young and C. X. Chen. 2005. Assessing the Quality of Evidence in Empirical Management Accounting Research: The Case of Survey Studies. *Accounting, Organizations and Society* 30: 655-684.

von Hippel, E., 1988. *The Sources of Innovation.* Oxford University Press.（榊原清則訳．1991.『イノベーションの源泉：真のイノベーターはだれか』ダイヤモンド社）

Waele, M. D., J. Korval and R. Sheitoyan. 1993. *Self Management in Organization.* Hogrefe & Huber Publishers.

Waldrop, M. 1992. *Complexity : The Emerging Science at the Edge of Order and Chaos.* Touchstone.（田中三彦・遠山峻征訳．1996.『複雑系』新潮社）

White, R. W. 1959. Motivation Reconsiderd: The Concept of Competence. *Psychological Review,* 66: 297-333.

Williamson, O. E. 1975. *Markets and Hierarchies, analysis and antitrust implications : A study in the economics of internal organization.* The Free press.（浅沼萬里・岩崎晃訳．1980.『市場と企業組織』日本評論社）

―――. 1985. *The Economic Institutes of Capitalism.* The Free press.

Young, S. M. and F. H. Selto. 1993. Explaining Cross-Sectional Workgroup Performance Differences in a JIT Facility: A Critical Appraisal of a Field-Based Study. *Journal of Management Accounting Research,* 300-326.

執筆者紹介

廣本敏郎（一橋大学大学院商学研究科教授）　第1章

横田絵理（慶應義塾大学商学部教授）　第2章
　博士（経営学・慶應義塾大学）。「双方向型マネジメント・コントロール・システム」『三田商学研究』第50巻第1号（2007），「マネジメント・コントロール・システムの変化と組織風土の関連性」『経理研究』第50号（2007），「日本企業の組織原理とマネジメント・コントロール：アンソニーの枠組みからの考察」『會計』第173巻第2号（2008）など。

木村彰吾（名古屋大学大学院経済学研究科教授）　第3章
　博士（経済学・名古屋大学）。『関係性のパターンと管理会計』税務経理協会（2003），「企業間管理会計設計における『貸し借り』の役割」『原価計算研究』第32巻第1号（2008），「TPSにおけるジャスト・イン・タイム思考と原価管理」『企業会計』第60巻第9号（2008）など。

西村優子（青山学院大学経営学部教授）　第4章
　博士（経済学・東北大学）。『研究開発戦略の会計情報』白桃書房（2005），「M&Aによる研究開発戦略に係る知的資産の評価」『青山経営論集』第40巻第3号（2005），「研究開発戦略意思決定と管理会計指標」『産業経理』第68巻第1号（2008）など。

鳥居宏史（明治学院大学経済学部教授）　第5章
　一橋大学大学院商学研究科博士課程単位修得。イリノイ大学客員研究員（1989-1991），アデレード大学客員研究員（2002-2003），ホープカレッジ交換教授（2007）。『入門管理会計』中央経済社（1998），「日本における事業部制会計の発展に関する一考察」『経済研究』（明治学院大学）第138号（2007），『レレバンス・ロスト―管理会計の盛衰―』（翻訳）白桃書房（1992），『事業部制の業績評価』（共監訳）東洋経済新報社（2005）など。

河田　信（名城大学大学院経営学研究科教授）　第6章
　博士（経済学・東北大学）。『トヨタシステムと管理会計-全体最適経営システムの再構築をめざして』中央経済社（2004），『トヨタ　原点回帰の管理会計』中央経済社（2009）（編著），「トヨタ生産方式の非営利組織体に対する適用可能性に関する一考察- システム・リ・デザインアプローチ」名古屋大学大学院国際開発研究科 Discussion Paper No.155（2006），「会計はプル型生産システムを支援できるか？」『組織科学』第40巻第4号（2006）など。

諸藤裕美（立教大学経済学部准教授）　第7章
　一橋大学大学院商学研究科博士課程単位取得。「中核技術蓄積のための管理会計システム」『會計』第164巻第5号（2003），「研究開発活動における業績評価・報酬システムに関する考察」『會計』第166巻第3号（2004），「トヨタ自動車の原価企画の導入・進化のプロセス－1980年代までの進化のプロセス－」日本会計研究学会特別委員会『企業組織と管理会計の研究　中間報告書』（2006）など。

伊藤克容（成蹊大学経済学部教授）　第8章
　一橋大学大学院商学研究科博士課程単位修得。『組織を活かす管理会計―組織モデルと業績管理会計との関係性―』生産性出版（2007）（日本原価計算研究学会平成20年度学会賞受賞），「ミニ・プロフィットセンターの現代的意義―国内製造業における競争力再構築の取り組み―」櫻井通晴編著『企業再編と分権化：企業価値を高める再生の手法』中央経済社（2005），「経営戦略論の進展と管理会計研究」櫻井通晴・伊藤和憲編著『企業価値創造の管理会計』同文舘出版（2007）など。

尾畑　裕（一橋大学大学院商学研究科教授）　第9章
　博士（商学・一橋大学）。『ドイツ原価理論学説史』中央経済社（2000），「原価・収益計算の提供する計算プロセス情報・非財務情報－XMLベースの原価・収益計算の可能性」『會計』第173巻第6

号（2008）など。

挽　文子（一橋大学大学院商学研究科教授）　第10章
　博士（商学・一橋大学）。『管理会計の進化－日本企業にみる進化の過程－』森山書店（2007），『管理会計（第2版）』中央経済社（2008）（岡本清・廣本敏郎・尾畑裕と共著），「事業部の業績管理」谷武幸編著『業績管理会計』中央経済社（近刊予定）など。

藤野雅史（日本大学経済学部准教授）　第11章，第12章
　博士（商学・一橋大学）。「ミクロ・マクロ・ループとしての管理会計システム」『企業会計』第59巻第4号（2007），「自律的組織における管理会計とその進化」一橋大学日本企業研究センター編『日本企業研究のフロンティア③』有斐閣（2007），「米国連邦政府における原価計算の制度と実践」『会計検査研究』第38号（2008）など。

中川　優（同志社大学商学部教授）　第11章，第12章
　博士（経営学・神戸大学）。ヴァンダービルト大学客員研究員（1993-1994），UCLA客員研究員（2008）。『管理会計のグローバル化』森山書店（2004），『管理会計・入門〈新版〉』有斐閣（2005）（共著），「在外日系企業におけるコスト・マネジメント：在外日系企業における原価企画を中心に」『原価計算研究』第29巻2号（2005）など。

澤邉紀生（京都大学大学院経済学研究科教授）　第11章，第12章
　博士（経済学・京都大学）。『会計改革とリスク社会』岩波書店（2005），『次世代管理会計の構想』中央経済社（2006）（共著），"The Knowledge Management Strategy and the Formation of Innovative Networks in Emerging Industries," *Journal of Evolutionary Economics*, 17(3), 2007（共著）など。

藤田能孝（株式会社村田製作所副社長）　第13章
　一橋大学商学部卒業。『「利益」が見えれば会社が見える』日本経済新聞社（2001）（共著）。

片岡洋人（明治大学専門職大学院会計専門職研究科准教授）　第14章
　博士（商学・一橋大学）。「ABCの基礎的構造と意思決定」『管理会計学』第12巻第2号（2004），「自律的組織における意思決定の多様化と原価計算」『会計プログレス』第8号（2007），「継続的改善活動におけるABCの適用：因果関係分析に関連して」『原価計算研究』第32巻第1号（2008）など。

編 著 者 略 歴

廣本敏郎（ひろもと・としろう）
1976年3月　一橋大学商学部卒業
1981年3月　一橋大学大学院商学研究科博士課程
1981年4月　一橋大学商学部専任講師
1985年4月　同助教授
1993年4月　同教授
現在，日本会計研究学会理事，日本原価計算研究学会副会長，
　　　日本管理会計学会理事。

〔主要著書〕
『米国管理会計論発達史』森山書店，1993年。
『新版工業簿記の基礎』税務経理協会，1999年。
『原価計算論（第2版）』中央経済社，2008年。
（共編著）『ガイダンス企業会計入門（第3版）』白桃書房，2007年。（山浦
　　　久司と共編著）
（共著）『管理会計（第2版）』中央経済社，2008年。（岡本清・尾畑裕・挽
　　　文子と共著）

自律的組織の経営システム──日本的経営の叡智

2009年7月15日　初版第1刷発行

著者代表　ⓒ　廣　本　敏　郎
　　　　　　　ひろ　もと　とし　ろう

発　行　者　　菅　田　直　文

発　行　所　　有限会社　森山書店　東京都千代田区神田錦町
　　　　　　　　　　　　　　　　　1-10林ビル（〒101-0054）
　　　TEL 03-3293-7061 FAX 03-3293-7063　振替口座00180-9-32919

落丁・乱丁本はお取りかえ致します　　　印刷／製本・シナノ書籍印刷

本書の内容の一部あるいは全部を無断で複写複製する
ことは，著作者および出版者の権利の侵害となります
ので，その場合は予め小社あて許諾を求めて下さい。

ISBN 978-4-8394-2081-9